汽车维修企业顾客满意度测评

Customer Satisfaction Evaluation of Automobile Maintenance Enterprises

郭海龙 么路晖 著

华南理工大学出版社
SOUTH CHINA UNIVERSITY OF TECHNOLOGY PRESS
·广州·

图书在版编目（CIP）数据

汽车维修企业顾客满意度测评/郭海龙，么路晖著．—广州：华南理工大学出版社，2018.8
ISBN 978-7-5623-5755-1

Ⅰ.①汽… Ⅱ.①郭… ②么… Ⅲ.①汽车-修理厂-商业服务-服务质量 Ⅳ.①U472.31

中国版本图书馆 CIP 数据核字（2018）第 188528 号

汽车维修企业顾客满意度测评
郭海龙　么路晖　著

| 出 版 人：卢家明
| 出版发行：华南理工大学出版社
|　　　　　（广州五山华南理工大学17号楼，邮编510640）
|　　　　　http://www.scutpress.com.cn　E-mail:scutc13@scut.edu.cn
|　　　　　营销部电话：020-87113487　87111048（传真）
| 策划编辑：袁　泽
| 责任编辑：王荷英　欧建岸
| 印 刷 者：虎彩印艺股份有限公司
| 开　　本：787mm×1092mm　1/16　印张：12　字数：300千
| 版　　次：2018年8月第1版　2018年8月第1次印刷
| 定　　价：55.00元

版权所有　盗版必究　　印装差错　负责调换

前　言

目前，全国共有机动车维修业户62万家，从业人员近400万人，完成年维修量5.3亿辆次，年产值达6000亿元以上，可见汽车维修行业规模巨大。同时，社会对汽车维修市场的反映褒贬不一，企业失信、顾客投诉现象时有发生。由此，如何提高汽车维修企业的服务质量，提高顾客满意度是一个非常值得研究的课题。提高汽车维修企业服务质量是一个综合性课题，包含较多方面的问题，但从宏观角度来说，不外乎两个方面：一是从行业和企业自身角度，提高其对服务质量的管理和追求力度；二是从顾客角度，提高顾客对企业的满意度。针对于此，笔者从一个新的角度来研究汽车维修企业的服务质量，即从顾客满意度测评角度来对企业的服务质量进行评价，让顾客说话，将顾客的反馈意见作为汽车维修企业服务质量的定量评价标准。所以，建立一套科学的、操作性强的测评模型来定量测评顾客的满意度十分有意义。

笔者在交通教育行业工作多年，并常年在企业实践与观察，获得相关研究成果。本研究得到广东交通职业技术学院和企业界朋友们的大力支持，并于2006年正式立项，项目编号为2006-10。本书的大部分成果均来源于项目结题报告及已发表的论文，并融合了相关领域的最新研究进展。

在本研究过程中，我们运用了文献资料分析法、专家访谈法、顾客调查问卷法、模糊数学方法、熵权法、主成分分析法、神经网络等方法，在数值计算方面应用了EXCEL软件、SPSS软件和MATLAB软件等工具，对汽车维修企业顾客满意度进行了全面系统的研究。主要研究内容有：国内外研究现状及不足、顾客满意度基础理论、汽车维修企业顾客满意度测评指标体系、基于模糊综合评判的汽车维修企业顾客满意度测评模型、基于结构方程的汽车维修企业顾客满意度测评模型、基于主成分分析法的汽车维修企业顾客满意度测评模型、基于神经网络的汽车维修企业顾客满意度测评模型等。

本研究在以下几方面具有特色：建立了全面、科学的汽车维修企业顾客满意度测评指标体系；在测评指标体系的基础上，利用熵权法建立了指标权重，并进行了多级模糊综合评判；建立了汽车维修企业顾客满意度测评结构方程定量模型和神经网络模型；利用主成分分析法，对汽车维修企业顾客满意度测评指标体系进行了二次研究。

本研究相关成果具有良好的社会效益和应用价值。对于管理部门来说，利用本研究建立的模型可以更加科学地了解（测评）汽车维修企业的服务质量，进一步采取合理的措施来对维修企业进行管理。对于汽车维修企业来说，本研究成果可以助其了解顾客的满意度，以制订合理、科学的措施来进一步提高服务质量，使顾客满意，进而提高企业竞争力，提高企业社会效益和经济效益。对于汽车制造商或汽车服务集团来说，利用本研究所建立的模型来进行授权经销店的评价工作，就可以更加科学、合理地测评顾客的满意度，提高企业社会效益和经济效益。对于消费者来说，通过对其满意度的测评，可以充分将自己的"声音"表达出来，维护切身利益。这样有利于减少顾客投诉，促进和谐社会的构建和汽车行业的良性发展。

在本书撰写过程中，广东交通职业技术学院刘越琪教授等给予了指导和大力支持，李怀俊、吕其惠、张永栋、张胜宾、李国杰、许均锐、黄景鹏、曹华、黄志永、王庆坚、张丽等提供了帮助，在此表示衷心感谢；还参考了大量的文献资料，对文献作者在此一并表示感谢。由于作者水平有限，书中难免存在不足之处，恳请读者朋友给予批评指正，不胜感谢！

郭海龙
2018 年 4 月

目 录

1 绪 论 ………………………………………………………………… 1
　1.1 汽车维修企业顾客满意度测评研究背景和意义 ………………… 1
　　1.1.1 研究背景 ………………………………………………… 1
　　1.1.2 研究意义 ………………………………………………… 6
　1.2 国内外相关研究情况综述 ………………………………………… 6
　　1.2.1 国外顾客满意度研究情况综述 ………………………… 6
　　1.2.2 国内顾客满意度研究情况综述 ………………………… 8
　　1.2.3 国内外相关研究评述 …………………………………… 10
　　1.2.4 本书主要研究内容 ……………………………………… 11
　【本章小结】 …………………………………………………………… 12

2 顾客满意度基础理论 ………………………………………………… 13
　2.1 顾客的概念 ………………………………………………………… 13
　2.2 顾客满意理论 ……………………………………………………… 13
　　2.2.1 顾客满意的概念诠释 …………………………………… 13
　　2.2.2 顾客满意的形成机理 …………………………………… 16
　　2.2.3 顾客满意度的诠释 ……………………………………… 17
　2.3 顾客忠诚理论 ……………………………………………………… 20
　　2.3.1 顾客忠诚的界定 ………………………………………… 20
　　2.3.2 顾客满意度和顾客忠诚度的关系 ……………………… 21
　2.4 服务行业的特性 …………………………………………………… 22
　　2.4.1 服务的含义与特性 ……………………………………… 22
　　2.4.2 服务质量的含义与特性 ………………………………… 24
　2.5 服务质量与顾客满意度的关系 …………………………………… 26
　【本章小结】 …………………………………………………………… 27

3 汽车维修企业顾客满意度测评指标体系 ·············· 28

3.1 汽车维修企业顾客满意度测评主要评价指标 ·············· 28
3.2 汽车维修企业顾客满意度测评指标的调研 ·············· 31
3.3 汽车维修企业顾客满意度测评指标分析 ·············· 32
3.3.1 基于服务进行流程的组织形式 ·············· 32
3.3.2 基于服务进行地点的组织形式 ·············· 34
3.3.3 基于结构化方程的指标体系 ·············· 35
3.4 基于汽车维修企业的顾客满意度测评问卷设计 ·············· 39
3.4.1 满意度测评量表选择 ·············· 39
3.4.2 问卷设计 ·············· 39
3.4.3 调查问卷的发放和回收情况 ·············· 41
【本章小结】·············· 41

4 基于模糊综合评判的汽车维修企业顾客满意度测评模型 ·············· 42

4.1 各指标权重的确定 ·············· 42
4.1.1 各种权重确定方法的比较 ·············· 42
4.1.2 本研究采用的权重确定方法 ·············· 44
4.1.3 本研究模型中权重的确定 ·············· 46
4.2 汽车维修企业顾客满意度测评模型的建立 ·············· 50
4.2.1 建立顾客满意度模糊综合评判模型的方法 ·············· 50
4.2.2 顾客满意度模糊综合评判模型的建立 ·············· 51
4.2.3 某企业顾客满意度模糊综合评判的结果 ·············· 61
4.3 测评结果的分析 ·············· 70
4.3.1 行业总体测评结果分析 ·············· 70
4.3.2 某企业测评结果分析 ·············· 71
4.3.3 企业和行业的对比分析 ·············· 73
【本章小结】·············· 75

5 基于结构方程的汽车维修企业顾客满意度测评模型 ·············· 76

5.1 结构方程模型理论 ·············· 76
5.1.1 结构方程模型的结构 ·············· 76
5.1.2 数学工具的选择 ·············· 78

5.2 基于结构方程模型的满意度实证分析 …………………………………… 79
　　5.2.1 观测变量模型的建立 ………………………………………………… 79
　　5.2.2 潜变量模型的建立 …………………………………………………… 88
　　5.2.3 结构方程测评模型结论及其给企业的启示 ………………………… 97
【本章小结】 ……………………………………………………………………… 99

6 基于主成分分析法的汽车维修企业顾客满意度测评模型 …………………… 100

6.1 主成分分析法概述 ………………………………………………………… 100
6.2 汽车维修企业顾客满意度测评指标体系二次研究 ……………………… 102
6.3 汽车维修企业顾客满意度测评模型研究 ………………………………… 108
【本章小结】 ……………………………………………………………………… 111

7 基于神经网络的汽车维修企业顾客满意度测评模型 ………………………… 112

7.1 人工神经网络概述 ………………………………………………………… 112
7.2 基于神经网络的汽车维修企业顾客满意度测评模型的建立 …………… 113
　　7.2.1 神经网络基础理论 …………………………………………………… 113
　　7.2.2 神经网络模型实现 …………………………………………………… 119
　　7.2.3 建模结论 ……………………………………………………………… 137
【本章小结】 ……………………………………………………………………… 137

附 录 ……………………………………………………………………………… 138

附录Ⅰ "汽车维修企业顾客满意度测评模型研究"课题调查访问卷Ⅰ
　　　　（专家） ………………………………………………………………… 138
附录Ⅱ "汽车维修企业顾客满意度测评模型研究"课题调查访问卷Ⅰ
　　　　（企业人员） …………………………………………………………… 139
附录Ⅲ "汽车维修企业顾客满意度测评模型研究"课题调查访问卷Ⅰ
　　　　（顾客） ………………………………………………………………… 140
附录Ⅳ "汽车维修企业顾客满意度测评模型研究"课题调查访问卷Ⅱ
　　　　（顾客） ………………………………………………………………… 143
附录Ⅴ 基于模糊综合评判的汽车维修企业顾客满意度模型计算程序 …… 147
附录Ⅵ 神经网络模型样本数据 ……………………………………………… 155
附录Ⅶ 神经网络模型部分计算程序语言 …………………………………… 159

参考文献 ………………………………………………………………………… 179

1 绪 论

1.1 汽车维修企业顾客满意度测评研究背景和意义

1.1.1 研究背景

1. 汽车产业蓬勃发展

著名的管理大师彼得·德鲁克（Peter Drucker）曾经形容汽车工业是"工业中的工业"。汽车工业是一个综合性产业，产业联动性强，对与其相关的上游产业如钢铁、橡胶、电子等有明显的带动作用，对下游产业如运输、石化、保险、维修等具有显著的推动作用。据有关测算，汽车产业对相关产业的带动系数为1∶3，相应的对就业的带动系数为1∶10。因此，发展汽车产业的重要性得到广泛的认同①。

我国已多次明确提出要把汽车产业建成国民经济的支柱产业，并为此采取了一系列政策措施。在这种有利的产业环境中，我国的汽车市场取得快速发展。日前，中国汽车工业协会发布了2017年中国汽车产销数据。数据显示，2017年，我国汽车产销2901.54万辆和2887.89万辆，同比增长3.19%和3.04%。其中乘用车产销2480.67万辆和2471.83万辆，同比增长1.58%和1.40%；商用车产销420.87万辆和416.06万辆，同比增长13.81%和13.95%。我国已超过美国，成为全球第一大汽车产销国。

车企排行方面，全国乘用车市场信息联席会数据则显示：上汽大众、上汽通用、一汽大众分别获得前三甲，上通五菱、东风日产、吉利为第4—6名，长安汽车、长城汽车、长安福特、北京现代位列第7—10名。虽然2017年整体车市只呈现微增长，但自主品牌的表现可圈可点。吉利汽车2016年12月单月销量创历史新高，达153 625辆，同比增长42%；全年累计销量达1 247 116辆，同比增长63%。2017年，广汽传祺全系累计销量达50.86万辆，同样超额完成全年销量目标。长城汽车依靠SUV阵列在2017年获得107.02万辆的销量，基本与2016年持平。自主品牌实力同样强劲的上汽集团旗下荣威和名爵双品牌累计销量超过52万辆，同比

---

① 张宇贤，冠兰. 点击中国汽车业 [M]. 北京：中国市场出版社，2004.

增62%①。

值得注意的是，乘用车销售量的80%以上由私人购买，私人消费成为乘用车市场的主体。

2. 汽车维修行业欣欣向荣

众所周知，汽车是一种需连续投入的耐用消费品。据《机动车强制报废标准规定》，一般汽车的使用年限均在10年或50万公里以上，而非营运的大、中型车使用年限可以达到20年，非营运小、微型车在满足性能的条件下不受使用年限的限制。但是汽车必须进行经常性的维护、保养、检查和维修，才能保证日常的安全使用和正常行驶。据测算，一辆新车从购入到报废的全部花费中，购车费用只占35%左右，燃油费、税费、路桥费、保险费以及停车费等占20%，后期保养维修费用则占45%左右②。因此，一辆汽车的大部分消费在于购买后，也就是业内通常说的汽车后市场概念。

随着中国经济社会持续快速发展，机动车保有量继续保持快速增长态势。据中国公安部统计，截至2017年底，全国机动车保有量达3.10亿辆。2017年在公安交通管理部门新注册登记的机动车有3352万辆，其中新注册登记汽车2813万辆，均创历史新高。数据显示，2017年，全国汽车保有量达2.17亿辆，与2016年相比，全年增加2304万辆，增长11.85%。汽车占机动车的比率持续提高，近五年占比从54.93%提高至70.17%，已成为机动车构成主体。从车辆类型看，载客汽车保有量达1.85亿辆，其中以个人名义登记的小型和微型载客汽车（私家车）达1.70亿辆，占载客汽车的91.89%；载货汽车保有量达2341万辆，新注册登记310万辆，为历史最高水平。从分布情况看，全国有53个城市的汽车保有量超过百万辆，24个城市超200万辆，7个城市（北京、成都、重庆、上海、苏州、深圳和郑州）超300万辆③。

汽车保有量的剧增必然会促使汽车维修保养行业的大发展。据统计，中国汽车后市场在2017年已超过1万亿元，中国车主在汽车维修保养上的花费平均为5000～6000元。4S店仍然是消费者首选的渠道，具有最高的消费者满意度。市场研究咨询公司英敏特（Mintel）预计，中国汽车后市场将在未来继续看涨，在2021年可能实现1.654万亿元的销售规模。

据交通部公布的数据，截至2016年底，全国共有机动车维修业户62万家，从业人员近400万人，完成年维修量5.3亿辆次，年产值达6000亿元以上。据预测，

---

① 邹思蓓. 2017年中国汽车销量增长3%. http://auto.163.com/18/0117/01/D8AL5UUN00084IKA.html.
② 高凯宾. 北京市汽车维修服务质量的顾客满意度研究 [D]. 大连：东北财经大学，2006.
③ 中国新闻网. 中国公安部：截至2017年底全国机动车保有量达3.10亿辆. http://news.163.com/18/0115/14/D86R6MNE00018AOQ.html.

到2020年，我国汽车保有量将达到2.5亿辆，维修市场需求规模将再翻一番，维修产值有望超过1万亿元，如此大的市场潜力，给汽车维修行业的发展带来了机遇。按官方统计，我国共有62万家汽车维修厂，分为一、二、三类。一类维修厂包括汽车品牌授权的4S店以及一些规模较大的汽修厂，占维修厂总量的15%～20%。二类维修厂包括部分4S店所设立的维修服务网点，以及具有一定规模和技术水平的维修厂，占总量的25%～30%。三类维修厂就是规模较小、技术水平较低的维修厂，占总量的50%以上。

3. 汽车维修企业现状不容乐观

随着汽车维修行业的不断发展和完善，社会和消费者对汽车维修企业的要求也越来越高，而在某些方面，汽车维修企业还做得不够，不能满足顾客的期望，因此也不能使顾客的满意度达到较高水平。企业失信、顾客投诉现象时有发生，特别是在以下几个方面尤为突出：

（1）汽车维修价格不合理。由于汽车进入百姓生活的时间并不长，很多车还未进入故障期，对于用车和修车，很多车主都并不专业，甚至可能连车辆的功能都没有认识完全，更不用说对车辆性能的掌握和车辆故障的分析和判断了。这样很容易让一些利欲熏心的维修厂家钻空子，漫天要价，加之监管不到位，不合理收费的情况时有发生。

（2）零配件以次充好。一些维修厂的重要收入来源就是配件收入。他们利用车主很难辨别零配件的质量，加上汽车零配件有规格、品种、生产厂家较多，价格差异大等特点，来蒙骗顾客。因此，这些"黑店"里的维修人员会以各种说法竭力怂恿车主换零件，然后把换下的零件稍加处理，又以新零件的价格卖给其他车主。央视3·15栏目也多次对这类现象进行了曝光。

（3）夸大故障。顾客在维修车辆时，一些汽车维修人员会利用车主不懂专业的情况，将小毛病说成大问题，夸大车辆故障，让车主花更多的钱。有不少车主反映，某些汽车维修企业通常会以车上某个零件坏了，不换会影响安全为由，来让车主为原本只需花几十元钱就可以解决的小故障花费上百元。如此长期下来，顾客容易对维修企业产生不信任感，本是一项简单的汽车维修业务，车主往往要咨询懂车的亲友，避免上当。

（4）一次维修成功率低。这里其实反映出两个比较普遍的问题，一是维修人员的技术水平不高，在维修过程中无法准确判断故障部位，分析故障出现的原因，造成同一故障反复修不好，或者大量应用"换件法"来维修汽车，导致被换件的车辆存在故障隐患。二是零配件质量不佳，导致故障重复出现。此外，在维修过程中，由于维修不当导致新的故障产生，而此种人为故障更难排除。

（5）维修企业人员和顾客沟通不畅。部分车主反映，有些汽车维修企业不注重和顾客的良好沟通，不能很好地理解顾客的意思，或者对顾客的需求冷漠处理。更有甚者，沟通时没有礼貌，语言粗俗，对于顾客的投诉或者意见反馈，不但不能很好地解决，甚至恶语相加，令顾客很是受伤。

以上列出的只是顾客反映的比较突出的问题，实际上影响顾客满意度的因素有很多。众所周知，目前汽车维修企业作为服务业的一种，其市场竞争强度和压力越来越大，如果某些企业不能很好地重视顾客的意见来提高服务质量，从而提高顾客满意度，那么其必将会被市场经济的潮流所淘汰。因此，如何来测评以及提高汽车维修企业的顾客满意度是一个十分重要的课题。

4. 国家和行业相关政策

针对以上存在问题，国家相关部门出台了相关政策文件，主要有《关于促进汽车维修业转型升级提升服务质量的指导意见》和《汽车维修技术信息公开实施管理办法》，这两项政策的实施对汽车维修行业产生了极大的影响，对推动行业业态变革产生重要影响。

(1)《关于促进汽车维修业转型升级提升服务质量的指导意见》。

汽车维修业关系到道路交通安全，关系到大气污染防治，关系到社会公众生活质量，关系到汽车产业健康、可持续发展，是重要的民生服务业。近年来，我国汽车维修业取得了长足发展，较好地适应了汽车产业和汽车社会发展、满足了广大消费者的汽车维修需求，但是也存在市场结构不优、发展不规范，消费不透明、不诚信等问题。当前是我国全面建成小康社会的关键时期，汽车维修业将获得更为广阔的发展空间，也必将在服务人民群众平安、便捷、舒适汽车生活方面发挥更大作用。为促进汽车维修业向着现代汽车服务业转型升级，不断提升服务质量，2014年交通运输部、国家发展改革委等多部门联合发布了《关于促进汽车维修业转型升级提升服务质量的指导意见》。

该意见的基本原则是公平竞争、自主消费、依法监管、协同发展、部门共治。总体目标是通过 5 年左右努力，推动汽车维修业基本完成从规模扩张型向质量效益型的转变，市场发育更加成熟，市场布局更趋完善，市场结构更趋优化，市场秩序更加公平有序，市场主体更加诚信规范，资源配置更加合理高效，对汽车后市场发展引领和带动作用更加显著；基本完成从服务粗放型向服务品质型的转变，为人民群众提供更加诚信透明、经济优质、便捷周到、满意度高的汽车维修和汽车消费服务。

该意见的主要内容是鼓励连锁经营，促进市场结构优化；鼓励规模化发展，提升资源配置效率；鼓励专业化维修，提升业态发展水平；鼓励品牌化发展，充实行业发展内涵；促进行业安全发展，筑牢行业发展基石；推广绿色维修作业，促进行业可持续发展；实施汽车检测与维护制度，促进行业生态文明建设；限制滥用汽车保修条款，保障消费者维修选择权；加强行业诚信建设，营造放心修车环境；强化维修标准化、规范化作业，提升维修服务质量；广泛开展便民服务，提升行业服务效能；建立健全汽车维修救援体系，提供有效出行保障；建立健全维修质量纠纷调解和投诉处理机制，维护消费者合法权益；建立实施汽车维修技术信息公开制度；破除维修配件渠道垄断；加强维修人才队伍建设；提高维修装备技术水平；推进维修行业信息化建设；依法加强维修市场监管；加大部门政策服务和联合监管；加强行业政策标准研究；发挥行业中介组织自律作用。

(2)《汽车维修技术信息公开实施管理办法》。

汽车维修技术和配件是汽车维修企业重要的生产资料，也是支撑机动车维修业发展的重要基础。但长期以来汽车生产企业对维修技术信息和维修配件实行"授权"经营，影响了汽车维修市场公平竞争和汽车维修质量，亟待深化改革。取得汽车生产企业"授权"经营的维修厂或维修店，在维修配件和维修技术方面具有"得天独厚"的发展优势，而多数社会维修业户没有合法渠道获取专用维修技术，造成了市场不公平竞争和事实上的技术垄断，在一定程度限制了广大汽车消费者的消费选择权，增加了消费者负担。此外，由于维修技术"非公开"影响了汽车维修行业整体技术水平的提升，带来了诸如维修不当、维修不彻底、过度维修、消费不透明、维修行业不诚信等有关问题。为此，《关于促进汽车维修业转型升级提升服务质量的指导意见》提出要建立实施我国的汽车维修技术信息公开制度，打破技术垄断，真正发挥市场在资源配置中的决定性作用。

为深入贯彻党的十八大和十八届三中全会精神、《大气污染防治法》规定、《国务院关于促进市场公平竞争维护市场正常秩序的若干意见》（国发〔2014〕20号）以及交通运输部等十部委联合印发《关于促进汽车维修业转型升级提升服务质量的指导意见》（交运发〔2014〕186号）有关要求，交通运输部、环境保护部、商务部、国家工商总局、国家质检总局、国家认监委、国家知识产权局、中国保监会联合制定了《汽车维修技术信息公开实施管理办法》（以下简称《办法》）。

《办法》明确规定，各汽车生产者应在2015年12月31日前，向交通运输部备案汽车维修技术信息公开的有关信息。对于新车型，汽车生产者自2016年1月1日起，对于取得CCC认证的乘用车和客车，要在车型上市之日起6个月内公开维修技术信息。此外，汽车生产者应以可用的信息形式、便利的信息途径、合理的信息价格，向所有维修经营者及消费者无差别、无歧视、无延迟地公开所销售汽车车型的维修技术信息；不得通过设置技术壁垒排除、限制竞争，封锁或者垄断汽车维修市场。

《办法》要求汽车生产者公开的汽车维修技术信息以基本车型为主。汽车生产者需公开的汽车维修技术信息内容，应包括但不限于以下内容：①车辆识别代号（VIN）的编码规则；②汽车维修手册（应包括但不限于动力总成及排放控制系统、底盘系统、电气系统、车身及附件等系统和部件的维修技术信息，这些信息应包括但不限于车辆维护信息、总成及零部件的拆装方法和技术规范及图示说明以及零部件检测方法及鉴别判断的信息、电路接线图、各电子控制系统故障代码表和用于检测和故障诊断的相关参数信息、零部件更换或维修后的匹配和设置等操作所必需的信息、维修操作安全注意事项及其他必要说明等内容）；③零部件目录；④适用于具体车型电子控制系统的软、硬件版本识别号（不包含软件本身）；⑤对车辆电子控制系统需要重新编程的信息；⑥专用诊断、检测、维修工具和设备及其相关软件信息；⑦车辆认证信息；⑧技术服务通告；⑨汽车召回信息和缺陷消除措施等。

1.1.2 研究意义

在激烈竞争的市场经济大背景下，汽车维修企业必须适应国家政策的要求，要想立于不败之地，就必须重视和不断提高顾客的满意度。那么，如何度量顾客的满意度，如何有针对性地改进企业的顾客满意度，就成为一个核心问题。

本研究立足于汽车维修企业，站在顾客的角度，对汽车维修企业顾客满意度的测评方法进行了深入的研究与探讨，多纬度地建立了汽车维修企业顾客满意度测评指标体系，科学地建立了汽车维修企业顾客满意度测评方法（模型），为汽车维修企业顾客满意度改进提供战略支持。本研究的成果在以下几个方面具有重要意义：

对于管理和决策部门来说，利用本研究所建立的模型可以更加科学地了解（测评）汽车维修企业的服务质量，并进一步采取合理的措施来对维修企业进行管理。

对于汽车维修企业来说，本研究成果可以助其了解顾客的满意度，以制定合理、科学的措施来进一步改善和提高服务质量，使顾客满意，进而提高企业竞争力，提高企业经济效益和社会效益。

对于汽车制造商或汽车服务集团来说，其用来评价各4S店顾客满意度的传统方法是客户打分，然后计算各指标平均值，该方法存在不合理、不具可比性且操作性不好的弊端。如果利用本研究所建立的模型来进行该工作，就可以更加科学合理地测评顾客的满意度，提高企业社会效益和经济效益。研究顾客满意度的美国专家Fornell曾经认为，如果美国早20年提出ACSI（美国顾客满意度指数），那么日本汽车业就不会在当年那么容易地超过美国的三大汽车公司。

1.2 国内外相关研究情况综述

国内众多学者均对国内外顾客满意度的研究状况进行了总结，本书此部分的主要内容是建立在这些学者的研究基础之上，并进行梳理和分析。

1.2.1 国外顾客满意度研究情况综述

国外对顾客满意度的探讨较早，可以追溯到1965年美国学者Cardozo首次发表的关于顾客满意度的研究论文。此后，西方学者对顾客满意度的研究兴趣日益高涨。20世纪70年代，以顾客满意度为主题发表的研究论文达到500篇；到90年代初期,这一数目飞速上升到15 000篇①。

学者们最早建立的顾客满意度模型是"期望不确认"模型,认为实际绩效高于期望时,顾客便产生满意的感受,反之,顾客产生不满意的感受。后来,学者们又对顾客需求进行了研究,并将需求因素加入到顾客满意度模型。再后来,学者们又将顾客忠诚度引入了顾客满意度模型。近二十多年,学者们将顾客满意度的研究范围扩展到探讨员工满意、顾客满意、顾客忠诚和企业利润之间的关系研究。

目前,世界各国都十分重视各行业顾客满意度的研究,从国家层面建立本国通用的顾客满意度测评模型。其中国外最具代表性的模型有瑞典顾客满意度指数模型(SCSB)、美国顾客满意度指数模型(ACSI)和欧洲顾客满意度指数模型(ECSI),笔者通过对比研究发现,欧洲顾客满意度指数模型比较接近我国汽车行业的实际。

欧洲顾客满意度指数(图1-1)是由欧洲质量组织和欧洲质量管理基金会等机构共同资助完成。该模型在瑞典模型和美国模型的基础上做了进一步完善,共有7个结构变量,分别是形象、顾客预期、感知硬件质量、感知软件质量、感知质量、顾客满意度和顾客忠诚。

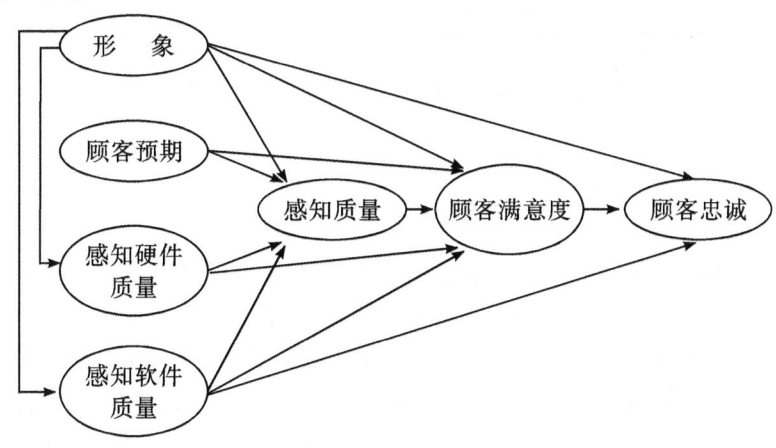

图1-1 欧洲顾客满意度指数模型

在汽车行业企业方面,在欧美的一些国家,汽车行业顾客满意度的调查主要是由第三方汽车评价机构 J. D. Power 来完成,J. D. Power 是美国 McGraw Hill Financial 集团旗下品牌,提供客户满意度、绩效改善等方面的洞察和解决方案。J. D. Power 每年基于数百万消费者的反馈信息进行产品或服务方面满意度的评测,为汽车、金融和信息技术等行业提供咨询服务。J. D. Power 对汽车行业的调查项目包括汽车销售满意度调研(SSI)、新车质量调研(IQS)、售后服务满意度调研(CSI)、汽车性能、运行和设计调研(APEAL)等,主要针对销售满意度,新车质量,售后服务

---

① 郭文豪. 汽车销售顾客满意度评估系统研究 [D]. 长春:吉林大学,2008.

满意度,汽车性能、运行和设计等四个重要指标。

1.2.2 国内顾客满意度研究情况综述

我国早在 1980 年就明确将"顾客评价"(即顾客满意不满意、赞成不赞成)作为颁发产品金银牌奖的主要依据之一。据可查实的文献,1994 年学者赵广志在《国际市场》期刊上,发表了题为《顾客满意度"CS"——日本企业经营新概念》的文章,进一步开启了我国学者对顾客满意度研究的大门。经过文献检索,从 1994 年到现在,我国有关顾客满意度研究的文献有 3 300 多篇,研究热度不断增加,2007 年后研究热度基本保持在年均 200 篇的水平,如图 1-2 所示。

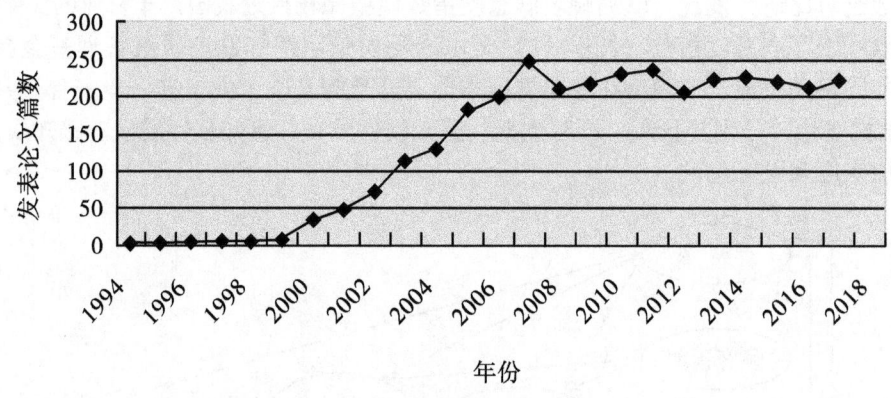

图 1-2 顾客满意度相关论文发表篇数

总体上来说,我国有关顾客满意度的研究经历了四个阶段[①]:①口号阶段,该阶段企业提出了一些顾客满意的相关口号,但并未真正建立"顾客第一"的理念,此阶段可认为是萌芽阶段;②态度阶段,企业开始重视对顾客的态度,将工作中心从企业内部转向外部顾客;③促销服务阶段,企业开始通过提高服务质量来提高自身竞争优势;④战略管理阶段,企业在竞争日益加剧的情况下,将提高顾客满意度作为企业的战略来考虑。

我国一些知名学府和大型企业也尝试建立了自己的满意度测评模型,并得到广泛应用。其中,比较知名的是清华大学提出的中国顾客满意度指数(China Customer Satisfaction Index, CCSI)模型。该模型是以美国顾客满意度指数模型为基础,吸收了欧洲顾客满意度指数模型的一些结构变量构建而成,共有 7 个结构变量,分别是形象、预期质量、感知质量、感知价值、顾客满意度、顾客抱怨和顾客忠诚。其中形象为外生变量,其他的为内生变量。模型结构如图 1-3 所示。

---

① 黄凯. 运达喜来登大酒店顾客满意度研究 [D]. 长沙:长沙理工大学,2008.

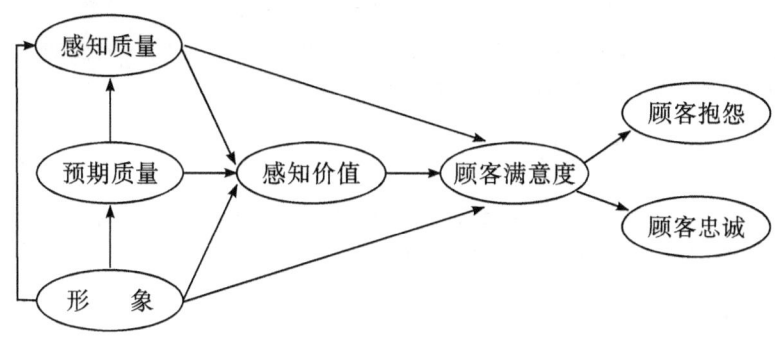

图 1-3 清华大学提出的 CCSI 模型

由于汽车行业的竞争不断加剧，迫使我国汽车行业开始研究顾客满意度的提升路径和策略。据可查实的文献，我国第一篇有关汽车行业的满意度研究文献是由学者凌夫撰写的，于 2001 年发表在《世界汽车》杂志，文章题名为《顾客满意度——汽车企业竞争新战略》，由此开启了我国学者对汽车行业的顾客满意度研究。

根据已掌握的资料，在汽车行业的满意度研究方面，我国学者杨勇、陈峰（2001 年）对影响汽车售后服务满意度的几个因素进行了量化调查、分析，并对使顾客不满意的因素进行了全面的定性分析；学者尤建新、杜学美、张英杰（2004 年）对汽车供应链的顾客满意度评价指标体系进行了研究；学者王耀军、杨华、张怀军（2005 年）对汽车维修企业服务质量的顾客满意度测评进行了研究，该研究在阐述顾客满意度的逻辑模型、分析顾客满意度对汽车维修企业服务过程影响的基础上，建立了汽车维修企业服务质量顾客满意度测评指标体系，并利用模糊综合评判法得出顾客满意等级。

此外，近五年来，青岛大学硕士闫春丽，河北大学硕士许嘉培，长春工业大学硕士王震，中国石油大学（北京）硕士杨剑坤，南京大学硕士叶身林，天津工业大学硕士刘晓珊，中国海洋大学硕士马小飞，太原理工大学硕士马双全，河北经贸大学硕士王海丽，湖南大学硕士杨国志，吉林大学硕士马韵涵，昆明理工大学硕士张云鸿，长安大学硕士王玉、李帆，南昌大学硕士彭越，华侨大学硕士陈旭，首都经济贸易大学硕士张溥均等也对汽车行业的顾客满意度相关问题进行了研究。

中国汽车顾客满意度指数（CACSI）评估体系是中国顾客满意度指数（CCSI）评估体系的重要构成部分。2002 年，中国质量协会、全国用户委员会开始启动汽车行业的满意度指数（CACSI）年度评测工作，同年完成国内汽车行业首个国家级满意度指数报告并提交政府相关机构做内部参考。2004 年，经过两年的培育和实践，CACSI 评测已经相对成熟。同年，中国质量协会、全国用户委首次将国内唯一的国家级汽车满意度评测报告向社会公开。2004 年度汽车行业评估采用 CACSI 模型对 20 个品牌车型进行了调查，包括上海大众、一汽大众、天津一汽夏利、广州本田、一汽海南、神龙汽车、长安铃木、北京现代、上汽奇瑞、风神汽车、东风悦达起亚、天津一汽丰田等。从2005年开始的"中国汽车品牌顾客满意度调查"是国内首个自主品牌的中国汽车顾客满意度评估体系,由中国国务院国资委研究中心、中国环保产业协会、联信天下国际市场调查机构共同主办。

1.2.3 国内外相关研究评述

尽管国内外关于顾客满意度的研究已相当丰富,但本研究组认为,针对汽车维修企业的顾客满意度研究存在以下局限性。

1. 国外成果不适合中国国情

从国外研究的综述中可以得知,不同国家所建立的满意度结构模型都不是完全一样的,各国在建立本国的模型时都考虑了本国的国情,建立适合本国的模型。我们应该充分认识到我国和西方国家的不同,从而制定我国的顾客满意度测评模型。不同之处具体表现在以下几个方面:首先,我国和西方国家的制度不同,反映在政策制定、国民经济计划、市场体系、企业运行机制等方面,这些因素综合影响顾客满意度测评模型的建立。其次,市场经济的发展程度不同,在市场化程度较高的国家中,大多数企业都树立了"一切为了让顾客满意"的经营理念,且国民的消费行为和消费观念的市场化程度也相对较高,相关的配套政策和保障机制完善,顾客满意度相对较容易实现。再次,西方顾客满意度测评所回收的顾客打分样本合格率较高,有助于简化模型的建立。最后,在我国建立顾客满意度测评模型必须充分考虑我国社会主义市场经济体制的具体实际,考虑到企业的经营理念、经营行为、管理制度正处于转型时期,考虑到消费者的消费水平、消费行为、消费观念,才能逐步建立符合我国具体实际的顾客满意度测评体系。

2. 国内成果使用具有局限性

首先,不同行业、不同产品,顾客满意度有着不同的影响要素,建立的顾客满意度测评模型也因此不同,所以很难进行相互间的比较。我国目前已经建立并在使用的CCSI模型,对于汽车行业的针对性不强,特别是汽车这一产品的价值和使用价值与一般消费品有所不同,因此直接应用到汽车行业顾客满意度的测评具有很大局限性。

其次,虽然我国所建立的CACSI模型是针对汽车行业的顾客满意度模型,但也存在一定的局限性,一方面,其主要的测评对象是轿车,轿车只是整个汽车市场的一部分,没有考虑其他车型的特殊性;另一方面,其主要的研究目标集中在车辆品牌和销售方面,特别是强调消费者的购买行为研究,因此没有很好地涉及汽车的售后维修服务方面。

3. 国内汽车维修企业的顾客满意度测评方法缺乏科学性

据调查，我国某些重视顾客满意度的汽车维修企业也在不同程度地进行顾客满意度的测评，其测评主要先建立顾客满意度的评价指标，并在此基础上直接让顾客在各个评价指标上打分，然后再计算不同顾客各项评价指标的平均分值，进而对企业的顾客满意度进行评价。这种测评方法虽然能较好反映顾客的各方面意见，但评价方法本身存在不能全面反映顾客的满意度信息、没有考虑权重问题、操作性差等不足，不能很好地适应目前对顾客满意度进行测评的需要。

4. 国内学者所建立的汽车维修企业顾客满意度测评模型较少

目前，专门针对汽车维修企业的顾客满意度的研究比较少，见诸报道的成果十分有限，学者们的研究成果大多偏向于综述以及描述性研究，只有少数实行定量分析。即便是定量分析，由于个人的理解不同，所建立的模型和方法也大相径庭。

鉴于以上所述情况，本项目将在已有成果的基础上，面向已有成果的不足，立足汽车维修企业的实际，对汽车维修企业的顾客满意度进行全面、综合的研究，以期建立科学、可行的汽车维修企业顾客满意度测评模型。

1.2.4 本书主要研究内容

针对目前国内相关研究，结合本项目的研究目标，课题组主要针对以下几个方面内容进行了研究：

（1）研究了与项目相关的国内外研究现状及其不足和给本项目研究带来的启示。

（2）对顾客满意的基础理论进行了总结、探讨和研究，主要有顾客的概念、顾客满意理论（顾客满意的概念诠释、顾客满意的形成机理、顾客满意度的诠释）、顾客忠诚理论（顾客忠诚的界定、顾客满意度和顾客忠诚度的关系）、服务行业的特性（服务的含义与特性、服务质量的含义与特性）、服务质量与顾客满意度的关系等。

（3）分别从文献检索、调研、结构化方程等角度对汽车维修企业顾客满意度测评指标体系进行了研究，建立了基于结构化方程的汽车维修企业顾客满意度测评指标体系。在此基础上设计了汽车维修企业顾客满意度测评调研问卷，并进行了调研。

（4）研究了基于模糊综合评判的汽车维修企业顾客满意度测评模型，在模型建立过程中，首先利用熵权法确立了不同指标之间的权重系数，然后利于模糊数学的三级综合评判法对汽车维修行业的顾客满意度进行了定量结合定性的评价，并对某企业进行了具体测评，在比较该企业和行业水平的基础上，本书提出了针对该企业的提升企业顾客满意度的战略。

（5）利用 SPSS 软件，本书对基于结构方程的汽车维修企业顾客满意度测评模型进行了定量分析，得出了观测变量定量模型和潜在变量定量模型，最终研究了定量结构化模型给企业的启示。

（6）利用 SPSS 软件，结合主成分分析法，对汽车维修企业的顾客满意度测评模型进行了二次研究，建立了新的指标体系和新的测评模型，并对汽车维修企业的顾客满意度进行了测评。

（7）基于汽车维修企业顾客满意度调研数据，利用神经网络技术，引入反向传播（BP）神经网络和 Elman 神经网络，对顾客满意度的影响指标和顾客满意度指标之间的关系进行了非线性建模，得出了有价值的结论。

【本章小结】

本章主要从汽车产业、汽修行业阐述了本项目的研究背景及意义，并就顾客满意度主题，从个体学者角度和国家层面角度，进行了国内外相关文献综述。基于此，分析了国内外相关研究的不足，提出了本书的研究内容。

2 顾客满意度基础理论

2.1 顾客的概念

人们通常认为，顾客是指"产品和服务的接受者"。但是，从完善顾客满意度理论和树立顾客满意的经营理念角度而言，仅仅这样理解是远远不够的。一般来说，"顾客"的含义有广义和狭义之分[①]。

广义的顾客是指任何接受或可能接受商品或服务的对象。也就是说，凡接受或可能接受任何单位、个人提供商品或服务的个人或单位都称为顾客。广义的顾客分为内部顾客和外部顾客两种类型。其中内部顾客是指企业内部的员工，外部顾客是指企业外部的，与企业有商品、服务和货币交换关系的对象。目前大多数企业仅重视企业的外部顾客，而忽视了企业的内部顾客，实际上内部顾客的满意度将直接影响到外部顾客的满意度，这一点已被很多成功的企业所证实。

狭义的顾客是指企业产品或服务的最终消费者，即广义顾客概念中的消费顾客。消费顾客包括生活性消费者和生产性消费者。消费顾客是企业的生存根本，没有消费顾客，企业也就失去了存在的土壤和利润来源，企业也就无从发展。

考虑到广义的顾客是一个非常发散的概念，它所包含的各类顾客相互之间存在着本质的差别，他们在满意形成、测评等方面都有很大的差异，因此在对广义顾客的满意度进行研究时，应针对其中的不同类别分别进行研究。

本书以狭义的顾客作为研究对象，即企业产品和服务的最终使用者或接受者。

2.2 顾客满意理论

2.2.1 顾客满意的概念诠释

1. 顾客满意的定义

顾客满意（CS）是从英文"Customer Satisfaction"翻译过来的，它是市场营销领域的一个新概念。顾客满意思想萌发于欧洲，但它作为一个概念被提出并用顾客

---

① 张静波. 顾客满意度测评研究及实例分析 [D]. 长春：吉林大学，2007.

满意表示,则是始于 1969 年美国一位消费心理学家的创造。到目前为止,许多学者已经对顾客满意进行了广泛的研究。然而,在顾客满意这个概念的定义上,理论界和学术界至今仍然存在着分歧,如表 2-1 所示①。

表 2-1 部分顾客满意概念定义

年份	研究者	顾客满意概念
1965	Cardozo	对顾客满意与不满意开始研究
1969	Howard, Sheth	将满意度概念用于消费者理念,认为满意度是消费者对所付出代价与所获得收益是否合理进行评判的心理状态
1977	Hunt	顾客满意是消费经历至少与期望相一致时而做出的评价
1977	Pfaff	是产品组合的理想与实际差异的反差
1981	Oliver, Linda	是一种心理状态,顾客根据消费经验所形成的期望与消费经历一致时而产生的一种情感状态
1982	Churchill, Surprenant	是购买与使用产品的结果,是由购买者对预期结果的回报与投入成本进行比较所产生的心理状态
1982	Engel, Blackwell	顾客对所购买产品与以前产品信念一致时所做出的评价
1983	Westbfook, Reilly	是一种情感反应,这种情感反应是伴随或者是在购买过程中产品陈列以及整体购物环境对消费者的心理影响而产生的
1983	Quelch, Takuchi	受消费前、消费时、消费后三个步骤分别所涉及的因素影响
1988	Tse, Wilton	顾客在购买行为发生前对产品所形成的期望质量与消费后所感知的质量之间所存在差异的评价
1979	Howard Peter	倾向于对产品使用后的效果与使用前的认知进行比较,若服务提供者实际提供的服务成果高于消费者对某一服务的预期,消费者将感到满意,反之,若服务所产生的效果没有达到消费者的期望时,消费者将感到不满意
1990	Olson Engel	
1993	Blackwell, Miniard	
1984	Day	针对某一特定的交易行为,在消费以后对这次交易所进行的整体评价
1911	Oliver	
1911	Solomon	个人对所购买商品的整体态度
1911	Kolter	产品预期与结果的函数

---

① 张静波. 顾客满意度测评研究及实例分析 [D]. 长春:吉林大学,2007.

续表 2-1

年份	研究者	顾客满意概念
1993	Spreng, Olshavshy	将顾客愿望（desires）作为优于顾客期望（expectations）的比较标准。愿望被定义为成品的属性、属性层次和顾客确信会获取的利益，它会引导顾客的行为，对顾客满意产生强烈的影响
1994	Gardial	购前和购后的比较标准不一致，购前使用自身内部标准，购后则更多地以其他品牌为标准
1995	Kotler	满意是一种人的感觉状态的水平，它来源于对一件产品或服务所设想的成效或产生的结果与人们的期望所进行的比较
1995	Walker	期望将随服务过程的阶段而变化，服务过程分为消费前、消费中和消费后
1997	Woodruff	比较标准应该基于顾客所向往的价值，这些向往的价值来源于产品的属性、性能及使用结果。顾客对满意的判断应该基于在购前建立的期望价值层次
1997	Oliver	期望是对即将发生的事件的可能性预测，不同的期望来源于顾客的期望层次，即从理想层次到不能忍受的层次

目前，对顾客满意的定义，学术上有两种主要的观点。一种观点是从状态角度来定义顾客满意，认为顾客满意是顾客对购买行为的事后感受，是消费经历所产生的一种结果。如 Howard 和 Sheath（1969）认为顾客满意是顾客对其所付出的代价是否获得足够补偿的一种认知状态；Oliver 和 Linda（1981）认为顾客满意是一种心理状态，顾客根据消费经验所形成的期望与消费经历一致时而产生的一种情感状态；Westbfook 和 Reilly（1983）认为顾客满意是一种情感反应，这种情感反应是伴随或者是在购买过程中产品陈列以及整体购物环境对消费者的心理影响而产生的；Kotler（1995）则认为顾客满意是一种人的感觉状态的水平，它来源于对一件产品或服务所设想的成效或产生的结果与人们的期望所进行的比较。

另一种观点是从过程的角度来定义顾客满意，认为顾客满意是事后对消费行为的评价。如 Hunt（1977）认为顾客满意是消费经历至少与期望相一致时而做出的评价；Engel 和 Blackwell（1982）认为顾客满意是顾客对所购买产品与以前产品信念一致时所做出的评价；Tse 和 Wilton（1988）则认为顾客满意是顾客在购买行为发生前对产品所形成的期望质量与消费后所感知的质量之间所存在差异的评价。这些学者认为，在顾客满意的内涵中，评价过程是其核心组成部分。从过程角度对顾客满意的定义包括了完整的消费经历，指明了产生顾客满意的重要过程。这种定义方法引导人们去关注产生顾客满意的知觉、判断和心理过程，比从状态角度的定义更具实用价值,也更多地为其他研究人员所采用。

本项目组更倾向于从过程角度给顾客满意下定义。因为顾客满意是一种积极的购后评价,是顾客在感受到所购买产品或服务与先前的期望相一致时而做出的积极评价。

2. 顾客满意的构成要素

顾客满意的构成因素可以分为横向和纵向两个层次[①]。

1) 顾客满意的横向层次

在横向层次上,顾客满意包括 5 个方面:企业理念满意、企业行为满意、视觉满意、产品满意和服务满意。

(1) 企业理念满意:是指企业经营理念带给企业的内外部顾客的心理满足状态。

(2) 企业行为满意:是指企业建立的行为运行系统通过运行,给内外部顾客带来的心理满足状态,包括行为机制满意、行为规则满意和行为模式满意等。

(3) 视觉满意:是指企业具有的各种可视性的显在形象带给内外部顾客的心理满足状态。

(4) 产品满意:即企业产品带给内外部顾客的满足状态,包括产品质量满意、产品功能满意、产品设计满意、产品包装满意、产品品位满意和产品价格满意等。

(5) 服务满意:即企业服务带给内外部顾客的满足状态,包括绩效满意、保证体系满意、服务的完整性和方便性满意、积极情绪环境满意等。

2) 顾客满意的纵向层次

在纵向层次上,顾客满意包括 3 个层次:物质满意层、精神满意层、社会满意层。

(1) 物质满意层:即顾客对企业产品的核心层,如产品的功能、质量、设计和品种等所产生的满意。

(2) 精神满意层:即顾客对企业产品的形式层和外延层,如产品的外观、色彩、装潢、品位和服务等所产生的满意。

(3) 社会满意层:即顾客在对企业产品和服务消费的过程中所体验到的社会利益维护程序,主要指顾客整体(全体公众)的社会满意程序。它要求在社会产品和服务的消费过程中,要具有维护社会整体利益的道德价值、政治价值和生态价值。

2.2.2 顾客满意的形成机理

在顾客满意形成机理的研究中,学术界主要有几种不同的观点,分别是期望不一致理论、感知绩效主导顾客满意理论和感知公平理论。其中,"期望不一致"是

---

① 张静波. 顾客满意度测评研究及实例分析 [D]. 长春:吉林大学,2007.

目前应用最广的顾客满意测度模式①。

期望不一致模型认为，满意是通过两个阶段实现的。在购买前，顾客会对产品（或服务）的绩效（即产品将会提供的各种利益和效用）形成"期望"，顾客进行了购买以后则会将消费产品（或服务）所获得的真实绩效水平与购买前的期望进行比较，由此形成二者之间的差距或称为"不一致"，这是第一阶段。在第二阶段，顾客对"不一致"的不同情况做出不同的"满意"反应：当实际绩效与期望相同，即"不一致"为零时，顾客产生"适度的满意"；当实际绩效超过期望，即"不一致"为正时，导致"满意"；而当实际绩效达不到期望，即"不一致"为负时，导致"不满意"。因此期望模型中包括期望、不一致和满意3个基本的变量，期望是顾客对产品绩效的预期，不一致是绩效与期望之差，其中绩效是顾客所获得的利益，满意则是顾客的最终态度和评价。期望不一致模型是顾客满意理论的基础。

当今主流的测评模型SCSB、ACSI、ECSI等几乎无一例外都以期望不一致模型为基础来度量顾客满意。1982年，Churchill等人研究发现，不同类别的产品对期望不一致模型有不同的符合程度，例如，非耐用品较符合期望模型，对耐用品来说，则存在两个显著的特点：期望的影响变小，绩效的影响显著增大。因此，人们开始在期望不一致模型的基础上探索其他类型的模型，逐步形成了期望主导型、感知质量主导型、不一致性主导型及感知质量与不一致性共同主导型等不同的模式，但总的来说仍然属于期望不一致理论的范畴②。因此，本书对顾客满意进行测评时也主要考虑期望不一致模式。

2.2.3 顾客满意度的诠释

如前所述，顾客满意是一种积极的购后评价，是顾客在感受到所购买产品或服务与先前的期望相一致时而做出的积极评价。由此可知，顾客满意与否，取决于顾客接受产品或服务的感知同顾客在接受之前的期望相比较的体验。一般而言，这种比较会产生三种可能的感受③：当感知低于期望，顾客感到不满意，甚至出现抱怨和投诉；当感知基本符合期望，顾客感到满意；当感知远远超过期望，顾客感到非常满意，并产生顾客忠诚。简言之，顾客满意程度的不同产生于感知与期望间比较结果的不同。

由此，可将顾客满意度（CSD）定义为"顾客的感知与事前期望的比较的差异函数"。

1. 顾客满意度的类型

学者们分别从期望比较、特定环境、影响因素等方面来定义顾客满意度，因此

---

① 蒋赟. 4S汽车营销企业顾客满意度研究 [D]. 天津：天津工业大学，2008.
② 严浩仁，贾生华. 试论顾客满意的形成机理模型及其发展 [J]. 经济经纬，2004（1）：16-19.
③ 张静波. 顾客满意度测评研究及实例分析 [D]. 长春：吉林大学，2007.

可将顾客满意归纳为以下三种类型①：

（1）期望比较满意。期望比较满意是顾客将实际从产品或服务中所获得的消费体验与事前对产品或服务表现的期望做比较的认知过程评价。此时，期望与经验或对其的了解有直接关系，如有些商家进行大量的广告宣传，使顾客对其产品产生了很高的期望，若产品或服务实际表现达到或超过期望则产生满意，反之则产生不满意。

（2）特定交易满意。特定交易满意是指顾客满意限定于对某种特殊购买行为的购后评价，或者顾客在特定环境下对使用产品所获得的价值程度的一种即时情绪反映，带有很大的主观性，不注重顾客在消费前对产品或服务的期望。

（3）累积型满意。累积型满意是顾客在消费完成后对各种满意度影响因素（如价值、时间、精力、感受等）进行综合比较后的评价，也是顾客针对某产品或服务消费的全部经验而累积的整体评价。

2. 顾客满意度的基本特性

学者方琴芬②将顾客满意度的基本特性归纳为主观性、客观性、比较性、模糊性、差异性、全面性、动态性和隐含性 8 个方面，具有重要的指导意义，其主要内涵如下：

（1）主观性。顾客满意度是一个主观的评价指标，也是一个标准的模糊评价指标，是顾客的一种主观感知活动结果。对顾客来说，满意与否以及满意的程度因人而异，主要受经济地位、文化背景、职业类型、受教育程度、性格、情绪、需求和期望及评价动机等主观因素影响，同样的服务，不同的顾客可能会产生不同的评价结果。

（2）客观性。顾客满意度也是客观存在的一个指标，是不以企业、顾客的意志为转移的。亦即顾客一旦接受企业提供的产品（或服务），随即便产生一个满意度的结果，无论企业或者调研组织是否关注，顾客的评价都是客观存在的。

（3）比较性。按照"期望不一致"理论，顾客满意度是顾客期望与顾客感知相比较的结果，因为不同顾客对同一个影响其满意度的因素的期望和感知不尽相同。此外，这种比较结果还可能会随着时间的变化而变化，特别是顾客在接受同一供应商或不同供应商提供的多次服务后，其主观感受也会发生变化，这种改变也会诱发满意度的改变。

（4）模糊性。由于顾客满意度评价是一种主观判断和情感判断，这种判断带有许多"亦此亦彼"或"非此非彼"的现象，即模糊现象。举例来讲，对于"满意"和"较满意"两者之间的差距，很难进行精确的量化。目前针对模糊现象问题，模

---

① 吕阳伟. 雪铁龙汽车顾客满意度测算及对比分析研究 [D]. 武汉：武汉理工大学，2006.
② 方琴芬. 顾客满意测评方法研究 [D]. 合肥：合肥工业大学，2006.

糊数学的相关方法能较好地解决模糊事件的定量化评价问题。

（5）差异性。顾客满意度往往因顾客属性（自然属性、社会属性、消费属性等）、企业属性、行业属性、部门属性以及产品和服务属性的不同而不同，甚至不同的历史时期，乃至国家特定历史阶段的法律法规也会对顾客满意度评价有影响。

（6）全面性。顾客满意度是对一个企业或者行业进行评价，这种评价应该是全面的而不是片面或者局部的，任何一个环节出现问题，都会对顾客满意度评价产生影响。因此在建立满意度评价指标体系时，应该考虑到影响满意度的所有因素，然后对因素的权重进行针对性分析。

（7）动态性。顾客满意度的评价结果一般来说都会随行业的发展、企业经营状况、顾客自身变化以及社会环境变化而变化。所以当顾客满意度低时，企业要设法提高顾客满意度；而当顾客满意度高时，企业也要不断进行完善，保持顾客满意度评价的高位，进而提高顾客的忠诚度，为企业的健康良性发展打下基础。

（8）隐含性。顾客满意度在没有被测评的情况下，其只是隐含在顾客身上的一种体验或者意识，会潜移默化地影响顾客对供应商的选择或感知，具有隐含特性，一般只有当用数学等手段对其进行测评时才显现出来。

3. 影响顾客满意度的主要因素

根据顾客满意度的定义，顾客满意度是顾客建立在期望与现实基础上的、对产品或服务的主观评价，一切影响期望值与服务的因素都有可能影响顾客满意度[①]。

从企业工作的各个方面分析，影响顾客满意度的因素归结为以下5个方面：

（1）企业因素。企业是产品或服务的提供者，其规模、效益、形象、品牌和公众舆论等在内部或外部的表现都会影响消费者对其的判断和满意度评价。

（2）产品因素。包含5个层次的内容：一是产品相较于竞品在安全、功能、质量、价格等方面是否具有优势；二是产品的消费属性是否满足顾客要求；三是产品包含服务项目的多少，包括售后服务等；四是产品的外观因素如包装、运输、品位、配件等是否良好；五是顾客获得产品或服务的便捷性和时效性。

（3）营销与服务体系及机制。企业的营销与服务体系是否有效、简洁，是否能为顾客带来方便，售后服务时间长短，服务人员的态度，响应时间，投诉与咨询的便捷性等都会影响顾客满意度。

（4）沟通因素。在很多情况下，顾客会和产品或服务供应商进行各种形式的沟通，比如当面沟通或通过电话、邮件、微信进行沟通等，那么沟通的便捷性、有效性会极大地影响顾客的满意度，有些顾客甚至认为沟通比产品特性更重要。企业一定要在与顾客沟通的过程中取得顾客的信任与理解，比如汽车的召回机制，一定程度上，不但不会影响顾客的投诉，还会增加顾客满意度。

---

① 王珺. 服务行业客户满意度测评研究 [D]. 北京：北京交通大学，2008.

(5) 顾客关怀。顾客关怀是指企业在售前、售中和售后环节,主动运用各种手段或途径,如电话、邮件、微信或当面对顾客进行关怀或问候,并多站在顾客的角度看待问题,帮助顾客答疑解惑,倾听顾客的意见和建议,从而大幅度提高顾客满意度,增加顾客忠诚度。但顾客关怀不能太过频繁,否则会适得其反,导致顾客反感。

2.3 顾客忠诚理论

对于企业来讲,提高顾客满意度的目的是提高顾客的忠诚度,进而提升顾客黏度,提升企业竞争力,为企业获得更高利润,因此,研究顾客忠诚理论以及顾客满意度和顾客忠诚度之间的关系具有重要意义。

2.3.1 顾客忠诚的界定

鉴于顾客忠诚(度)的重要性,国内外众多学者对其进行了研究,代表性的观点主要有①:

Dick 与 Basu(1994)认为顾客忠诚度可理解为顾客态度与顾客再购行为两者关系间的强度。

Jones 与 Sasser(1995)将顾客忠诚简化为顾客对某一特定产品或服务的再次选择意愿,并按照时间跨度,将顾客忠诚度分为长期忠诚和短期忠诚,长期忠诚是指顾客会长期购买企业的产品或服务,短期忠诚是指当顾客有更好的选择时,会容易改变选择。

Bhote(1996)认为,顾客忠诚度是顾客在获得较高满意度的基础上,不但自身会再次选择购买,而且还会愿意为公司做宣传。

Oliver 等人(1997)认为,顾客忠诚度虽然会受到竞争企业的影响,但其对所喜好的产品或服务的忠诚度不会改变。

Bowen 与 Shoemaker(1998)认为,顾客忠诚度是顾客再次购买的可能性大小和顾客成为企业一分子的意愿。

综上所述,顾客忠诚是指顾客对供应商的人员、产品或服务的依赖感或好感,通俗来说,忠诚度就是企业的"口碑",它可以转化为一种广告效应,特别是在当前的信息时代,顾客的满意或者不满意会极大地影响到周围的人,而且这种扩散是指数级的,速度极快,忠诚度高的顾客会带来一大批潜在顾客。

忠诚的顾客是企业最宝贵的资源,他们对企业的信赖不会因为外界的影响而轻易发生转变,他们不仅会一直支持使用企业的产品,还可以接受和理解企业的一些瑕疵,甚至成为企业的义务推销员,将企业的产品介绍给自己周围的人。此外,对

---

① 李文平. 汽车服务顾客满意度研究 [D]. 哈尔滨:哈尔滨工业大学,2012.

于企业来说，保留一个老顾客的成本比赢得一个新顾客的成本要低得多，相关统计表明，保留老顾客的成本与赢得新顾客的成本的比值约为 1/10～1/5。由此可见，企业应该积极提高顾客满意度，从而提高顾客忠诚度，这样才能保持企业最主要的收入和利润来源，维持企业的发展。

此外，有学者认为顾客忠诚不只是一种心理因素，也是一种行为表现，所以在衡量层面上也需要顾及顾客在感受与行为两方面的反应以及两者之间的相互影响，笔者认为两者之间互为正相关关系。早期强调行为忠诚度的学者都是以顾客的行为为基础的，而目前的研究则一般认为顾客满意的测评应同时包含行为及态度的方法，大多同时采用再购意愿、向他人推荐公司或品牌的意愿、价格容忍度和交叉购买意愿等作为顾客忠诚度的指标，这也是本书顾客忠诚度指标选择的依据。

2.3.2 顾客满意度和顾客忠诚度的关系

许多学者针对顾客满意度与顾客忠诚度之间的关系进行了探讨[①]：

Kasper（1988）研究发现，顾客忠诚度与顾客对商品问题的认知、商品满意度等高度相关，但此相关关系并非百分之百的强相关。如 Newman 与 Werbel（1973）研究发现，对商品或服务感到高度满意的顾客也会出现品牌转换的行为，而对商品或服务感到不满意的顾客也会有品牌忠诚的行为，笔者认为出现该现象的原因可能是顾客对某种产品或服务的依赖性比较大。

Reichheld（1996）对满意度和忠诚度的相关性进行了定量研究，发现有65%～85%宣称满意度高的顾客仍会背离公司，笔者认为其原因很可能是竞争公司给予顾客的满意度更高，导致了顾客的流失。有关汽车产业的调查表明，虽然有85%～95%的消费者感到满意，但只有30%～40%的消费者会考虑再购买同一品牌的车型。笔者认为这和汽车产品的特性有关系，一般顾客不会会两次或多次都选择购买同一品牌汽车，也就是说顾客没有选择再次购买并不完全是满意度低所导致的。因此，企业不但要关注顾客满意度，还要关注顾客忠诚度。

Oliva、Oliver 和 Mc Millan（1992）指出，顾客满意度与顾客忠诚度间的关系是一种非线性相关关系，两者间存在一个容忍范围的问题。当顾客满意度在容忍范围内时，其对顾客忠诚度的影响不大；当顾客满意度超过容忍度范围时，其增加将会较大程度地提升顾客忠诚度；反之，当顾客满意度低于容忍范围时，其降低也会较大程度地降低顾客的忠诚度。他们的研究也指出，某一次交易的不满意，不会使顾客马上动摇其忠诚度，尤其是转换存在较大障碍时；而一连串的顾客满意，却会使顾客产生新的忠诚度。

Kotlot（1993）认为，顾客在购买商品或服务后，其心理会有一定的满意度判断，若顾客感到满意，将会有较高的再购买意愿。

---

① 李文平. 汽车服务顾客满意度研究 [D]. 哈尔滨：哈尔滨工业大学，2012.

王珺认为，顾客忠诚度与顾客满意度成正相关关系，如图 2 - 1 所示①。

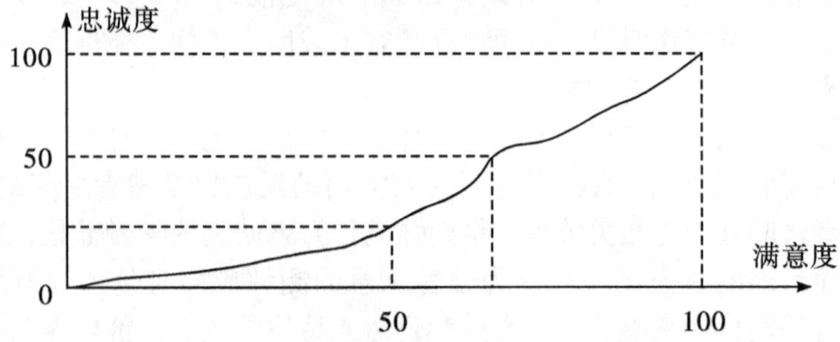

图 2 - 1　顾客满意度和顾客忠诚度的关系

由以上研究观点可知，顾客满意度与顾客忠诚度在一定程度呈较显著的正相关关系，对商品或服务感到高度满意的顾客，其顾客忠诚度高，这说明顾客满意度与顾客忠诚度之间存在因果关系。

2.4　服务行业的特性

本节将对有关服务、服务质量、顾客满意度的研究理论进行梳理，以作为本研究的理论基础，为构建研究所用模型及满意度测量量表提供指导。

2.4.1　服务的含义与特性

1. 服务的含义

服务有别于产品，其没有固定的标准模式。不同种类的服务在涉及范围和内容上会存在或大或小的差异，并且同一种类服务因提供服务的方式不同亦不尽相同。因此，在不同的产业环境和社会发展阶段，学者们对服务的定义与见解也有所不同。以下为几种较常见的定义②：

（1）美国营销学会（American Marketing Association, 1960）认为，服务是通过销售或附属于商品销售过程中所提供的活动、利益或满足。

（2）芬兰服务营销学家格朗鲁斯（Grănroos, 1990）认为，服务的目的是解决顾客的问题，服务是发生在顾客与服务提供方之间的一个或一连串的活动，其本质上具有一定的实体形态。笔者认为，这种定义是有历史局限性的，特别是在当前时代，像金融产品服务类其实物形态就不是很明显。

（3）美国营销学家科特勒（Kotler, 1991）认为，服务是无形的任何活动或利

---

① 王珺. 服务行业客户满意度测评研究 [D]. 北京：北京交通大学, 2008.
② 高凯宾. 北京市汽车维修服务质量的顾客满意度研究 [D]. 大连：东北财经大学, 2006.

益，它并不存在所有权问题，它并不一定与有形产品有关联。

综合以上观点，可以将服务的含义归纳为：服务的目的是为他人产生利益或满足他人的需求，其通常是为使有形或无形的商品更容易被接受或销售出去而进行的一些附加的活动或行为，有时需要借助有形产品来进行。服务的形式通常可以分为三种：一是直接销售所提供的无形利益，不含有任何有形商品，如法律服务；而是要借助有形产品提供的服务活动，且有形产品所有权不发生转移，如运输服务；三是附带商品购买的服务活动，例如汽车维修服务。

汽车维修服务的对象不仅是需要维修或保养的汽车，还包括为服务埋单的顾客，除了更换汽车零配件、恢复汽车性能、美化汽车外观等汽车服务项目外，为顾客提供的专业咨询、享受服务的便利性，保证顾客购买服务的经济性和对顾客进行人文关怀等也属于服务范畴。所以，完全意义上的汽车维修服务应涵盖从招揽汽车维修顾客到售后服务质量跟踪反馈的所有环节。

2. 服务的特性

英国剑桥大学的三位教授，普拉苏拉曼、泽丝曼尔和贝里（Parasuraman, Zeithaml, Berry, 1985）根据学者们对服务特性的研究，归纳出服务区别于一般实体性产品的四个特性：无形性（Intangibility）、不可分离性（Inseparability）、异质性（Heterogeneity）与易消失性（Perishability）。

（1）无形性。同有形产品不同，服务在很大程度上是无形的和抽象的，无法像有形产品一样展示给顾客。顾客没有一个具体标准去客观地评价服务质量，而且在购买服务前是很难看到服务的成果的。因此口碑宣传、企业形象以及顾客以往经验等因素对顾客选择服务影响很大。

（2）不可分离性。有形产品大都是经过研发、生产、流通、销售，然后才进入消费环节。而服务不能像有形产品一样事先生产，服务的生产与消费往往具有伴生性，即服务的生产过程与消费过程同时进行，顾客只有加入到服务的生产过程才能最终消费到服务，所以，往往服务提供者与顾客要同时介入服务传递的过程中并进行频繁的互动。目前，汽车行业为了提高顾客的满意度和体验好评度，会尽量减少和顾客的互动次数，以提供一站式服务。

（3）异质性。服务不像有形产品一样有固定的质量标准，其不容易实现标准化，因此服务的提供常会因人、因时、因地而发生变化。服务提供者的不同或同一提供者提供服务的时间与地点等不同，服务的效果也会有差异。

（4）易消失性。由于服务的无形性和不可分离性，使得服务不可能像有形产品一样贮存起来，以备未来销售，因而其产能缺乏弹性，对于需求变动无法通过存货调节。为了合理安排产能，很多企业采用了预约服务方式，一定程度上可以按计划进行服务，但所产生的服务却具有时间效用，若不能及时使用，将形成浪费。

由服务的四个特性可知，服务产品比有形产品更加复杂，影响服务质量的因素更加繁多。服务是服务市场营销的前提，服务质量则是服务市场营销的基础。因此，深刻理解服务质量的含义和特性，对于企业发展服务市场营销的活动具有重要意义。

2.4.2 服务质量的含义与特性①

1. 服务质量的含义

20世纪80年代初，学者们对服务质量进行了开创性研究，试图从各种角度对服务质量的含义予以解释，代表性观点如下：

1982年，芬兰著名学者格朗鲁斯率先提出顾客感知服务质量（perceived service quality）的概念模型，如图2-2所示。他认为服务质量是顾客的一个主观范畴，是顾客对服务质量的期望与其实际体验到的服务质量的差异，他将服务质量分为技术质量和功能质量两类。技术质量指服务过程的产出，即顾客通过服务得到的东西，强调的是结果。功能质量指顾客如何得到服务的，强调的是服务的传递过程。

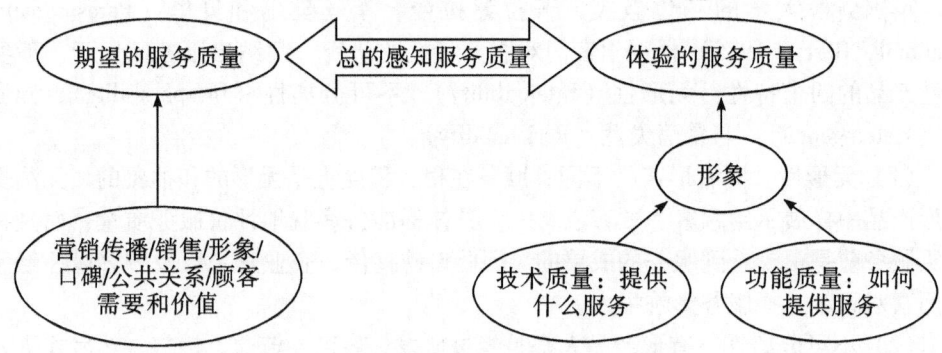

图2-2 顾客总的感知服务质量概念模型

同年，学者列迪宁将服务质量分为产出质量和过程质量，后来又将服务质量拓展为物质质量、交互质量和企业质量三个方面，其中物质质量指服务过程中有关有形产品或设备的质量；交互质量指在服务过程中客、商之间互动过程中产生的活动相关的质量；企业质量指服务企业的形象质量，也就是企业硬件及人员给顾客的印象、企业的口碑等。

1985年，学者普拉苏拉曼提出了与格朗鲁斯类似的观点，认为服务质量是对服务的一种长期整体判断，是由消费者本身对服务的期望与实际所感受到的服务绩效水平两者比较而来。而后在1988年普拉苏拉曼又对此概念进行了深化，认为服务质量是服务提供者和服务消费者互动过程中所产生的服务优劣程度，并强调服务质

---

① 高凯宾. 北京市汽车维修服务质量的顾客满意度研究 [D]. 大连：东北财经大学，2006.

量的评价主体是顾客。

由上述各学者的观点可知,服务质量所蕴含的意义在于:一是了解顾客的需求;二是对于顾客需求是否可以满足,甚至超越其需求质量;三是顾客对服务质量的评价,即顾客对服务质量的期望与其感受到的服务质量水平两者之间的比较,这种评价由服务传递的过程决定。

综上所述,本研究认为服务质量是一种基于服务过程的主观认知,即服务质量是消费者基于过程主观地判断该事物优良或卓越的程度,在本质上是一种态度判断。

2. 服务质量的特性

要想提高服务质量,必须了解服务质量的特性,方可对症下药,进行有效的管理。自20世纪80年代以来,众多学者对服务质量的特性进行了深入研究,其中普拉苏拉曼、泽丝曼尔和贝里(Parasuraman, Zeithaml, Berry, 1985)的研究成果尤为显著,得到广泛的认同。他们选择银行、信用卡公司、证券经纪商和产品维修四种行业进行一项服务探索性研究,较全面地提出了服务质量的十种特性。

(1) 有形性(tangible):服务一般需要借助有形的设备或者人员,如服务场所的硬件设备、服务的辅助工具及服务人员的仪表等来完成,具有有形性。

(2) 可靠性(reliability):是指服务执行过程中的可依赖程度和稳定程度,如汽车维修返修率、账单正确率、是否泄漏顾客信息、是否对顾客车辆进行有效保管等。

(3) 反应性(responsiveness):是指服务人员提供服务的意愿和敏捷程度,如迅速接待客户,立即安排顾客的车辆交修等,即快速响应顾客的问题,提供及时的服务。

(4) 胜任性(competence):服务人员所具备的技术和专业知识的能力,如汽车维修人员的专业水平、是否经过厂家的正规培训、是否具有职业资格证书等。

(5) 礼貌性(courtesy):服务人员的礼貌、体贴和友善的程度,如尊重顾客的权益,服务人员有整洁的外表、谈吐文雅、善解人意等。

(6) 信用性(credibility):让顾客认为该企业是诚实的、值得信赖的,如公司的信誉、为顾客服务时的承诺兑现、服务人员的个人品质以及出现客户投诉时的处理方法和效果等。

(7) 安全性(security):能让顾客在接受服务时免除风险和疑虑,放心接受服务,如服务设备设施的安全性、车辆的安全性、财务交易的安全性、信息方面的隐私保护等。

(8) 沟通性(communication):以恰当的方法和合适的语言与顾客沟通,特别是解决争议和顾客的疑惑方面,如详细说明服务的项目和内容、说明与服务有关的费用和支付方式、说明车辆需要增加的服务项目等。

(9) 接近性 (access)：顾客易于获得服务的程度。例如设置的服务站点、营业时间对顾客具有便利性，从而缩短顾客等待服务的时间等。

(10) 理解性 (understanding)：对顾客的需求能快速充分地知晓的程度，如通过顾客不太专业的问询描述，了解顾客的需求，给予顾客专业的意见或建议，并对顾客的个别需求提供相应的照顾等。

1988 年，普拉苏拉曼、泽丝曼尔和贝里三位学者又进一步通过实证研究对服务质量的十个特性进行了精简。其中有形性、可靠性、反应性保持不变，胜任性、礼貌性、信用性、安全性归纳为保证性（assurance），沟通性、接近性、理解性归纳为移情性（empathy）。其中，保证性是指服务人员具有专业知识和技能，有礼貌，能够获得顾客的信任；移情性是指能设身处地为顾客着想，给予顾客关怀和个别的照顾。

2.5 服务质量与顾客满意度的关系

对服务质量与顾客满意度关系的研究，共有三派观点[①]：

第一派观点认为，服务质量是顾客满意度的前因，即顾客在体验服务过程后，对服务的过程进行评价，从而得出该服务过程质量是否达到或超过预期，进而形成是否满意的评价。在该因果顺序里，满意度被描述为"消费后对感知质量的评价" (Anderson，Fornell，1994)。

第二派观点认为，顾客满意度是服务质量的前因。比特纳（Bitner，1990）指出，服务接触满意（service encounter satisfaction）是服务质量的前因，也就是接触满意也是服务质量的一个指标。1994 年，比特纳和哈伯特（Bitner，Hubbert，1994）进一步指出，满意度到服务质量的因果顺序是基于服务质量与全面态度的假定的，也就是服务质量与全面态度包含了瞬时的满意度评估。

第三派观点认为，顾客满意度与服务质量并不存在前因后果关系。克罗宁和泰勒（Cronin，Taylor，1992）提出了一个结构模型，实证验证了这两者的非递归关系。但是，他们的研究中 SMC（sqared multiple correlations，个别题项信度）指标异常高并且是负的，不过后来有几位学者（Brady，Michael K.；Cronin Jr，Joseph J.；Brand，Richard R.，2002）使用克罗宁和泰勒的原始数据建立了递归模型，得到了很好的拟合效果并解决了 SMC 指标过高的问题。

综上，目前学术界对服务质量和顾客满意度之间关系的描述还缺乏共识。笔者支持服务质量是顾客满意度的前因的观点，即顾客对于服务质量的满意程度，是通过顾客对服务质量的期望与实际感知的服务绩效水平比较所决定的，服务质量是形成顾客满意度的重要因素。

---

① 李文平. 汽车服务顾客满意度测评研究 [D]. 哈尔滨：哈尔滨工业大学，2006.

【本章小结】

本章主要从顾客的概念出发，研究了顾客满意度理论，涉及顾客满意度的概念、顾客满意的形成机理，基于此研究了顾客忠诚的相关理论，包括顾客忠诚的界定、顾客满意度和顾客忠诚度之间的关系。此外，又对服务行业的特性进行了研究，主要有服务的含义与特性、服务质量的含义与特性。最后研究了服务质量与顾客满意度之间的关系。

3 汽车维修企业顾客满意度测评指标体系

3.1 汽车维修企业顾客满意度测评主要评价指标

在建立汽车维修企业顾客满意度测评指标体系的过程中，笔者首先对相关文献进行了检索，得出了被广泛学者所应用的评价指标，主要有高凯宾、郭文豪、蒋赟等人的研究成果。

在高凯宾[①]的研究中，将测评指标定义为如表 3-1 所示的结构。

表 3-1 汽车维修服务质量的衡量内容

一级指标	二级指标	三级指标
顾客满意度	服务内容	该汽修商提供的维修零配件
		该汽修商所列的服务项目类型
		该汽修商提供的服务质量保证
	服务价格	该汽修商收取的工时费
		该汽修商收取的零件或材料费用
	服务便利性	该汽修商营业时间的便利性
		该汽修商服务地点的便利性
		该汽修商让顾客等候服务的时间
	促销	该汽修商促销活动的告知形式
		该汽修商推出促销项目的实惠程度
	服务人员	该汽修商的服务人员的仪容仪表
		该汽修商的服务人员的服务态度
		该汽修商的服务人员的专业知识和技能
	服务过程	该汽修商换零件或增加服务项目会征得顾客统一
		该汽修商的服务人员能迅速找到毛病并一次修好
		该汽修商会记录和追踪维修结果

① 高凯宾. 北京市汽车维修服务质量的顾客满意度研究 [D]. 大连：东北财经大学，2006.

续表 3-1

一级指标	二级指标	三级指标
顾客满意度	服务设施	该汽修商维修作业场地的整洁性
		该汽修商维修设备配置的齐全与先进程度
		该汽修商为顾客提供的休息设施

在郭文豪[①]的研究中,将测评指标定义为如表 3-2 所示的结构。

表 3-2 汽车服务满意度评价指标体系

一级指标	二级指标	三级指标
顾客满意度	品牌感知	公司形象
		商业信誉
	人员素质	服务态度
		专业修养
		服务及时
		人员诚信
	价格感知	配件价格
		保养价格
	质量感知	维修质量
		配件质量
	信息反馈	回访调查
		服务热线
		投诉处理
		技术支持
	专业服务	维修服务
		保养服务

在蒋赟[②]的研究中,将测评指标定义为如表 3-3 所示的结构。

---

① 郭文豪. 汽车销售顾客满意度评估系统研究 [D]. 长春:吉林大学,2008.
② 蒋赟. 4S 汽车营销企业顾客满意度研究 [D]. 天津:天津工业大学,2008.

表3-3 汽车维修企业服务质量测评指标

一级指标	二级指标	三级指标
顾客满意度	顾客对价值的感知	维修设备的先进性
		维修人员的仪表
		维修配件供应情况
		维修服务价格合理性
	顾客对质量的感知	维修技术专业性
		维修质量可靠性
		维修速度及效率
		员工掌握维修保养知识的程度
	顾客期望	员工的礼节性
		员工的反应速度
		员工提供服务的积极性
		企业对顾客最关心问题的了解
		顾客投诉处理
		是否有附加服务

对以上学者所建立的测评指标进行总结,并结合笔者的经验,可以初步得出如表3-4所示的影响汽车维修企业顾客满意度的指标。

表3-4 汽车维修企业服务质量测评指标

一级指标	二级指标	三级指标
顾客满意度	企业形象	企业车间是否整洁;维修设备是否齐全先进;休息区环境、设备、人员是否使人舒适;服务人员的仪容仪表;服务人员的专业知识和技能;服务人员的诚信度;公司的商业信誉
	服务结果质量	企业有无提供充足的零配件及质量如何;企业提供的服务项目是否丰富;企业的服务质量有无保证;服务人员服务是否迅速;是否一次排除故障;换件或增加服务项目是否征得顾客同意
	服务过程质量	服务人员的态度;企业的营业时间是否合理;企业的服务地点是否方便;企业让顾客等待的时间是否太长;企业是否记录并追踪回访维修结果;是否设置服务热线;投诉处理是否及时
	服务价格	工时费是否合理;零件材料费是否合理
	附加服务	企业的促销活动的开展形式;企业的促销活动是否实惠

3.2 汽车维修企业顾客满意度测评指标的调研

在已获得的测评指标的基础上,本项目组又进行了问卷调查,旨在调查出是否还有影响汽车维修企业顾客满意度的指标存在。针对此问题,项目组设计了分别面向专家、面向企业人员和面向顾客的调查问卷。

值得说明的是,在调研过程,项目组进行了多次预调研,针对调研结果多次修改了调查问卷,调查问卷见附录Ⅰ、附录Ⅱ和附录Ⅲ,总结起来在调研过程中发现以下特点:

(1) 对于专家的调研。专家问卷主要是面向从事汽车行业的教师设置的,因为他们对汽车行业和汽车职业有深入的了解,所以可以通过他们收集顾客的满意度指标。因为专家时间很宝贵,所以问题不能太细,否则专家没有耐心继续往下看,但专家的一些见解是很独到的,甚至是企业员工或顾客不能够提出的。

(2) 对于企业员工的调研。企业人员问卷主要是面向汽车维修企业的内部员工的,其中有管理层人员也有一线工人,由于他们长期从事该工作,对影响顾客满意度的因素有较直观的认识。企业员工时间也很紧张,故问题也不能太细太多,他们所能够提供的信息量应该完全由他们自己来决定,因此,问卷应该采取一个大问题的形式来设计。此外,由于他们具有工作实践经验,不需对问卷的问题进行详细解释,也可以马上给出他们认为的最佳答案。

(3) 对于顾客的调研。顾客问卷主要是面向到汽车维修企业进行消费的顾客而设计的,由于该问卷直接面向顾客,故最能代表顾客的意见。本调研的顾客对象一般是处于等待服务完成的消费者,其时间比较充裕,因此可以将问卷的问题设计得多一些、细一些,可以从不同角度和不同侧面引导其完成调研。据调查,绝大部分顾客十分乐意填写调查表,因为调查表和他们的利益有连带关系,而且他们也愿意填写一些自己的真实体验和感受。需要说明的是,由于顾客文化程度参差不齐,因此,问卷应该有引导性的语言来帮助顾客快速理解问题的含义,切入主题,协助其较为准确地完成调研。

在调研过程中,专家的调研是通过当面发放问卷、会议发放问卷和邮寄的形式完成的;而企业人员的调研一方面是通过走访企业完成的,另一方面是通过专业学生在毕业实习过程中收集到的;顾客的调研基本上是由专业学生在毕业实习过程中,向在顾客休息区等待服务完成的顾客收集的。

通过对调研结果的整理,项目组发现本次调研的回收率比较理想,共发放调查问卷 327 份(其中专家 35 份,企业人员 108 份,顾客 184 份),回收 294 份(其中专家 33 份,企业 95 份,顾客 166 份),回收率为 89.9%,有效问卷为 256 份,有效率为 78.3%。

面向专家和企业员工的有效调查问卷中,指标填写个数与总有效问卷的比例关系如表3-5所示,而面向顾客的情况如表3-6所示。

表3-5 面向专家和企业员工的有效调查问卷统计结果

指标填写个数	1	2	3	4	5	6	7	8	9	10	11~15
比例/%	100	91.3	83.4	72.3	52.1	39.5	22.1	10.6	2.1	0.7	0

表3-6 面向顾客的有效调查问卷统计结果

指标填写个数	1~10	11	12	13	14	15	16	17	18	19	20
比例/%	100	99.3	98.7	96.4	93.3	89.5	84.3	78.8	71.6	63.5	54.7
指标填写个数	21	22	23	24	25	26	27	28	29及以上		
比例/%	44.3	33.6	21.4	11.5	2.3	0.8	0.4	0.2	0		

通过对调研结果的统计,得出了除表3-4所示的指标以外的以下一些指标:维修店外观形象;有无定期保养提醒;有无维修预约;有无道路救援服务;是否容易找到维修厂地址;接待区是否整洁、干净;服务人员是否乐于帮助顾客;主管人员能否解决顾客的问题;员工语言是否恰当;经理能否解决顾客的投诉问题;经理能否了解顾客最关心的问题;是否发放专营店联系表格;是否正确理解顾客需求(车子问题);是否及时接待;维修过程中是否使用防护用品;是否引导顾客到休息区;是否告知车子维修进展情况;是否能够看到车子的维修状况;是否反复被告知车子需要追加服务项目;是否解释服务进行的项目;是否估算发生的费用;是否预先告知修好时间;有无维修结束通知;是否完成所有的项目;是否按承诺时间修好车子;车内外是否清洁;取车时是否说明费用及服务项目的详细清单;是否提供备用交通方式;有无免费附加服务;索赔服务工作的开展质量。

3.3 汽车维修企业顾客满意度测评指标分析

根据前两节的文献分析和调查研究结果,通过整理一共可以得到影响汽车维修企业顾客满意度的52个指标(因素),那么如何来组织这52个因素就是一个非常值得探讨的问题,本节将从服务进行流程和服务进行地点两个角度来组织这52个指标并进行分析,从而构建出基于结构化方程的指标体系。

3.3.1 基于服务进行流程的组织形式

对于汽车维修企业来说,一般的汽车维修服务核心流程如图3-1所示。

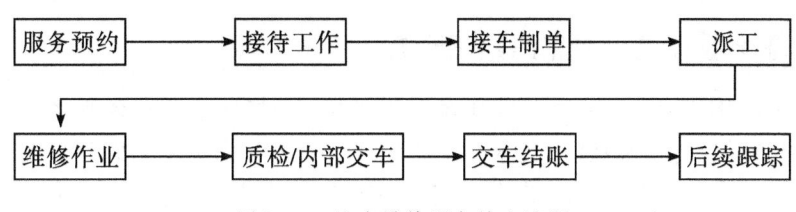

图3-1 汽车维修服务核心流程

如果按照服务进行的流程来看,可以将顾客满意度影响指标组织为如表3-7所示的结构。

表3-7 基于服务进行流程的汽车维修企业顾客满意度影响指标结构

顾客满意度影响因素	到厂之前	a. 公司的商业信誉;b. 是否设置服务热线;c. 企业的营业时间是否合理;d. 企业的服务地点是否方便;e. 是否容易找到维修厂地址;f. 有无定期保养提醒;g. 有无维修预约;h. 有无道路救援服务
	接待工作	a. 维修店外观形象;b. 接待区是否整洁、干净;c. 服务人员的仪容仪表;d. 服务人员的专业知识和技能;e. 服务人员的诚信度;f. 服务人员的态度;g. 服务人员服务是否迅速;
	接车制单	a. 员工语言是否恰当;b. 能否正确理解顾客需求(车子问题);c. 是否提供备用交通方式;d. 有无免费附加服务
	派工	a. 企业让顾客等待的时间是否太长;b. 维修过程中是否使用防护用品;c. 是否估算发生的费用;d. 是否预先告知修好时间;e. 是否引导顾客到休息区
	维修作业	a. 企业车间是否整洁;b. 维修设备是否齐全先进;c. 休息区环境、设备、人员是否使人舒适;d. 企业有无提供充足的零配件及质量如何;e. 企业提供的服务项目是否丰富;f. 企业的服务质量有无保证;g. 是否一次排除故障;h. 索赔服务工作的开展质量;i. 换件或增加服务项目是否征得顾客同意;j. 主管人员能否解决顾客的问题;k. 经理能否解决顾客的投诉问题;l. 经理能否了解顾客最关心的问题;m. 是否告知车子维修进展情况;n. 能否看到车子的维修状况;o. 是否反复被告知车子需要追加服务项目;p. 是否解释服务进行的项目
	质检/内部交车	a. 维修结束有无通知;b. 是否完成所有的项目;c. 车内外是否清洁
	交车结账	a. 工时费是否合理;b. 零件材料费是否合理;c. 企业促销活动的开展形式;d. 企业促销活动是否实惠;e. 是否按承诺时间修好车子;f. 取车时是否有说明费用及服务项目的详细清单;g. 是否发放专营店联系表格
	后续跟踪	a. 企业是否记录并追踪回访维修结果;b. 投诉处理是否及时

3.3.2 基于服务进行地点的组织形式

对于汽车维修企业来讲，影响顾客满意度的服务场所主要有企业之外、企业周边、企业接待区、企业顾客休息区、企业维修作业区、企业竣工交车区。以下将按照上述场所对影响顾客满意度的 52 个指标进行重新组织，如表 3-8 所示。

表 3-8 基于服务进行地点的汽车维修企业顾客满意度影响指标结构

顾客满意度影响因素	企业之外	a. 公司的商业信誉；b. 是否设置服务热线；c. 企业的营业时间是否合理；d. 企业的服务地点是否方便；e. 有无定期保养提醒；f. 有无维修预约；g. 有无道路救援服务；h. 企业是否记录并追踪回访维修结果；i. 投诉是否处理及时
	企业周边	a. 是否容易找到维修厂地址；b. 维修店外观形象
	企业接待区	a. 接待区是否整洁、干净；b. 服务人员的仪容仪表；c. 服务人员的专业知识和技能；d. 服务人员的诚信度；e. 服务人员的态度；f. 服务人员服务是否迅速；g. 员工言语是否恰当；h. 能否正确理解顾客需求（车子问题）；i. 是否提供备用交通方式；j. 有无免费附加服务；k. 企业让顾客等待的时间是否太长；l. 维修过程中是否使用防护用品；m. 是否估算发生的费用；n. 是否预先告知修好时间
	企业顾客休息区	a. 是否引导顾客到休息区；b. 休息区环境、设备、人员是否使人舒适；c. 换件或增加服务项目是否征得顾客同意；d. 主管人员能否解决顾客的问题；e. 经理能否解决顾客的投诉问题；f. 经理能否了解顾客最关心的问题；g. 是否告知车子维修进展情况；h. 能否看到车子的维修状况；i. 是否反复被告知车子需要追加服务项目；j. 是否解释服务进行的项目
	企业维修作业区	a. 企业车间是否整洁；b. 维修设备是否齐全先进；c. 企业有无提供充足的零配件及质量如何；d. 企业提供的服务项目是否丰富；e. 企业的服务质量有无保证；f. 是否一次排除故障；g. 索赔服务工作的开展质量；h. 是否有维修结束通知
	企业竣工交车区	a. 是否完成所有的项目；b. 车内外是否清洁；c. 工时费是否合理；d. 零件材料费是否合理；e. 企业的促销活动的开展形式；f. 企业促销活动是否实惠；g. 是否按承诺时间修好车子；h. 取车时是否有说明费用及服务项目的详细清单；i. 是否发放专营店联系表格

在建立以上两种分析体系的过程中，研究组认为不论是哪一种组织方式，其都存在很大弊端，不利于用来建立汽车维修企业顾客满意度测评定量评价模型，主要表现在以下几方面：

（1）一些指标不能很好地和其上级指标相适应，也就是某些指标不能很好地被归类。

（2）如上所建立的评价体系，很难确定指标体系的权重系数，而建立评价指标体系的权重系数，恰恰是建立满意度测评体系过程中非常重要的步骤之一。

（3）以上所建立的指标只能用来做定性分析，不符合当前国内外学者关于建立满意度测评指标体系的通用做法。

由此可见，不论是基于服务流程，还是基于服务场所所建立的评价指标体系，都不适合本项目的研究需要。

3.3.3 基于结构化方程的指标体系

1. 结构化模型的构建

前已述及，为建立科学的汽车维修企业顾客满意度测评指标体系，就必须重新构思顾客满意度的组织形式。本研究结合国内外相关研究经验，采用引入满意度测评结构模型的原理来建立测评指标体系，如图 3-2 所示。该结构模型借鉴了欧洲顾客满意度指数模型和清华大学顾客满意度指数模型。

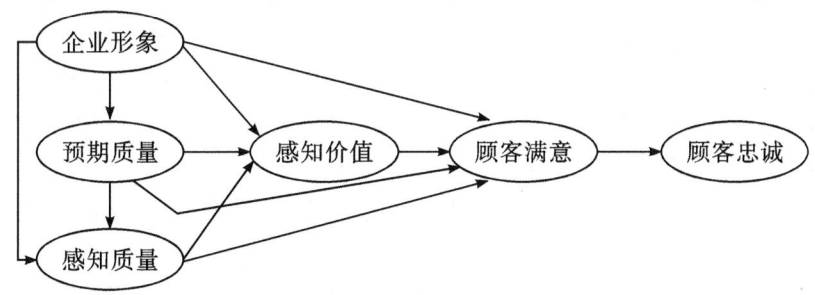

图 3-2 汽车维修企业顾客满意度指数结构模型

该模型的主要特点是：

（1）它由 6 个结构变量和 10 个结构关系构成，分别是企业形象、预期质量、感知质量、感知价值、顾客满意和顾客忠诚。其中企业形象是外生潜变量，而其他变量为内生潜变量；企业形象、预期质量、感知质量、感知价值是顾客满意的原因变量；顾客忠诚是顾客满意的结果变量。

（2）企业形象包括顾客对企业的商务实践、商业道德、社会责任感以及整体形象的看法；顾客预期指顾客在消费之前对服务的期望；感知质量指顾客对服务质量的总体实际感受；顾客忠诚定义为顾客保留在当前企业的可能性、顾客向其他顾客推荐该企业或品牌的可能性。

（3）将上述 6 个变量间的线性关系总结如下：企业形象与预期质量、感知质量、感知价值、顾客满意成正相关关系；预期质量和感知质量成正相关关系；预期质量和感知质量成负相关关系；感知质量和感知价值、顾客满意成正相关关系；感知价值和顾客满意以及顾客满意和顾客忠诚之间成正相关关系。

（4）和欧州顾客满意度指数模型不同的是，本模型并没有具体将感知质量分为感知硬件质量和感知软件质量。因为对于汽车维修服务业本身来讲，其主要是软件方面的服务质量，相对产品来讲，其硬件服务相对较弱，而且本研究中将根据汽车服务业的特点将服务质量进行新的界定，故直接用感知质量来表达。

（5）与清华大学顾客满意度指数模型不同的是，本模型并没有将顾客抱怨作为结果变量。笔者认为，顾客满意度的研究目标是通过探索顾客的满意度进而改变顾客的忠诚度，所以将顾客抱怨作为一个独立结构变量意义不大，而且在清华大学顾客满意度指数模型中，顾客抱怨也只是作为一个中间结构变量，由顾客满意结构变量影响，又影响顾客忠诚，因此其可以由顾客满意来包含。

2. 结构化模型指标体系的建立

1）汽车维修企业顾客满意度评测指标的建立原则①

（1）全面性原则。服务行业客户满意度评价体系应该力求能准确地反映汽车维修企业顾客的满意状况，因此，其指标因素必须全面，使根据其设计的调查表能够尽可能全面地反映客户对服务的需求信息，为进一步的分析打下良好的基础。

（2）代表性原则。影响顾客满意度的因子有很多，但不宜将所有因子都用作评价指标。全面性原则要求各项满意度因子不得遗漏，而代表性原则则要求在每一个侧面都应该选择最能代表该侧面的领袖因子。可以采用主成分或因子分析法来剔除不具备代表性的指标。

（3）可区分性原则。每一因子必须具有其他因子不可替代的特性。如果某一因子不能分化出来，或虽分化出来但独立性很差，与其他指标没有区分，那它就不能作为测量指标。对区分度低的指标的剔除可以采取相关分析的方法来实现。

（4）经济性原则。在设计指标时，应充分考虑到经济性因素，因为有些评价指标虽然很有用，但若为获取该指标数据所花费的成本大于其所能带来的收益，一般应舍弃而转用其他成本较低的替代性指标。

（5）可操作性原则。这是设置顾客满意度评价指标体系必须考虑的一项重要因素，因为离开了可操作性，再科学、合理、系统、全面的评价指标体系也是枉然。这里的可操作性主要是指指标项目的易懂性和有关数据的可行性。

（6）可比性原则。可比性原则是指不同企业或者同一企业不同时间的客户满意度评价具有可比性，这就要求在进行客户满意度评价时，使用统一的计量单位，保持指标的基本一致，尽量消除人为因素影响。

（7）相对稳定性原则。指标体系一经形成，应保持其基本指标项目和内容的相对稳定性。这种相对稳定性有利于顾客满意度评价指标体系的完善和发展。当然，

---

① 王珺. 服务行业客户满意度测评研究 [D]. 北京：北京交通大学, 2008.

这不包括依据环境变化（如顾客需求的变化）而对指标体系的具体内容进行取舍和增建。

2）汽车维修企业顾客满意度测评指标的建立

基于前节所得到的52个汽车维修企业顾客满意度评价指标，结合本节所构建的结构模型，遵循以上所提出的原则，充分考虑了第2章关于汽车维修企业顾客满意度作为服务业所具有的十大特性（参见2.4.2节），对指标进行增删和合并，最终建立了如表3-9所示的指标体系。

表3-9 汽车维修企业顾客满意度测评指标体系

结构变量	观测变量	细化的测评点
企业形象 (ξ)	顾客对维修企业的信任度 (x_1)	汽车维修企业的商业信誉 (a_1)
	顾客对服务品牌的期望程度 (x_2)	维修店维修的车辆品牌商业信誉 (b_1)
预期质量 (η_1)	在服务之前对本次服务的预期 (y_{11})	在服务之前对本次服务的预期 (c_1)
感知质量 (η_2)	有形性 (y_{21})	维修店外观形象 (d_1)；企业车间是否整洁 (d_2)；接待区是否整洁、干净 (d_3)；服务人员的仪容仪表 (d_4)；休息区环境、设备、人员是否使人舒适 (d_5)
	可靠性 (y_{22})	企业对服务质量有无保证 (e_1)；维修设备是否齐全先进 (e_2)；企业有无提供充足的零配件及质量如何 (e_3)；维修过程中是否使用防护用品 (e_4)；是否一次排除故障 (e_5)；索赔服务工作的开展质量 (e_6)；是否完成所有的项目 (e_7)；交车时车内外是否清洁 (e_8)；换件或增加服务项目是否征得顾客同意 (e_9)；主管人员能否解决顾客的问题 (e_{10})；经理能否解决顾客的投诉问题 (e_{11})；是否反复被告知车子需要追加服务项目 (e_{12})
	反应性 (y_{23})	服务人员服务是否迅速 (f_1)；企业让顾客等待的时间是否太长 (f_2)
	保证性 (y_{24})	服务人员的专业知识和技能 (g_1)；服务人员的诚信度 (g_2)；服务人员的态度 (g_3)；有无定期保养提醒 (g_4)；企业是否记录并追踪回访维修结果 (g_5)；能否看到车子的维修状况 (g_6)；是否按承诺时间修好车子 (g_7)

续表 3-4

结构变量	观测变量	细化的测评点
感知质量 (η_2)	移情性 (y_{25})	员工语言是否恰当 (h_1);经理是否了解顾客最关心的问题 (h_2);是否估算发生的费用 (h_3);是否预先告知修好时间 (h_4);是否正确理解顾客需求(车子问题) (h_5);是否引导顾客到休息区 (h_6);是否告知车子维修进展情况 (h_7);是否解释服务进行的项目 (h_8);维修结束有无通知 (h_9);取车时是否说明费用及服务项目的详细清单 (h_{10});是否发放专营店联系表格 (h_{11});企业的服务地点是否方便 (h_{12});企业的营业时间是否合理 (h_{13});是否容易找到维修厂地址 (h_{14});是否设置服务热线 (h_{15});有无维修预约 (h_{16});有无道路救援服务 (h_{17});是否提供备用交通方式 (h_{18});企业提供的服务项目是否丰富 (h_{19});企业促销活动(附加服务)的开展形式 (h_{20});企业促销活动(附加服务)是否实惠 (h_{21});
感知价值 (η_3)	相对所接受的服务质量水平对价格的满意程度 (y_{31})	工时费是否合理 (i_1);零件材料费是否合理 (i_2)
	考虑到付出的时间和精力,是否做出了正确的决策 (y_{32})	考虑到付出的时间和精力,是否做出了正确的决策 (j_1)
顾客满意 (η_4)	与期望对比的满意程度 (y_{41})	与期望对比的满意程度 (k_1)
	对服务的总体满意程度 (y_{42})	对服务的总体满意程度 (l_1)
顾客忠诚 (η_5)	多次选择同一维修企业 (y_{51})	多次选择同一维修企业 (m_1)
	对价格变化的承受能力 (y_{52})	对价格变化的承受能力 (n_1)
	向朋友推荐 (y_{53})	向朋友推荐 (o_1)

3.4 基于汽车维修企业的顾客满意度测评问卷设计

3.4.1 满意度测评量表选择

常用的量表主要有 3 种：数字量表、斯马图（Simalto）量表和李克特（Likert）量表。每种量表的使用范围不同、优缺点不同，因此，在选择量表时，就有必要对各种主要量表做出对比，具体对比情况见表 3-10①。

表 3-10 各种量表的比较分析

项目	优点	缺点
数字量表	简单易懂，适合各种形式的调查问卷，统计分析方便，结果直观，问卷设计简单	不能设定明确的态度标准，不利于定性分析，结果不能与过去情况精确比较
斯马图量表	量表每一项都有清晰的标准，可以和不同的竞争对手比较，量表精确，利于质量改正	设计复杂，不易填写，不适合电话调查，问卷设计难度大，不利于自行开发，调查结果繁琐，不利于组织交流
李克特量表	简单易懂，操作方便	量表对态度的覆盖面有限，划分不够细致

由表 3-10 的比较分析可以看出，李克特量表在实际操作中简单易行，适合于非正式机构的调查研究。因此，问卷选用了 5 级李克特量表，采用的 5 级态度分别是：很好、好、一般、差和很差，相应赋值为 5、4、3、2、1。通过调查可以汇总计算每个测评指标的顾客满意度评价值，从而了解被访者群体对测评对象各方面的态度，也可以计算每个被访者对测评对象的态度总分，以了解不同被访者对测评对象的不同态度。

3.4.2 问卷设计

调查问卷的设计是顾客满意度测评的一个重要组成部分，企业要全面了解顾客的满意状况，必须借助调查问卷的形式来进行。因此，设计的调查问卷质量如何，将直接关系到顾客满意度测评结果的全面性和正确性。一份科学的调查问卷，将帮助企业正确、全面地了解自己提供的产品和服务所带给顾客的满意状况，从而根据调查所获得的信息，进一步有针对性地改进产品和服务，保证企业在今后的竞争中

---

① 李文平. 汽车服务顾客满意度测评研究 [D]. 哈尔滨：哈尔滨工业大学，2006.

获得竞争优势。相反，如果企业设计的调查问卷不合理，所有精心制作的抽样计划、训练有素的访问员、合理的数据分析技术和良好的编辑和编码都将毫无价值。另外，不恰当的问卷设计还将导致不完全的信息、不准确的数据，进而使企业的决策风险和决策成本加大。

顾客满意度测评问卷的设计涉及多学科的综合应用，既要考虑行业背景和专业知识，又要考虑被访问对象的理解能力和心理接受能力，还要考虑编辑和数据处理对数据结构的要求。一般来说，问卷设计应遵循这样几个原则：①合理性；②一般性；③逻辑性；④明确性；⑤非诱导性；⑥便于整理、分析。

理想的问卷设计应能使调查人员获得所需的信息，同时被调查者又能轻松、方便地回答问题。这就要求调查人员能依据具体调查内容的要求，设计选用合适的问卷进行调查。因此，调查问卷在最终确定之前还需经过随机的局部范围的顾客意见征询，以便修改某些带有引导性的提问方法和部分容易让顾客产生歧义的语句。

根据此次顾客满意度调查的目的和顾客满意度测评的指标体系，我们设计了《"汽车维修企业顾客满意度测评模型研究"课题调查访问卷Ⅱ（顾客）》（参见附录Ⅳ）。值得指出的是，在调查问卷最终稿形成之前，课题组经过几次预调研，并请专家对调查问卷的科学合理性进行了点评，几易其稿。本次调研的问卷分为两个部分：一是用户基本情况调查，由于在实际工作中，每一个企业、每一个产品，所面向的消费群体往往具有多重身份特征，而这些不同的身份特征又会造成其对同样的产品和服务的满意度不一致，因此除了基本信息之外，我们还选取了年龄、职业、月收入及受教育程度这四个方面；二是汽车维修顾客满意度的测评指标调查，这部分调查是本次调研的重点。

由于本次调研被调查对象均为在企业等待服务完成的顾客，他们不仅有较充足的时间，而且综合素质和文化水平较高，所以他们乐于配合进行调研。鉴于此，在该问卷的第二部分，共有58个问题需要被调查对象回答。其中第1、2个问题是针对企业形象结构变量中的a_1、b_1测评点设置的；第3个问题是针对预期质量结构变量的c_1测评点设置的；第4~8个问题是针对感知质量结构变量中的有形性观测变量的d_1~d_5测评点设置的；第9~20个问题是针对感知质量结构变量中的可靠性观测变量的e_1~e_{12}测评点设置的；第21、22个问题是针对感知质量结构变量中的反应性观测变量的f_1、f_2测评点设置的；第23~29个问题是针对感知质量结构变量中的保证性观测变量的g_1~g_7测评点设置的；第30~50个问题是针对感知质量结构变量中的移情性观测变量的h_1~h_{21}测评点设置的；第51~53个问题是针对感知价值结构变量中的观测变量的i_1、i_2和j_1测评点设置的；第54、55个问题是针对顾客满意结构变量中的观测变量的k_1、l_1测评点设置的；第56~58个问题是针对顾客忠诚结构变量中的观测变量的m_1、n_1和o_1测评点设置的。

3.4.3 调查问卷的发放和回收情况

本次研究调查问卷的发放主要通过以下几种方式：

（1）上门调研。课题组成员利用去企业走访看望学生的机会，每到一家企业都发放调查问卷进行调研。

（2）企业来访调研。课题组成员利用广东交通职业学院充足的校企合作资源，每逢企业到学院洽谈合作或招聘学生时，就给其发放一定数量的调查问卷，委托企业回去后进行调研，然后将调查问卷寄回。

（3）学生调研。委托毕业前去企业实习的学生，在实习期间向在企业等待服务完成的顾客发放调查问卷，本研究将这种方式作为主要的调研方式。

本次被调研的企业均分布在广东省内的各级城市中，品牌几乎涉及国内常见品牌。

考虑到调研样本和调研成本的关系，本次调研总计发放问卷 560 份，回收问卷 517 份，回收率达到 92.3%，其中有效问卷 485 份，有效率为 86.6%。

【本章小结】

为了构建汽车维修企业顾客满意度测评指标体系，本章首先对相关文献进行了检索，并进行了梳理，初步得出评价指标体系，然后又通过设计调查问卷，调研得出了本研究的指标体系，再通过分析整理，对 52 个指标体系进行了归类。在此基础上，基于结构化模型构建方法，构建了本项目的汽车维修企业顾客满意度测评指标体系。最后，设计了汽车维修企业顾客满意度测评问卷，并进行了企业调研，整理分析了调研结果，为后续研究做好铺垫。

4 基于模糊综合评判的汽车维修企业顾客满意度测评模型

4.1 各指标权重的确定

为了明确各项指标在测评指标体系中的重要程度，需要分别赋予各指标不同的权重。权重的确定与分配是测评体系设计中的关键步骤，它对客观、真实地反映顾客满意度起着至关重要的作用。

4.1.1 各种权重确定方法的比较

常用的权重确定方法主要有层次分析法（AHP）、德尔菲（Delphi）法、等级标度法、直接打分法和熵权法。为了保证选取的指标权重确定方法更加合理、客观，下面对这几种方法进行简单的分析比较。

1. 常用的权重确定方法

1）层次分析法

具体方法如下：首先借助专家的意见，通过对比两两因素的相对重要性，利用九值评价尺度表给出相应的比例标度，构造上层某元素对下层相关元素的评价矩阵，以及得出下层相关元素对上层某元素的相对重要性序列；解评价矩阵，得出特征根和特征向量，并检验评判矩阵是否满足一致性要求。

（1）判断矩阵的建立。

判断矩阵是以上一层的某要素 E_k 作为评判准则，对下一层元素进行两两比较来确定矩阵的元素值，如以 E_k 作为评判准则的 n 阶评判矩阵形式如表 4-1 所示，其中评判矩阵 A 中的元素 a_{ij} 表示从评判准则 E_k 角度，考虑要素 U_i 对 U_j 的相对重要性。

表 4-1 阶评判矩阵构造表

E_k	U_1	...	U_j	...	U_n
U_1	a_{11}	...	a_{1j}	...	a_{1n}
⋮	⋮	⋮	⋮	⋮	⋮
U_i	a_{i1}	...	a_{ij}	...	a_{in}
⋮	⋮	⋮	⋮	⋮	⋮
U_n	a_{n1}	...	a_{nj}	...	a_{nn}

(2) 依据判断矩阵进行权重计算。

设判断矩阵为 A，$\lambda_{\max}$ 为最大特征根，W 为其特征向量，则求得 W 并对其进行正规化处理后可将其作为元素 U_1，U_2，$\cdots$，U_n 在准则 E_k 下的排序权重。$\lambda_{\max}$ 和 W 的计算方法有多种，这里采用方根法，步骤为：

①首先计算 $A = (a_{ij})_{n \times n}$ 中每行所有元素的几何平均值，得到向量 $M = (m_1, m_2, \cdots, m_n)^T$，其中 $m_i = \sqrt[n]{\prod_{j=1}^{n} a_{ij}}$，$i = 1, 2, \cdots, n$。

②对向量 M 做归一化处理，得到相对权重向量 $W = (w_1, w_2, \cdots, w_n)^T$

③计算 A 的最大特征值 $\lambda_{\max}$，其近似计算公式如下：

$$\lambda_{\max} = \frac{1}{n} \sum_{i=1}^{n} \frac{(AW)_i}{w_i},$$

式中，$(AW)_i$ 是权重向量 W 右乘判断矩阵 A 得到的列向量 (AW) 的第 i 个分量。

④求出 $\lambda_{\max}$ 后要进行一致性检验，这是保证结论可靠的必要条件。

$$CI = (\lambda_{\max} - n)/(n-1),$$
$$CR = CI/RI。$$

RI 可由表 4-2 查得，当 CR < 0.10 时，一般认为 A 的一致性是可以接受的，否则，应重新调整评判矩阵中的元素，直到具有满意的一致性为止。

表 4-2 平均随机一致性指标

n	1	2	3	4	5	6	7	8	9	10	11
RI	0	0	0.58	0.89	1.12	1.26	1.36	1.41	1.46	1.49	1.52

2) 德尔菲法

德尔菲法又称专家法，德尔菲法的一般步骤为：以匿名的方式让本专业领域内资历深厚的专家对各指标权重进行评定，对返回意见进行整理计算，然后将调查结果反馈给各位专家，让他们重新考虑后再次提出自己的看法，并特别要求那些持极端看法的专家详细说明其理由。经过几次往复反馈，大多数专家的意见趋于一致，从而确定合理的各指标的权重值。

德尔菲法简便易行，具有一定科学性和实用性，可以避免会议讨论时产生的害怕权威随声附和、固执己见、因顾虑情面不愿与他人意见冲突等弊病；同时也可使大家发表的意见较快收敛，参加者也易接受结论，具有一定程度综合意见的客观性。但缺点是由于专家一般时间紧，回答往往比较草率，同时由于预测主要依靠专家，因此归根到底仍属专家们的集体主观判断。此外，在选择合适的专家方面也较困难，征询意见的时间较长，对于需要快速判断的预测难以使用等。尽管如此，该方法因简便可靠，仍不失为一种人们常用的定性预测方法。

3）等级标度法

等级标度法是指对各指标确定不同的重要等级，常用的是五级标度，即很重要、重要、一般、不重要、很不重要。再通过问卷调查，统计计算得到各指标的权重。

等级标度法易于理解，但是人们在评价时很难用一个恒定的标准来进行评判。如评判某一指标为"非常重要"，另一指标同样也是"非常重要"，但实际上这两者在评价者的心里并不一定同等重要，所以使偶然因素大为增加。

4）直接打分法

直接打分法可以很好地将各指标的重要度进行区分，评定者可以根据指标的重要性从 1～10 或者从 1～100 来进行打分，避免了等级标度法的问题，而且该方法具有效率高、成本低的优点，评分的主体是顾客，这样可以充分反映顾客的意愿，使测评结果更真实地反映顾客实际的满意水平。

2. 各种方法的特点分析

层次分析法在分析中可以做一致性检验，来保证其判断的一致性，但其判断标准具有随机性，而且该方法还有一个致命弱点，即要想得到一个两两比较判断矩阵，被调查者需要做 $n(n-1)/2$ 次判断，这种将大量的负担加在被调查者身上的方法使被调查者很难给予配合，因此使用该方法实施起来比较困难。德尔菲法的优点是不需要具备样本数据，根据专家对评价指标内涵与外延的理解即可做出判断，因此适用范围较广，特别是对一些定性的模糊指标，仍可做出判断，且在判断过程中可以吸纳更多的信息；缺点是由于专家经验、知识的局限性，其权重值在一定程度上存在主观性，如果专家选择不当，则可信度比较低。直接打分法具有效率高、成本低的优点，但是如果调查的指标比较多，就会使被调查者有大量的负担，很难给予配合，所以直接打分法适用于测评指标较少的情况。熵值法是根据样本数据自身的信息特征做出的权重判断，是一种较为客观和综合的评价方法。当样本数据齐全时，熵值法得到较为广泛的应用。

由于本项目研究指标具有量多、计算量大、某些指标的含义较难理解、某些指标较难对比等特点，上述方法均不太适合应用于本研究。在查阅相关资料后，项目组决定采用熵值法来确定指标的权重。

4.1.2 本研究采用的权重确定方法

1. 熵权法的基本原理

熵（entropy）原是统计物理和热力学中的一个物理概念，在热力学中，熵是指一个热力系统在热功转换过程中热能有效利用的程度，熵值大，表示系统的能量的可利用程度低；熵值小，表示系统的能量的可利用程度高。在一个孤立热力系统中，系统会自发地向熵增方向转化；一个开放的热力系统，只有外部对系统做功

(输入能量),其熵才会向熵减方向进行(俗称负熵过程)。

在统计物理中,熵是分子运动无序度的度量,熵值大,表示系统运动的无序度高。在孤立系统中,分子运动的无序度会由低状态向高状态自发进行,想要使系统由高无序度状态向低无序度状态转换,必须有外力作用。从微观角度看,系统的熵值可以从分子排列方式的统计中得出。设系统有两种物质(二元系统),物质 1 有 n_1 个分子,物质 2 有 n_2 个分子,则该系统的熵值可由波尔兹曼(Boltgman)公式计算:

$$E = k\ln \Omega, \tag{1}$$

式中,Ω 是系统中两种物质分子的微观排列方式,

$$\Omega = \frac{(n_1 + n_2)!}{n_1! \, n_2!}, \tag{2}$$

将式(2)代入式(1),根据斯特林公式 $\ln n! = n\ln n - n$,则有

$$E = k\ln\left[\frac{(n_1+n_2)!}{n_1! \, n_2!}\right] = k\left(n_1 \ln \frac{n_1}{n_1+n_2} + n_2 \ln \frac{n_2}{n_1+n_2}\right). \tag{3}$$

E 是系统 $(n_1 + n_2)$ 个分子的总熵值,除以总分子数,便得到系统的单位熵值:

$$e = \frac{E}{n_1+n_2} = -k\left(\frac{n_1}{n_1+n_2}\ln\frac{n_1}{n_1+n_2} + \frac{n_2}{n_1+n_2}\ln\frac{n_2}{n_1+n_2}\right). \tag{4}$$

令 $y_1 = \frac{n_1}{n_1+n_2}$,$y_2 = \frac{n_2}{n_1+n_2}$ 分别为系统中物质 1 和物质 2 的占分率,则系统的单位熵值为

$$e = -k(y_1 \ln y_1 + y_2 \ln y_2). \tag{5}$$

扩展到多元系统,其单位熵值函数为

$$e = -k\sum_{i=1}^{m} y_i \ln y_i \tag{6}$$

式中,$k = (\ln m)^{-1}$,$0 \leq e \leq 1$,m 为多元系统的元数(个数)。

通过对式(6)的分析,可以发现系统熵值的大小只取决于多元系统内各组分占分率 y_i 的差别大小。各组分之间 y_i 差别越大,该系统的熵值越小;相反,各组分之间 y_i 差别越小,则该系统的熵值越大。当各组分的占分率都相等时,有 $y_i = \frac{1}{k}$,$e = 1$,即系统的熵值 e 达到最大值,系统处于完全无序状态。

应用熵值法的原理确定各方案间同一评价指标的权重时,如果某项评价指标在各方案中的数据的占分率相差越大,其熵值就越小,该项指标对方案评价的作用就越大,其权重应较大。

2. 熵权法确定权重的计算步骤

通常熵值法确定指标权重包括 4 步,设有 m 个待评顾客,n 个评价指标,熵权法的具体步骤如下:

(1) 计算 p_{ij}——第 j 项指标下第 i 个顾客指标值的比重。

$$p_{ij} = \frac{r_{ij}}{\sum_{j=1}^{m} r_{ij}}$$

式中，r_{ij} 表示第 i 个顾客对第 j 项指标的评价结果。

(2) 计算第 j 项指标的熵值 e_j。

$$e_j = -k \sum_{i=1}^{m} p_{ij} \ln p_{ij}$$

式中，$k = \frac{1}{\ln(m)}$。

(3) 计算第 j 项指标的差异系数 g_j。对于第 j 项指标，熵值越小，指标值的变异程度就越大；反之，熵值越大，指标值的变异程度就越小。因此，定义差异系数 $g_j = 1 - e_j$。

(4) 计算第 j 项指标权重 W_j。

$$W_j = \frac{g_j}{\sum_{j=1}^{n} g_j}$$

指标差异系数越小，赋予其权重越小；反之，指标差异系数越大，赋予其权重就越大。因此，可以用某一指标的差异系数占差异系数总和的比重来确定该指标的权重。

4.1.3 本研究模型中权重的确定

由本研究所建立的结构模型可知，6 个结构变量中，除预期质量变量 η_1 外，均需确定权重，以便后续进行模糊综合评判。从表 3-9 可以看出，由于测评模型具有层次性，所以在确定权重系数的过程中，需要从最低层开始。

1. 不同观测变量的各观测点权重系数确定

根据对调研结果的统计，应用上节所建立的熵值权重系数确定方法，研究组经过大量的计算得出了以下结果。

(1) 感知质量结构变量的有形性观测变量各观测点的权重如表 4-3 所示。

表 4-3 有形性观测变量各观测点的权重

观测点	维修店外观形象（d_1）	企业车间是否整洁（d_2）	接待区是否整洁、干净（d_3）	服务人员的仪容仪表（d_4）	休息区环境、设备、人员是否使人舒适（d_5）
熵值计算所得的权重	0.212	0.203	0.182	0.198	0.205

(2) 感知质量结构变量的可靠性观测变量各观测点的权重如表4-4所示。

表4-4　可靠性观测变量各观测点的权重

观测点	企业对服务质量有无保证（e_1）	维修设备是否齐全先进（e_2）	企业有无提供充足的零配件及质量如何（e_3）	维修过程中是否使用防护用品（e_4）	是否一次排除故障（e_5）	索赔服务工作的开展质量（e_6）
熵值计算所得的权重	0.104	0.093	0.089	0.072	0.109	0.082
观测点	是否完成所有的项目（e_7）	交车时车内外是否清洁（e_8）	换件或增加服务项目是否征得顾客同意（e_9）	主管人员能否解决顾客的问题（e_{10}）	经理能否解决顾客的投诉问题（e_{11}）	是否反复被告知车子需要追加服务项目（e_{12}）
熵值计算所得的权重	0.099	0.079	0.063	0.067	0.084	0.059

(3) 感知质量结构变量的反应性观测变量各观测点的权重如表4-5所示。

表4-5　反应性观测变量各观测点的权重

观测点	服务人员服务是否迅速（f_1）	企业让顾客等待的时间是否太长（f_2）
熵值计算所得的权重	0.338	0.662

(4) 感知质量结构变量的保证性观测变量各观测点的权重如表4-6所示。

表4-6　保证性观测变量各观测点的权重

观测点	服务人员的专业知识和技能（g_1）	服务人员的诚信度（g_2）	服务人员的态度（g_3）	有无定期保养提醒（g_4）
熵值计算所得的权重	0.178	0.143	0.136	0.087
观测点	企业是否记录并追踪回访维修结果（g_5）	能否看到车子的维修状况（g_6）	是否按承诺时间修好车子（g_7）	
熵值计算所得的权重	0.104	0.159	0.193	

(5) 感知质量结构变量的移情性观测变量各观测点的权重如表 4-7 所示。

表 4-7 移情性观测变量各观测点的权重

观测点	员工语言是否恰当（h_1）	经理能否了解顾客最关心的问题（h_2）	是否估算发生的费用（h_3）	是否预先告知修好时间（h_4）	是否正确理解顾客需求（车子问题）（h_5）
熵值计算所得的权重	0.030	0.033	0.059	0.071	0.115
观测点	是否引导顾客到休息区（h_6）	是否告知车子维修进展情况（h_7）	是否解释服务进行的项目（h_8）	维修结束有无通知（h_9）	取车时是否说明费用及服务项目的详细清单（h_{10}）
熵值计算所得的权重	0.026	0.054	0.047	0.027	0.065
观测点	是否发放专营店联系表格（h_{11}）	企业的服务地点是否方便（h_{12}）	企业的营业时间是否合理（h_{13}）	是否容易找到维修厂地址（h_{14}）	是否设置服务热线（h_{15}）
熵值计算所得的权重	0.018	0.090	0.044	0.082	0.039
观测点	有无维修预约（h_{16}）	有无道路救援服务（h_{17}）	是否提供备用交通方式（h_{18}）	企业提供的服务项目是否丰富（h_{19}）	企业促销活动（附加服务）的开展形式（h_{20}）
熵值计算所得的权重	0.023	0.051	0.076	0.019	0.015
观测点	企业促销活动（附加服务）是否实惠（h_{21}）				
熵值计算所得的权重	0.017				

(6) 感知价值结构变量"相对所接受的服务质量水平对价格的满意程度"观测变量各观测点的权重如表 4-8 所示。

表 4-8 相对所接受的服务质量水平对价格的满意程度观测变量各观测点的权重

观测点	工时费是否合理（i_1）	零件材料费是否合理（i_2）
熵值计算所得的权重	0.409	0.591

注：感知价值结构变量"考虑到付出的时间和精力，是否做出了正确的决策"因只有一个变量，故其权重值为 1。

2. 不同结构变量的各观测变量权重系数确定

计算步骤：第一步，利用前面得到的不同观测变量各观测点的权重系数进行加权，计算出每一位顾客的观测变量值。此计算以一个样本为单位，每一个顾客样本计算得出一个观测变量的测量值即为观测变量的样本值。第二步，继续利用熵权法的步骤计算对应不同结构变量的观测变量各自的权值。经过计算得出如下结果：

(1) 企业形象结构变量各观测变量的权重如表4-9所示。

表4-9 企业形象结构变量各观测变量的权重

观测变量	顾客对维修企业的信任度（x_1）	顾客对服务品牌的期望程度（x_2）
熵值计算所得的权重	0.583	0.417

(2) 感知质量结构变量各观测变量的权重如表4-10所示。

表4-10 感知质量结构变量各观测变量的权重

观测点	有形性（y_{21}）	可靠性（y_{22}）	反应性（y_{23}）	保证性（y_{24}）	移情性（y_{25}）
熵值计算所得的权重	0.148	0.237	0.193	0.221	0.201

(3) 感知价值结构变量各观测变量的权重如表4-11所示。

表4-11 感知价值结构变量各观测变量的权重

观测变量	相对所接受的服务质量水平对价格的满意程度（y_{31}）	考虑到付出的时间和精力，是否做出了正确的决策（y_{32}）
熵值计算所得的权重	0.512	0.488

(4) 顾客满意结构变量各观测变量的权重如表4-12所示。

表4-12 顾客满意结构变量各观测变量的权重

观测变量	与期望对比的满意程度（y_{41}）	对服务的总体满意程度（y_{42}）
熵值计算所得的权重	0.503	0.497

(5) 顾客忠诚结构变量各观测变量的权重如表4-13所示。

表4-13 顾客忠诚结构变量各观测变量的权重

观测变量	多次选择同一维修企业（y_{51}）	对价格变化的承受能力（y_{52}）	向朋友推荐（y_{53}）
熵值计算所得的权重	0.264	0.401	0.335

3. 影响顾客满意度的结构变量的权重系数确定

同样利用上述计算思想,可以计算得到影响顾客满意度的以下结构变量的权重值,如表 4-14 所示。

表 4-14 顾客满意度各结构变量的权重

结构变量	企业形象（ξ）	预期质量（η_1）	感知质量（η_2）	感知价值（η_3）
熵值计算所得的权重	0.202	0.144	0.351	0.303

注：在本研究所建立的结构模型中,影响顾客满意度的结构变量为企业形象、预期质量、感知质量和感知价值,所以本部分仅讨论这几个结构变量的权重。

4.2 汽车维修企业顾客满意度测评模型的建立

4.2.1 建立顾客满意度模糊综合评判模型的方法

由于顾客满意度是一个模糊指标,利用模糊特征量化的数学方法可以求出每一个因素的评价值。具体步骤如下：

设有两个有限论域：$U = (x_1, x_2, \cdots, x_n)$,$V = (y_1, y_2, \cdots, y_m)$,其中 U 代表综合评价的多种因素组成的集合,称为因素集；V 为多种评价构成的集合,称为评价或评语集。

(1) 将因素集 $U = (x_1, x_2, \cdots, x_n)$ 按属性分成 S 个子因素集 U_1,U_2,$\cdots$,U_S。其中 $u_i = \{x_1, x_2, \cdots, x_m\}$ ($i = 1, 2, \cdots, S$),且满足：$n_1 + n_2 + \cdots + n_S = n$,$U_1 \cup U_2 \cdots \cup U_S = U$,对于任意的 $i \neq j$,$U_i \cap U_j = \emptyset$。

(2) 对每一个 u 进行单级模糊综合评价。

第一步 设评语等级论域为 $V = (y_1, y_2, \cdots, y_m)$,也就是 $V = \{$非常不满意,不满意,一般,满意,非常满意$\}$,并用 5 级李克特量表进行赋值,$C = (1, 2, 3, 4, 5)$。

第二步 对 U 中的各个因素进行单因素评价,建立模糊关系矩阵 R_i。

$$R_i = \begin{bmatrix} r_{11} & r_{12} & \cdots & r_{1m} \\ r_{21} & r_{22} & \cdots & r_{2m} \\ \vdots & \vdots & & \vdots \\ r_{n_i1} & r_{n_i2} & \cdots & r_{n_im} \end{bmatrix}_{n_i m}$$

其中,r_{n_ij} 表示因素。u_{n_i} 对抉择等级 y_i 的隶属度,且 $\sum_{i=1}^{m} n_i j = 1$,$0 \leq r_{n_ij} \leq 1$,$i = 1, 2, \cdots, m$。

第三步 根据 U_i 中各因素的权重向量 $W_i = (w_{i1}, w_{i2}, \cdots, w_{mi})$ 和 u_i 的单因素评价结果 R_i（n_i 行，m 列），构造单级评价模型 B_i 为：
$$B_i = W_i R_i = (b_{i1}, b_{i2}, \cdots, b_{mi})。$$

（3）将 u_i 看作一个综合因素，用 B_i 作为它的单因素评价结果，可得隶属关系矩阵 R。

$$R = \begin{pmatrix} B_1 \\ B_2 \\ \vdots \\ B_S \end{pmatrix} = \begin{pmatrix} b_{11} & b_{12} & \cdots & b_{1n} \\ b_{21} & b_{22} & \cdots & b_{2n} \\ \vdots & \vdots & \vdots & \vdots \\ b_{S1} & b_{S2} & \cdots & b_{Sn} \end{pmatrix}$$

（4）根据综合因素 $u_i (i = 1, 2, \cdots, S)$ 的权重向量 $W = (w_1, w_2, \cdots, w_S)$ 和 R 构造二级模糊综合评价模型 B。

$$B = WR = (b_1, b_2, \cdots, b_m)$$

（5）计算顾客满意度 CSD。

$$\text{CSD} = BC^T$$

4.2.2 顾客满意度模糊综合评判模型的建立

根据上节所建立的基于模糊数学的汽车维修企业顾客满意度测评方法，本研究建立如下的测评模型，具体步骤如下。

1. 确定因素层次和各层次因素集

由表 3-9 可知，可以将因素层次分为 4 个层次，且 $U = \{\xi, \eta_1, \eta_2, \eta_3\}$，其中第二层次：

$\xi = \{x_1, x_2\}$；$\eta_1 = \{y_{11}\}$；$\eta_2 = \{y_{21}, y_{22}, y_{23}, y_{24}, y_{25}\}$；$\eta_3 = \{y_{31}, y_{32}\}$。

由于模型中某些三级指标还存在下一层指标，所以对于第三层次指标有：

$y_{21} = \{d_1, d_2, d_3, d_4, d_5\}$；
$y_{22} = \{e_1, e_2, e_3, e_4, e_5, e_6, e_7, e_8, e_9, e_{10}, e_{11}, e_{12}\}$；
$y_{23} = \{f_1, f_2\}$；
$y_{24} = \{g_1, g_2, g_3, g_4, g_5, g_6, g_7\}$；
$y_{25} = \begin{Bmatrix} h_1, h_2, h_3, h_4, h_5, h_6, h_7, h_8, h_9, h_{10}, h_{11}, h_{12}, h_{13}, h_{14}, h_{15}, \\ h_{16}, h_{17}, h_{18}, h_{19}, h_{20}, h_{21} \end{Bmatrix}$；
$y_{31} = \{i_1, i_2\}$；
$y_{32} = \{j_1\}$。

2. 建立评价集

顾客满意度是顾客在消费产品或服务过程中所产生的满足状态的程度。人的情感体验可以按梯级理论划分为若干层次。这里可以把顾客满意度分成 5 个级别,即非常满意、满意、一般、不满意、很不满意。不同的级别对应的分值可以确定为:非常满意为 90~100 分,满意为 75~90 分,一般为 60~75 分,不满意为 45~60 分,很不满意为 45 分以下。评价集用 $V = \{V_1, V_2, V_3, V_4, V_5\}$ 表示。

3. 一级模糊综合评价

经熵值法得到的权重值如表 4-15 所示。

表 4-15 汽车维修企业顾客满意度测评指标体系权重表

结构变量	观测变量	细化的测评点
企业形象 ξ (0.202)	x_1 (0.583)	a_1 (1.000)
	x_2 (0.417)	b_1 (1.000)
预期质量 η_1 (0.144)	y_{11} (1.000)	c_1 (1.000)
感知质量 η_2 (0.351)	y_{21} (0.148)	d_1 (0.212); d_2 (0.203); d_3 (0.182); d_4 (0.198); d_5 (0.205)
	y_{22} (0.237)	e_1 (0.104); e_2 (0.093); e_3 (0.089); e_4 (0.072); e_5 (0.109); e_6 (0.082); e_7 (0.099); e_8 (0.079); e_9 (0.063); e_{10} (0.067); e_{11} (0.084); e_{12} (0.059)
	y_{23} (0.193)	f_1 (0.338); f_2 (0.662)
	y_{24} (0.221)	g_1 (0.178); g_2 (0.143); g_3 (0.136); g_4 (0.087); g_5 (0.104); g_6 (0.159); g_7 (0.193)
	y_{25} (0.201)	h_1 (0.030); h_2 (0.033); h_3 (0.059); h_4 (0.071); h_5 (0.115); h_6 (0.026); h_7 (0.054); h_8 (0.047); h_9 (0.027); h_{10} (0.065); h_{11} (0.018); h_{12} (0.090); h_{13} (0.044); h_{14} (0.082); h_{15} (0.039); h_{16} (0.023); h_{17} (0.051); h_{18} (0.076); h_{19} (0.019); h_{20} (0.015); h_{21} (0.017)
感知价值 η_3 (0.303)	y_{31} (0.512)	i_1 (0.409); i_2 (0.591)
	y_{32} (0.488)	j_1 (1.000)
顾客满意 η_4	y_{41} (0.503)	k_1 (1.000)
	y_{42} (0.497)	l_1 (1.000)
顾客忠诚 η_5	y_{51} (0.264)	m_1 (1.000)
	y_{52} (0.401)	n_1 (1.000)
	y_{53} (0.335)	o_1 (1.000)

也就是：
$W_{x_1} = (1.000)$；
$W_{x_2} = (1.000)$；
$W_{y_{11}} = (1.000)$；
$W_{y_{21}} = (0.212 \quad 0.203 \quad 0.182 \quad 0.198 \quad 0.205)$；
$W_{y_{22}} = (0.104 \quad 0.093 \quad 0.089 \quad 0.072 \quad 0.109 \quad 0.082 \quad 0.099 \quad 0.079 \quad 0.063$
$\quad\quad\quad 0.067 \quad 0.084 \quad 0.059)$；
$W_{y_{23}} = (0.338 \quad 0.662)$；
$W_{y_{24}} = (0.178 \quad 0.143 \quad 0.136 \quad 0.087 \quad 0.104 \quad 0.159 \quad 0.193)$；
$W_{y_{25}} = (0.030 \quad 0.033 \quad 0.059 \quad 0.071 \quad 0.115 \quad 0.026 \quad 0.054 \quad 0.047 \quad 0.027$
$\quad\quad\quad 0.065 \quad 0.018 \quad 0.090 \quad 0.044 \quad 0.082 \quad 0.039 \quad 0.023 \quad 0.051 \quad 0.076$
$\quad\quad\quad 0.019 \quad 0.015 \quad 0.017)$；
$W_{y_{31}} = (0.409 \quad 0.591)$；
$W_{y_{32}} = (1.000)$；
$W_{y_{41}} = (1.000)$；
$W_{y_{42}} = (1.000)$；
$W_{y_{51}} = (1.000)$；
$W_{y_{52}} = (1.000)$；
$W_{y_{53}} = (1.000)$；
$W_{\xi} = (0.583 \quad 0.417)$；
$W_{\eta_1} = (1.000)$；
$W_{\eta_2} = (0.148 \quad 0.237 \quad 0.193 \quad 0.221 \quad 0.201)$；
$W_{\eta_3} = (0.512 \quad 0.488)$；
$W_U = (0.202 \quad 0.144 \quad 0.351 \quad 0.303)$；
$F = (95 \quad 82.5 \quad 67.5 \quad 52.5 \quad 22.5)$。

在研究中，对 485 份有效问卷进行了统计，调查结果表明了各测评点中，非常满意、满意、一般、不满意、很不满意所占的比例分别为：
$R_{a_1} = (0.032 \quad 0.213 \quad 0.416 \quad 0.202 \quad 0.137)$；
$R_{b_1} = (0.123 \quad 0.404 \quad 0.312 \quad 0.121 \quad 0.040)$；
$R_{c_1} = (0.070 \quad 0.512 \quad 0.306 \quad 0.104 \quad 0.008)$；
$R_{d_1} = (0.102 \quad 0.411 \quad 0.309 \quad 0.103 \quad 0.075)$；
$R_{d_2} = (0.104 \quad 0.415 \quad 0.301 \quad 0.095 \quad 0.085)$；
$R_{d_3} = (0.112 \quad 0.439 \quad 0.276 \quad 0.098 \quad 0.075)$；
$R_{d_4} = (0.187 \quad 0.523 \quad 0.283 \quad 0.007 \quad 0)$；
$R_{d_5} = (0.103 \quad 0.421 \quad 0.312 \quad 0.111 \quad 0.053)$；

$R_{e_1} = (0.121\ \ 0.303\ \ 0.346\ \ 0.213\ \ 0.017)$;
$R_{e_2} = (0.082\ \ 0.413\ \ 0.312\ \ 0.109\ \ 0.084)$;
$R_{e_3} = (0.102\ \ 0.414\ \ 0.334\ \ 0.106\ \ 0.044)$;
$R_{e_4} = (0.412\ \ 0.423\ \ 0.121\ \ 0.032\ \ 0.012)$;
$R_{e_5} = (0.101\ \ 0.213\ \ 0.521\ \ 0.124\ \ 0.041)$;
$R_{e_6} = (0.121\ \ 0.302\ \ 0.521\ \ 0.041\ \ 0.015)$;
$R_{e_7} = (0.124\ \ 0.308\ \ 0.415\ \ 0.150\ \ 0.003)$;
$R_{e_8} = (0.231\ \ 0.601\ \ 0.124\ \ 0.041\ \ 0.003)$;
$R_{e_9} = (0.346\ \ 0.521\ \ 0.102\ \ 0.017\ \ 0.014)$;
$R_{e_{10}} = (0.192\ \ 0.307\ \ 0.387\ \ 0.102\ \ 0.012)$;
$R_{e_{11}} = (0.324\ \ 0.351\ \ 0.224\ \ 0.087\ \ 0.014)$;
$R_{e_{12}} = (0.214\ \ 0.432\ \ 0.209\ \ 0.116\ \ 0.029)$;
$R_{f_1} = (0.314\ \ 0.521\ \ 0.107\ \ 0.046\ \ 0.012)$;
$R_{f_2} = (0.134\ \ 0.276\ \ 0.317\ \ 0.208\ \ 0.065)$;
$R_{g_1} = (0.123\ \ 0.409\ \ 0.321\ \ 0.120\ \ 0.027)$;
$R_{g_2} = (0.287\ \ 0.334\ \ 0.301\ \ 0.069\ \ 0.009)$;
$R_{g_3} = (0.121\ \ 0.314\ \ 0.317\ \ 0.124\ \ 0.124)$;
$R_{g_4} = (0.512\ \ 0.314\ \ 0.123\ \ 0.034\ \ 0.017)$;
$R_{g_5} = (0.489\ \ 0.321\ \ 0.109\ \ 0.052\ \ 0.029)$;
$R_{g_6} = (0.214\ \ 0.314\ \ 0.313\ \ 0.108\ \ 0.051)$;
$R_{g_7} = (0.101\ \ 0.311\ \ 0.346\ \ 0.124\ \ 0.118)$;
$R_{h_1} = (0.102\ \ 0.409\ \ 0.314\ \ 0.128\ \ 0.047)$;
$R_{h_2} = (0.074\ \ 0.217\ \ 0.432\ \ 0.256\ \ 0.021)$;
$R_{h_3} = (0.107\ \ 0.214\ \ 0.403\ \ 0.189\ \ 0.087)$;
$R_{h_4} = (0.092\ \ 0.314\ \ 0.387\ \ 0.184\ \ 0.023)$;
$R_{h_5} = (0.214\ \ 0.323\ \ 0.347\ \ 0.089\ \ 0.027)$;
$R_{h_6} = (0.387\ \ 0.456\ \ 0.123\ \ 0.032\ \ 0.002)$;
$R_{h_7} = (0.094\ \ 0.138\ \ 0.423\ \ 0.279\ \ 0.066)$;
$R_{h_8} = (0.028\ \ 0.214\ \ 0.517\ \ 0.223\ \ 0.018)$;
$R_{h_9} = (0.402\ \ 0.514\ \ 0.078\ \ 0.006\ \ 0)$;
$R_{h_{10}} = (0.276\ \ 0.472\ \ 0.214\ \ 0.023\ \ 0.015)$;
$R_{h_{11}} = (0.379\ \ 0.107\ \ 0.008\ \ 0.020\ \ 0.486)$;
$R_{h_{12}} = (0.051\ \ 0.101\ \ 0.439\ \ 0.372\ \ 0.037)$;
$R_{h_{13}} = (0.214\ \ 0.601\ \ 0.172\ \ 0.009\ \ 0.004)$;
$R_{h_{14}} = (0.078\ \ 0.517\ \ 0.327\ \ 0.051\ \ 0.027)$;

$R_{h_{15}} = (0.178 \quad 0.623 \quad 0.101 \quad 0.087 \quad 0.011)$;
$R_{h_{16}} = (0.121 \quad 0.423 \quad 0.317 \quad 0.107 \quad 0.032)$;
$R_{h_{17}} = (0.214 \quad 0.317 \quad 0.278 \quad 0.116 \quad 0.075)$;
$R_{h_{18}} = (0.076 \quad 0.116 \quad 0.345 \quad 0.378 \quad 0.085)$;
$R_{h_{19}} = (0.028 \quad 0.217 \quad 0.417 \quad 0.214 \quad 0.124)$;
$R_{h_{20}} = (0.043 \quad 0.214 \quad 0.523 \quad 0.179 \quad 0.041)$;
$R_{h_{21}} = (0.066 \quad 0.239 \quad 0.517 \quad 0.108 \quad 0.070)$;
$R_{i_1} = (0.049 \quad 0.208 \quad 0.423 \quad 0.229 \quad 0.091)$;
$R_{i_2} = (0.007 \quad 0.102 \quad 0.423 \quad 0.457 \quad 0.011)$;
$R_{j_1} = (0.102 \quad 0.412 \quad 0.456 \quad 0.016 \quad 0.014)$;
$R_{k_1} = (0.017 \quad 0.314 \quad 0.478 \quad 0.176 \quad 0.015)$;
$R_{l_1} = (0.004 \quad 0.287 \quad 0.491 \quad 0.204 \quad 0.014)$;
$R_{m_1} = (0.102 \quad 0.321 \quad 0.309 \quad 0.221 \quad 0.047)$;
$R_{n_1} = (0.027 \quad 0.123 \quad 0.417 \quad 0.309 \quad 0.124)$;
$R_{o_1} = (0.124 \quad 0.317 \quad 0.314 \quad 0.124 \quad 0.121)$;

由此可得：

$R_{x_1} = (0.032 \quad 0.213 \quad 0.416 \quad 0.202 \quad 0.137)$;
$R_{x_2} = (0.123 \quad 0.404 \quad 0.312 \quad 0.121 \quad 0.040)$;
$R_{y_{11}} = (0.070 \quad 0.512 \quad 0.306 \quad 0.104 \quad 0.008)$;

$$R_{y_{21}} = \begin{pmatrix} 0.102 & 0.411 & 0.309 & 0.103 & 0.075 \\ 0.104 & 0.415 & 0.301 & 0.095 & 0.085 \\ 0.112 & 0.439 & 0.276 & 0.098 & 0.075 \\ 0.187 & 0.523 & 0.283 & 0.007 & 0 \\ 0.103 & 0.421 & 0.312 & 0.111 & 0.053 \end{pmatrix};$$

$$R_{y_{22}} = \begin{pmatrix} 0.121 & 0.303 & 0.346 & 0.213 & 0.017 \\ 0.082 & 0.413 & 0.312 & 0.109 & 0.084 \\ 0.102 & 0.414 & 0.334 & 0.106 & 0.044 \\ 0.412 & 0.423 & 0.121 & 0.032 & 0.012 \\ 0.101 & 0.213 & 0.521 & 0.124 & 0.041 \\ 0.121 & 0.302 & 0.521 & 0.041 & 0.015 \\ 0.124 & 0.308 & 0.415 & 0.150 & 0.003 \\ 0.231 & 0.601 & 0.124 & 0.041 & 0.003 \\ 0.346 & 0.521 & 0.102 & 0.017 & 0.014 \\ 0.192 & 0.307 & 0.387 & 0.102 & 0.012 \\ 0.324 & 0.351 & 0.224 & 0.087 & 0.014 \\ 0.214 & 0.432 & 0.209 & 0.116 & 0.029 \end{pmatrix};$$

$$R_{y_{23}} = \begin{pmatrix} 0.314 & 0.521 & 0.107 & 0.046 & 0.012 \\ 0.134 & 0.276 & 0.317 & 0.208 & 0.065 \end{pmatrix};$$

$$R_{y_{24}} = \begin{pmatrix} 0.123 & 0.409 & 0.321 & 0.120 & 0.027 \\ 0.287 & 0.334 & 0.301 & 0.069 & 0.009 \\ 0.121 & 0.314 & 0.317 & 0.124 & 0.124 \\ 0.512 & 0.314 & 0.123 & 0.034 & 0.017 \\ 0.489 & 0.321 & 0.109 & 0.052 & 0.029 \\ 0.214 & 0.314 & 0.313 & 0.108 & 0.051 \\ 0.101 & 0.311 & 0.346 & 0.124 & 0.118 \end{pmatrix};$$

$$R_{y_{25}} = \begin{pmatrix} 0.102 & 0.409 & 0.314 & 0.128 & 0.047 \\ 0.074 & 0.217 & 0.432 & 0.256 & 0.021 \\ 0.107 & 0.214 & 0.403 & 0.189 & 0.087 \\ 0.092 & 0.314 & 0.387 & 0.184 & 0.023 \\ 0.214 & 0.323 & 0.347 & 0.089 & 0.027 \\ 0.387 & 0.456 & 0.123 & 0.032 & 0.002 \\ 0.094 & 0.138 & 0.423 & 0.279 & 0.066 \\ 0.028 & 0.214 & 0.517 & 0.223 & 0.018 \\ 0.402 & 0.514 & 0.078 & 0.006 & 0 \\ 0.276 & 0.472 & 0.214 & 0.023 & 0.015 \\ 0.379 & 0.107 & 0.008 & 0.020 & 0.486 \\ 0.051 & 0.101 & 0.439 & 0.372 & 0.037 \\ 0.214 & 0.601 & 0.172 & 0.009 & 0.004 \\ 0.078 & 0.517 & 0.327 & 0.051 & 0.027 \\ 0.178 & 0.623 & 0.101 & 0.087 & 0.011 \\ 0.121 & 0.423 & 0.317 & 0.107 & 0.032 \\ 0.214 & 0.317 & 0.278 & 0.116 & 0.075 \\ 0.076 & 0.116 & 0.345 & 0.378 & 0.085 \\ 0.028 & 0.217 & 0.417 & 0.214 & 0.124 \\ 0.043 & 0.214 & 0.523 & 0.179 & 0.041 \\ 0.066 & 0.239 & 0.517 & 0.108 & 0.070 \end{pmatrix};$$

$$R_{y_{31}} = \begin{pmatrix} 0.049 & 0.208 & 0.423 & 0.229 & 0.091 \\ 0.007 & 0.102 & 0.423 & 0.457 & 0.011 \end{pmatrix};$$

$R_{y_{32}} = (0.102 \quad 0.412 \quad 0.456 \quad 0.016 \quad 0.014)$。

可以得到一级评判向量为：

$$\begin{aligned} B_{x_1} &= W_{x_1} R_{x_1} \\ &= (1.000) \cdot (0.032 \quad 0.213 \quad 0.416 \quad 0.202 \quad 0.137) \\ &= (0.032 \quad 0.213 \quad 0.416 \quad 0.202 \quad 0.137); \end{aligned}$$

$$B_{x_2} = W_{x_2}R_{x_2}$$
$$= (1.000)(0.123 \quad 0.404 \quad 0.312 \quad 0.121 \quad 0.040)$$
$$= (0.123 \quad 0.404 \quad 0.312 \quad 0.121 \quad 0.040);$$

$$B_{y_{11}} = W_{y_{11}}R_{y_{11}}$$
$$= (1.000)(0.070 \quad 0.512 \quad 0.306 \quad 0.104 \quad 0.008)$$
$$= (0.070 \quad 0.512 \quad 0.306 \quad 0.104 \quad 0.008);$$

$$B_{y_{21}} = W_{y_{21}}R_{y_{21}} = \begin{pmatrix} 0.212 \\ 0.203 \\ 0.182 \\ 0.198 \\ 0.205 \end{pmatrix}^T \begin{pmatrix} 0.102 & 0.411 & 0.309 & 0.103 & 0.075 \\ 0.104 & 0.415 & 0.301 & 0.095 & 0.085 \\ 0.112 & 0.439 & 0.276 & 0.098 & 0.075 \\ 0.187 & 0.523 & 0.283 & 0.007 & 0 \\ 0.103 & 0.421 & 0.312 & 0.111 & 0.053 \end{pmatrix}$$
$$= (0.121 \quad 0.441 \quad 0.297 \quad 0.083 \quad 0.058);$$

$$B_{y_{22}} = W_{y_{22}}R_{y_{22}} = \begin{pmatrix} 0.104 \\ 0.093 \\ 0.089 \\ 0.072 \\ 0.109 \\ 0.082 \\ 0.099 \\ 0.079 \\ 0.063 \\ 0.067 \\ 0.084 \\ 0.059 \end{pmatrix}^T \begin{pmatrix} 0.121 & 0.303 & 0.346 & 0.213 & 0.017 \\ 0.082 & 0.413 & 0.312 & 0.109 & 0.084 \\ 0.102 & 0.414 & 0.334 & 0.106 & 0.044 \\ 0.412 & 0.423 & 0.121 & 0.032 & 0.012 \\ 0.101 & 0.213 & 0.521 & 0.124 & 0.041 \\ 0.121 & 0.302 & 0.521 & 0.041 & 0.015 \\ 0.124 & 0.308 & 0.415 & 0.150 & 0.003 \\ 0.231 & 0.601 & 0.124 & 0.041 & 0.003 \\ 0.346 & 0.521 & 0.102 & 0.017 & 0.014 \\ 0.192 & 0.307 & 0.387 & 0.102 & 0.012 \\ 0.324 & 0.351 & 0.224 & 0.087 & 0.014 \\ 0.214 & 0.432 & 0.209 & 0.116 & 0.029 \end{pmatrix}$$
$$= (0.185 \quad 0.372 \quad 0.317 \quad 0.101 \quad 0.025);$$

$$B_{y_{23}} = W_{y_{23}}R_{y_{23}} = (0.338 \quad 0.662)\begin{pmatrix} 0.314 & 0.521 & 0.107 & 0.046 & 0.012 \\ 0.134 & 0.276 & 0.317 & 0.208 & 0.065 \end{pmatrix}$$
$$= (0.195 \quad 0.359 \quad 0.246 \quad 0.153 \quad 0.047);$$

$$B_{y_{24}} = W_{y_{24}}R_{y_{24}} = \begin{pmatrix} 0.178 \\ 0.143 \\ 0.136 \\ 0.087 \\ 0.104 \\ 0.159 \\ 0.193 \end{pmatrix}^T \begin{pmatrix} 0.123 & 0.409 & 0.321 & 0.120 & 0.027 \\ 0.287 & 0.334 & 0.301 & 0.069 & 0.009 \\ 0.121 & 0.314 & 0.317 & 0.124 & 0.124 \\ 0.512 & 0.314 & 0.123 & 0.034 & 0.017 \\ 0.489 & 0.321 & 0.109 & 0.052 & 0.029 \\ 0.214 & 0.314 & 0.313 & 0.108 & 0.051 \\ 0.101 & 0.311 & 0.346 & 0.124 & 0.118 \end{pmatrix}$$
$$= (0.228 \quad 0.334 \quad 0.282 \quad 0.098 \quad 0.058);$$

$$B_{y_{25}} = W_{y_{25}} R_{y_{25}} = \begin{pmatrix} 0.030 \\ 0.033 \\ 0.059 \\ 0.071 \\ 0.115 \\ 0.026 \\ 0.054 \\ 0.047 \\ 0.027 \\ 0.065 \\ 0.018 \\ 0.090 \\ 0.044 \\ 0.082 \\ 0.039 \\ 0.023 \\ 0.051 \\ 0.076 \\ 0.019 \\ 0.015 \\ 0.017 \end{pmatrix}^T \begin{pmatrix} 0.102 & 0.409 & 0.314 & 0.128 & 0.047 \\ 0.074 & 0.217 & 0.432 & 0.256 & 0.021 \\ 0.107 & 0.214 & 0.403 & 0.189 & 0.087 \\ 0.092 & 0.314 & 0.387 & 0.184 & 0.023 \\ 0.214 & 0.323 & 0.347 & 0.089 & 0.027 \\ 0.387 & 0.456 & 0.123 & 0.032 & 0.002 \\ 0.094 & 0.138 & 0.423 & 0.279 & 0.066 \\ 0.028 & 0.214 & 0.517 & 0.223 & 0.018 \\ 0.402 & 0.514 & 0.078 & 0.006 & 0 \\ 0.276 & 0.472 & 0.214 & 0.023 & 0.015 \\ 0.379 & 0.107 & 0.008 & 0.020 & 0.486 \\ 0.051 & 0.101 & 0.439 & 0.372 & 0.037 \\ 0.214 & 0.601 & 0.172 & 0.009 & 0.004 \\ 0.078 & 0.517 & 0.327 & 0.051 & 0.027 \\ 0.178 & 0.623 & 0.101 & 0.087 & 0.011 \\ 0.121 & 0.423 & 0.317 & 0.107 & 0.032 \\ 0.214 & 0.317 & 0.278 & 0.116 & 0.075 \\ 0.076 & 0.116 & 0.345 & 0.378 & 0.085 \\ 0.028 & 0.217 & 0.417 & 0.214 & 0.124 \\ 0.043 & 0.214 & 0.523 & 0.179 & 0.041 \\ 0.066 & 0.239 & 0.517 & 0.108 & 0.070 \end{pmatrix}$$

$= (0.144 \quad 0.316 \quad 0.331 \quad 0.162 \quad 0.048)$;

$$B_{y_{31}} = W_{y_{31}} R_{y_{31}} = \begin{pmatrix} 0.409 \\ 0.591 \end{pmatrix}^T \begin{pmatrix} 0.049 & 0.208 & 0.423 & 0.229 & 0.091 \\ 0.007 & 0.102 & 0.423 & 0.457 & 0.011 \end{pmatrix}$$

$= (0.024 \quad 0.145 \quad 0.423 \quad 0.364 \quad 0.044)$;

$B_{y_{32}} = W_{y_{32}} R_{y_{32}}$

$= (1.000)(0.102 \quad 0.412 \quad 0.456 \quad 0.016 \quad 0.014)$

$= (0.102 \quad 0.412 \quad 0.456 \quad 0.016 \quad 0.014)$。

4. 二级模糊综合评判

计算二级评判矩阵:

$$B_\xi = \begin{pmatrix} 0.032 & 0.213 & 0.416 & 0.202 & 0.137 \\ 0.123 & 0.404 & 0.312 & 0.121 & 0.040 \end{pmatrix};$$

$B_{\eta_1} = (0.070 \quad 0.512 \quad 0.306 \quad 0.104 \quad 0.008)$;

$$B_{\eta_2} = \begin{pmatrix} 0.121 & 0.441 & 0.297 & 0.083 & 0.058 \\ 0.185 & 0.372 & 0.317 & 0.101 & 0.025 \\ 0.195 & 0.359 & 0.246 & 0.153 & 0.047 \\ 0.228 & 0.334 & 0.282 & 0.098 & 0.058 \\ 0.144 & 0.316 & 0.331 & 0.162 & 0.048 \end{pmatrix};$$

$$B_{\eta_3} = \begin{pmatrix} 0.024 & 0.145 & 0.423 & 0.364 & 0.044 \\ 0.102 & 0.412 & 0.456 & 0.016 & 0.014 \end{pmatrix}。$$

计算第二级评判向量：

$$C_\xi = W_\xi B_\xi$$

$$= (0.583 \quad 0.417) \begin{pmatrix} 0.032 & 0.213 & 0.416 & 0.202 & 0.137 \\ 0.123 & 0.404 & 0.312 & 0.121 & 0.040 \end{pmatrix}$$

$$= (0.070 \quad 0.293 \quad 0.373 \quad 0.168 \quad 0.097);$$

$$C_{\eta_1} = W_{\eta_1} B_{\eta_1}$$

$$= (1.000)(0.070 \quad 0.512 \quad 0.306 \quad 0.104 \quad 0.008)$$

$$= (0.070 \quad 0.512 \quad 0.306 \quad 0.104 \quad 0.008);$$

$$C_{\eta_2} = W_{\eta_2} B_{\eta_2}$$

$$= \begin{pmatrix} 0.148 \\ 0.237 \\ 0.193 \\ 0.221 \\ 0.201 \end{pmatrix}^T \begin{pmatrix} 0.121 & 0.441 & 0.297 & 0.083 & 0.058 \\ 0.185 & 0.372 & 0.317 & 0.101 & 0.025 \\ 0.195 & 0.359 & 0.246 & 0.153 & 0.047 \\ 0.228 & 0.334 & 0.282 & 0.098 & 0.058 \\ 0.144 & 0.316 & 0.331 & 0.162 & 0.048 \end{pmatrix}$$

$$= (0.179 \quad 0.360 \quad 0.296 \quad 0.120 \quad 0.046)$$

$$C_{\eta_3} = W_{\eta_3} B_{\eta_3}$$

$$= \begin{pmatrix} 0.512 \\ 0.488 \end{pmatrix}^T \begin{pmatrix} 0.024 & 0.145 & 0.423 & 0.364 & 0.044 \\ 0.102 & 0.412 & 0.456 & 0.016 & 0.014 \end{pmatrix}$$

$$= (0.062 \quad 0.275 \quad 0.439 \quad 0.194 \quad 0.029)$$

5. 三级模糊综合评判

计算第三级评判矩阵：

$$C_U = \begin{pmatrix} 0.070 & 0.293 & 0.373 & 0.168 & 0.097 \\ 0.070 & 0.512 & 0.306 & 0.104 & 0.008 \\ 0.179 & 0.360 & 0.296 & 0.120 & 0.046 \\ 0.062 & 0.275 & 0.439 & 0.194 & 0.029 \end{pmatrix}。$$

计算三级评判向量：

$$M = W_U C_U$$

$$= \begin{pmatrix} 0.202 \\ 0.144 \\ 0.351 \\ 0.303 \end{pmatrix}^{\mathrm{T}} \begin{pmatrix} 0.070 & 0.293 & 0.373 & 0.168 & 0.097 \\ 0.070 & 0.512 & 0.306 & 0.104 & 0.008 \\ 0.179 & 0.360 & 0.296 & 0.120 & 0.046 \\ 0.062 & 0.275 & 0.439 & 0.194 & 0.029 \end{pmatrix}$$

$= (0.106 \quad 0.343 \quad 0.356 \quad 0.150 \quad 0.046)$。

由于 $F = (95 \quad 82.5 \quad 67.5 \quad 52.5 \quad 22.5)$，所以满意度总体评价分数值为

$Z = MF^{\mathrm{T}}$

$= (0.106 \quad 0.343 \quad 0.356 \quad 0.150 \quad 0.046)(95 \quad 82.5 \quad 67.5 \quad 52.5 \quad 22.5)^{\mathrm{T}}$

$= 71.251$。

6. 不同结构变量的满意度分值

（1）不同结构变量的评判向量为

$C_{\xi} = (0.070 \quad 0.293 \quad 0.373 \quad 0.168 \quad 0.097)$；

$C_{\eta_1} = (0.070 \quad 0.512 \quad 0.306 \quad 0.104 \quad 0.008)$；

$C_{\eta_2} = (0.179 \quad 0.360 \quad 0.296 \quad 0.120 \quad 0.046)$；

$C_{\eta_3} = (0.062 \quad 0.275 \quad 0.439 \quad 0.194 \quad 0.029)$。

（2）不同结构变量的满意度评价结果为

$Z_{\xi} = C_{\xi} F^{\mathrm{T}} = 66.945$；

$Z_{\eta_1} = C_{\eta_1} F^{\mathrm{T}} = 75.185$；

$Z_{\eta_2} = C_{\eta_2} F^{\mathrm{T}} = 73.957$；

$Z_{\eta_3} = C_{\eta_3} F^{\mathrm{T}} = 69.116$。

7. 不同观测变量的满意度分值

（1）不同观测变量的评判向量为

$B_{x_1} = (0.032 \quad 0.213 \quad 0.416 \quad 0.202 \quad 0.137)$；

$B_{x_2} = (0.123 \quad 0.404 \quad 0.312 \quad 0.121 \quad 0.040)$；

$B_{y_{11}} = (0.070 \quad 0.512 \quad 0.306 \quad 0.104 \quad 0.008)$；

$B_{y_{21}} = (0.121 \quad 0.441 \quad 0.297 \quad 0.083 \quad 0.058)$；

$B_{y_{22}} = (0.185 \quad 0.372 \quad 0.317 \quad 0.101 \quad 0.025)$；

$B_{y_{23}} = (0.195 \quad 0.359 \quad 0.246 \quad 0.153 \quad 0.047)$；

$B_{y_{24}} = (0.228 \quad 0.334 \quad 0.282 \quad 0.098 \quad 0.058)$；

$B_{y_{25}} = (0.144 \quad 0.316 \quad 0.331 \quad 0.162 \quad 0.048)$；

$B_{y_{31}} = (0.024 \quad 0.145 \quad 0.423 \quad 0.364 \quad 0.044)$；

$B_{y_{32}} = (0.102 \quad 0.412 \quad 0.456 \quad 0.016 \quad 0.014)$。

(2) 不同观测变量的满意度评价结果为

$Z_{x_1} = B_{x_1} F^T = 62.380$；

$Z_{x_2} = B_{x_2} F^T = 73.328$；

$Z_{y_{11}} = B_{y_{11}} F^T = 75.185$；

$Z_{y_{21}} = B_{y_{21}} F^T = 73.610$；

$Z_{y_{22}} = B_{y_{22}} F^T = 75.510$；

$Z_{y_{23}} = B_{y_{23}} F^T = 73.823$；

$Z_{y_{24}} = B_{y_{24}} F^T = 74.699$；

$Z_{y_{25}} = B_{y_{25}} F^T = 71.695$；

$Z_{y_{31}} = B_{y_{31}} F^T = 62.922$；

$Z_{y_{32}} = B_{y_{32}} F^T = 75.615$。

4.2.3 某企业顾客满意度模糊综合评判的结果

本节将探讨某企业的顾客满意度测评情况，测评数据取自调研结果中某品牌的某个4S店。建模过程同4.2.2节，本部分从略。

1. 确定因素层次和各层次因素集

由表3-9可知，可以将因素层次分为4个层次，且 $U = \{\xi, \eta_1, \eta_2, \eta_3\}$，其中第二层次：

$\xi = \{x_1, x_2\}$；$\eta_1 = \{y_{11}\}$；$\eta_2 = \{y_{21}, y_{22}, y_{23}, y_{24}, y_{25}\}$；$\eta_3 = \{y_{31}, y_{32}\}$。

由于模型中某些三级指标还存在下一层指标，所以对于第三层次指标有：

$y_{21} = \{d_1, d_2, d_3, d_4, d_5\}$；

$y_{22} = \{e_1, e_2, e_3, e_4, e_5, e_6, e_7, e_8, e_9, e_{10}, e_{11}, e_{12}\}$；

$y_{23} = \{f_1, f_2\}$；

$y_{24} = \{g_1, g_2, g_3, g_4, g_5, g_6, g_7\}$；

$y_{25} = \{h_1, h_2, h_3, h_4, h_5, h_6, h_7, h_8, h_9, h_{10}, h_{11}, h_{12}, h_{13}, h_{14}, h_{15},$
$\quad\quad h_{16}, h_{17}, h_{18}, h_{19}, h_{20}, h_{21}\}$；

$y_{31} = \{i_1, i_2\}$；

$y_{32} = \{j_1\}$。

2. 建立评价集

顾客满意度是顾客在消费产品或服务过程中所产生的满足状态的程度。人的情感体验可以按梯级理论划分为若干层次。这里可以把顾客满意度分成5个级别，即非常满意、满意、一般、不满意、很不满意。不同的级别对应的分值可以确定为：

非常满意为 90～100 分，满意为 75～90 分，一般为 60～75 分，不满意为 45～60 分，很不满意为 45 分以下。评价集用 $V = \{V_1, V_2, V_3, V_4, V_5\}$ 表示。

3. 一级模糊综合评价

经熵值法得到的权重值如 4.2.2 节所示。

在研究中，对 37 份有效问卷进行了统计，调查结果表明，各测评点中非常满意、满意、一般、不满意、很不满意所占的比例分别为：

$R_{a_1} = (0.214 \quad 0.315 \quad 0.342 \quad 0.101 \quad 0.028)$；

$R_{b_1} = (0.142 \quad 0.423 \quad 0.407 \quad 0.025 \quad 0.003)$；

$R_{c_1} = (0.074 \quad 0.487 \quad 0.319 \quad 0.120 \quad 0)$；

$R_{d_1} = (0.114 \quad 0.423 \quad 0.298 \quad 0.105 \quad 0.060)$；

$R_{d_2} = (0.143 \quad 0.439 \quad 0.314 \quad 0.067 \quad 0.037)$；

$R_{d_3} = (0.190 \quad 0.497 \quad 0.274 \quad 0.028 \quad 0.011)$；

$R_{d_4} = (0.199 \quad 0.541 \quad 0.192 \quad 0.078 \quad 0)$；

$R_{d_5} = (0.201 \quad 0.486 \quad 0.283 \quad 0.019 \quad 0.011)$；

$R_{e_1} = (0.185 \quad 0.347 \quad 0.345 \quad 0.087 \quad 0.036)$；

$R_{e_2} = (0.194 \quad 0.517 \quad 0.266 \quad 0.013 \quad 0.010)$；

$R_{e_3} = (0.114 \quad 0.456 \quad 0.331 \quad 0.081 \quad 0.018)$；

$R_{e_4} = (0.417 \quad 0.489 \quad 0.082 \quad 0.012 \quad 0)$；

$R_{e_5} = (0.121 \quad 0.241 \quad 0.621 \quad 0.012 \quad 0.005)$；

$R_{e_6} = (0.131 \quad 0.312 \quad 0.509 \quad 0.041 \quad 0.007)$；

$R_{e_7} = (0.217 \quad 0.468 \quad 0.269 \quad 0.023 \quad 0.023)$；

$R_{e_8} = (0.394 \quad 0.521 \quad 0.074 \quad 0.011 \quad 0)$；

$R_{e_9} = (0.323 \quad 0.509 \quad 0.096 \quad 0.056 \quad 0.016)$；

$R_{e_{10}} = (0.189 \quad 0.397 \quad 0.369 \quad 0.026 \quad 0.019)$；

$R_{e_{11}} = (0.345 \quad 0.389 \quad 0.179 \quad 0.062 \quad 0.015)$；

$R_{e_{12}} = (0.314 \quad 0.448 \quad 0.213 \quad 0.014 \quad 0.011)$；

$R_{f_1} = (0.417 \quad 0.501 \quad 0.071 \quad 0.011 \quad 0)$；

$R_{f_2} = (0.211 \quad 0.289 \quad 0.314 \quad 0.123 \quad 0.063)$；

$R_{g_1} = (0.101 \quad 0.307 \quad 0.323 \quad 0.219 \quad 0.050)$；

$R_{g_2} = (0.221 \quad 0.198 \quad 0.376 \quad 0.123 \quad 0.082)$；

$R_{g_3} = (0.093 \quad 0.287 \quad 0.329 \quad 0.189 \quad 0.102)$；

$R_{g_4} = (0.509 \quad 0.289 \quad 0.145 \quad 0.049 \quad 0.008)$；

$R_{g_5} = (0.389 \quad 0.290 \quad 0.136 \quad 0.111 \quad 0.074)$；

$R_{g_6} = (0.096 \quad 0.114 \quad 0.545 \quad 0.164 \quad 0.081)$；

$R_{g_7} = (0.054 \quad 0.204 \quad 0.421 \quad 0.219 \quad 0.102)$;
$R_{h_1} = (0.103 \quad 0.421 \quad 0.311 \quad 0.128 \quad 0.037)$;
$R_{h_2} = (0.074 \quad 0.211 \quad 0.409 \quad 0.227 \quad 0.079)$;
$R_{h_3} = (0.112 \quad 0.189 \quad 0.394 \quad 0.214 \quad 0.091)$;
$R_{h_4} = (0.088 \quad 0.301 \quad 0.376 \quad 0.197 \quad 0.038)$;
$R_{h_5} = (0.211 \quad 0.327 \quad 0.356 \quad 0.094 \quad 0.012)$;
$R_{h_6} = (0.394 \quad 0.466 \quad 0.119 \quad 0.012 \quad 0.009)$;
$R_{h_7} = (0.084 \quad 0.121 \quad 0.419 \quad 0.208 \quad 0.168)$;
$R_{h_8} = (0.026 \quad 0.216 \quad 0.519 \quad 0.224 \quad 0.015)$;
$R_{h_9} = (0.400 \quad 0.501 \quad 0.082 \quad 0.017 \quad 0)$;
$R_{h_{10}} = (0.269 \quad 0.469 \quad 0.217 \quad 0.027 \quad 0.018)$;
$R_{h_{11}} = (0.396 \quad 0.501 \quad 0.101 \quad 0.002 \quad 0)$;
$R_{h_{12}} = (0.049 \quad 0.089 \quad 0.529 \quad 0.317 \quad 0.016)$;
$R_{h_{13}} = (0.216 \quad 0.621 \quad 0.108 \quad 0.041 \quad 0.014)$;
$R_{h_{14}} = (0.121 \quad 0.201 \quad 0.472 \quad 0.119 \quad 0.087)$;
$R_{h_{15}} = (0.294 \quad 0.587 \quad 0.101 \quad 0.018 \quad 0)$;
$R_{h_{16}} = (0.123 \quad 0.425 \quad 0.319 \quad 0.099 \quad 0.034)$;
$R_{h_{17}} = (0.317 \quad 0.419 \quad 0.218 \quad 0.035 \quad 0.011)$;
$R_{h_{18}} = (0.074 \quad 0.115 \quad 0.347 \quad 0.381 \quad 0.083)$;
$R_{h_{19}} = (0.029 \quad 0.219 \quad 0.420 \quad 0.208 \quad 0.124)$;
$R_{h_{20}} = (0.051 \quad 0.218 \quad 0.528 \quad 0.154 \quad 0.049)$;
$R_{h_{21}} = (0.051 \quad 0.221 \quad 0.501 \quad 0.118 \quad 0.109)$;
$R_{i_1} = (0.021 \quad 0.114 \quad 0.408 \quad 0.379 \quad 0.078)$;
$R_{i_2} = (0.006 \quad 0.099 \quad 0.409 \quad 0.447 \quad 0.039)$;
$R_{j_1} = (0.111 \quad 0.419 \quad 0.447 \quad 0.014 \quad 0.009)$;
$R_{k_1} = (0.019 \quad 0.319 \quad 0.491 \quad 0.141 \quad 0.030)$;
$R_{l_1} = (0.005 \quad 0.289 \quad 0.501 \quad 0.198 \quad 0.007)$;
$R_{m_1} = (0.110 \quad 0.325 \quad 0.345 \quad 0.204 \quad 0.016)$;
$R_{n_1} = (0.028 \quad 0.125 \quad 0.423 \quad 0.297 \quad 0.127)$;
$R_{o_1} = (0.125 \quad 0.321 \quad 0.319 \quad 0.119 \quad 0.116)$。

由此可得：

$R_{x_1} = (0.214 \quad 0.315 \quad 0.342 \quad 0.101 \quad 0.028)$;
$R_{x_2} = (0.142 \quad 0.423 \quad 0.407 \quad 0.025 \quad 0.003)$;
$R_{y_{11}} = (0.074 \quad 0.487 \quad 0.319 \quad 0.120 \quad 0)$;

$$R_{y_{21}} = \begin{pmatrix} 0.114 & 0.423 & 0.298 & 0.105 & 0.060 \\ 0.143 & 0.439 & 0.314 & 0.067 & 0.037 \\ 0.190 & 0.497 & 0.274 & 0.028 & 0.011 \\ 0.199 & 0.541 & 0.192 & 0.078 & 0 \\ 0.201 & 0.486 & 0.283 & 0.019 & 0.011 \end{pmatrix};$$

$$R_{y_{22}} = \begin{pmatrix} 0.185 & 0.347 & 0.345 & 0.087 & 0.036 \\ 0.194 & 0.517 & 0.266 & 0.013 & 0.010 \\ 0.114 & 0.456 & 0.331 & 0.081 & 0.018 \\ 0.417 & 0.489 & 0.082 & 0.012 & 0 \\ 0.121 & 0.241 & 0.621 & 0.012 & 0.005 \\ 0.131 & 0.312 & 0.509 & 0.041 & 0.007 \\ 0.217 & 0.468 & 0.269 & 0.023 & 0.023 \\ 0.394 & 0.521 & 0.074 & 0.011 & 0 \\ 0.323 & 0.509 & 0.096 & 0.056 & 0.016 \\ 0.189 & 0.397 & 0.369 & 0.026 & 0.019 \\ 0.345 & 0.389 & 0.179 & 0.062 & 0.015 \\ 0.314 & 0.448 & 0.213 & 0.014 & 0.011 \end{pmatrix};$$

$$R_{y_{23}} = \begin{pmatrix} 0.417 & 0.501 & 0.071 & 0.011 & 0 \\ 0.211 & 0.289 & 0.314 & 0.123 & 0.063 \end{pmatrix};$$

$$R_{y_{24}} = \begin{pmatrix} 0.101 & 0.307 & 0.323 & 0.219 & 0.050 \\ 0.221 & 0.198 & 0.376 & 0.123 & 0.082 \\ 0.093 & 0.287 & 0.329 & 0.189 & 0.102 \\ 0.509 & 0.289 & 0.145 & 0.049 & 0.008 \\ 0.389 & 0.290 & 0.136 & 0.111 & 0.074 \\ 0.096 & 0.114 & 0.545 & 0.164 & 0.081 \\ 0.054 & 0.204 & 0.421 & 0.219 & 0.102 \end{pmatrix}$$

$$R_{y_{25}} = \begin{pmatrix} 0.103 & 0.421 & 0.311 & 0.128 & 0.037 \\ 0.074 & 0.211 & 0.409 & 0.227 & 0.079 \\ 0.112 & 0.189 & 0.394 & 0.214 & 0.091 \\ 0.088 & 0.301 & 0.376 & 0.197 & 0.038 \\ 0.211 & 0.327 & 0.356 & 0.094 & 0.012 \\ 0.394 & 0.466 & 0.119 & 0.012 & 0.009 \\ 0.084 & 0.121 & 0.419 & 0.208 & 0.168 \\ 0.026 & 0.216 & 0.519 & 0.224 & 0.015 \\ 0.400 & 0.501 & 0.082 & 0.017 & 0 \\ 0.269 & 0.469 & 0.217 & 0.027 & 0.018 \\ 0.396 & 0.501 & 0.101 & 0.002 & 0 \\ 0.049 & 0.089 & 0.529 & 0.317 & 0.016 \\ 0.216 & 0.621 & 0.108 & 0.041 & 0.014 \\ 0.121 & 0.201 & 0.472 & 0.119 & 0.087 \\ 0.294 & 0.587 & 0.101 & 0.018 & 0 \\ 0.123 & 0.425 & 0.319 & 0.099 & 0.034 \\ 0.317 & 0.419 & 0.218 & 0.035 & 0.011 \\ 0.074 & 0.115 & 0.347 & 0.381 & 0.083 \\ 0.029 & 0.219 & 0.420 & 0.208 & 0.124 \\ 0.051 & 0.218 & 0.528 & 0.154 & 0.049 \\ 0.051 & 0.221 & 0.501 & 0.118 & 0.109 \end{pmatrix};$$

$$R_{y_{31}} = \begin{pmatrix} 0.021 & 0.114 & 0.408 & 0.379 & 0.078 \\ 0.006 & 0.009 & 0.409 & 0.447 & 0.039 \end{pmatrix};$$

$R_{y_{32}} = (0.111 \quad 0.419 \quad 0.447 \quad 0.014 \quad 0.009)$。

可得到一级评判向量为：

$B_{x_1} = W_{x_1} R_{x_1}$
$= (1.000)(0.214 \quad 0.315 \quad 0.342 \quad 0.101 \quad 0.028)$
$= (0.214 \quad 0.315 \quad 0.342 \quad 0.101 \quad 0.028);$

$B_{x_2} = W_{x_2} R_{x_2}$
$= (1.000)(0.142 \quad 0.423 \quad 0.407 \quad 0.025 \quad 0.003)$
$= (0.142 \quad 0.423 \quad 0.407 \quad 0.025 \quad 0.003);$

$B_{y_{11}} = W_{y_{11}} R_{y_{11}}$
$= (1.000)(0.074 \quad 0.487 \quad 0.319 \quad 0.120 \quad 0)$
$= (0.074 \quad 0.487 \quad 0.319 \quad 0.120 \quad 0);$

$$B_{y_{21}} = W_{y_{21}} R_{y_{21}}$$

$$= \begin{pmatrix} 0.212 \\ 0.203 \\ 0.182 \\ 0.198 \\ 0.205 \end{pmatrix}^{\mathrm{T}} \begin{pmatrix} 0.114 & 0.423 & 0.298 & 0.105 & 0.060 \\ 0.143 & 0.439 & 0.314 & 0.067 & 0.037 \\ 0.190 & 0.497 & 0.274 & 0.028 & 0.011 \\ 0.199 & 0.541 & 0.192 & 0.078 & 0 \\ 0.201 & 0.486 & 0.283 & 0.019 & 0.011 \end{pmatrix}$$

$$= (0.168 \quad 0.476 \quad 0.273 \quad 0.060 \quad 0.024);$$

$$B_{y_{22}} = W_{y_{22}} R_{y_{22}}$$

$$= \begin{pmatrix} 0.104 \\ 0.093 \\ 0.089 \\ 0.072 \\ 0.109 \\ 0.082 \\ 0.099 \\ 0.079 \\ 0.063 \\ 0.067 \\ 0.084 \\ 0.059 \end{pmatrix}^{\mathrm{T}} \begin{pmatrix} 0.185 & 0.347 & 0.345 & 0.087 & 0.036 \\ 0.194 & 0.517 & 0.266 & 0.013 & 0.010 \\ 0.114 & 0.456 & 0.331 & 0.081 & 0.018 \\ 0.417 & 0.489 & 0.082 & 0.012 & 0 \\ 0.121 & 0.241 & 0.621 & 0.012 & 0.005 \\ 0.131 & 0.312 & 0.509 & 0.041 & 0.007 \\ 0.217 & 0.468 & 0.269 & 0.023 & 0.023 \\ 0.394 & 0.521 & 0.074 & 0.011 & 0 \\ 0.323 & 0.509 & 0.096 & 0.056 & 0.016 \\ 0.189 & 0.397 & 0.369 & 0.026 & 0.019 \\ 0.345 & 0.389 & 0.179 & 0.062 & 0.015 \\ 0.314 & 0.448 & 0.213 & 0.014 & 0.011 \end{pmatrix}$$

$$= (0.235 \quad 0.417 \quad 0.296 \quad 0.0374 \quad 0.014);$$

$$B_{y_{23}} = W_{y_{23}} R_{y_{23}}$$

$$= (0.338 \quad 0.662) \begin{pmatrix} 0.417 & 0.501 & 0.071 & 0.011 & 0 \\ 0.211 & 0.289 & 0.314 & 0.123 & 0.063 \end{pmatrix}$$

$$= (0.281 \quad 0.361 \quad 0.232 \quad 0.085 \quad 0.042);$$

$$B_{y_{24}} = W_{y_{24}} R_{y_{24}} = \begin{pmatrix} 0.178 \\ 0.143 \\ 0.136 \\ 0.087 \\ 0.104 \\ 0.159 \\ 0.193 \end{pmatrix}^{\mathrm{T}} \begin{pmatrix} 0.101 & 0.307 & 0.323 & 0.219 & 0.050 \\ 0.221 & 0.198 & 0.376 & 0.123 & 0.082 \\ 0.093 & 0.287 & 0.329 & 0.189 & 0.102 \\ 0.509 & 0.289 & 0.145 & 0.049 & 0.008 \\ 0.389 & 0.290 & 0.136 & 0.111 & 0.074 \\ 0.096 & 0.114 & 0.545 & 0.164 & 0.081 \\ 0.054 & 0.204 & 0.421 & 0.219 & 0.102 \end{pmatrix}$$

$$= (0.173 \quad 0.235 \quad 0.351 \quad 0.166 \quad 0.075);$$

4 基于模糊综合评判的汽车维修企业顾客满意度测评模型

$$B_{y_{25}} = W_{y_{25}} R_{y_{25}} = \begin{pmatrix} 0.030 \\ 0.033 \\ 0.059 \\ 0.071 \\ 0.115 \\ 0.026 \\ 0.054 \\ 0.047 \\ 0.027 \\ 0.065 \\ 0.018 \\ 0.090 \\ 0.044 \\ 0.082 \\ 0.039 \\ 0.023 \\ 0.051 \\ 0.076 \\ 0.019 \\ 0.015 \\ 0.017 \end{pmatrix}^T \begin{pmatrix} 0.103 & 0.421 & 0.311 & 0.128 & 0.037 \\ 0.074 & 0.211 & 0.409 & 0.227 & 0.079 \\ 0.112 & 0.189 & 0.394 & 0.214 & 0.091 \\ 0.088 & 0.301 & 0.376 & 0.197 & 0.038 \\ 0.211 & 0.327 & 0.356 & 0.094 & 0.012 \\ 0.394 & 0.466 & 0.119 & 0.012 & 0.009 \\ 0.084 & 0.121 & 0.419 & 0.208 & 0.168 \\ 0.026 & 0.216 & 0.519 & 0.224 & 0.015 \\ 0.400 & 0.501 & 0.082 & 0.017 & 0 \\ 0.269 & 0.469 & 0.217 & 0.027 & 0.018 \\ 0.396 & 0.501 & 0.101 & 0.002 & 0 \\ 0.049 & 0.089 & 0.529 & 0.317 & 0.016 \\ 0.216 & 0.621 & 0.108 & 0.041 & 0.014 \\ 0.121 & 0.201 & 0.472 & 0.119 & 0.087 \\ 0.294 & 0.587 & 0.101 & 0.018 & 0 \\ 0.123 & 0.425 & 0.319 & 0.099 & 0.034 \\ 0.317 & 0.419 & 0.218 & 0.035 & 0.011 \\ 0.074 & 0.115 & 0.347 & 0.381 & 0.083 \\ 0.029 & 0.219 & 0.420 & 0.208 & 0.124 \\ 0.051 & 0.208 & 0.528 & 0.154 & 0.049 \\ 0.051 & 0.221 & 0.501 & 0.118 & 0.109 \end{pmatrix}$$

$= (0.156 \quad 0.298 \quad 0.346 \quad 0.155 \quad 0.046);$

$B_{y_{31}} = W_{y_{31}} R_{y_{31}}$

$= (0.409 \quad 0.591) \begin{pmatrix} 0.021 & 0.114 & 0.408 & 0.379 & 0.078 \\ 0.006 & 0.099 & 0.409 & 0.447 & 0.039 \end{pmatrix}$

$= (0.012 \quad 0.105 \quad 0.409 \quad 0.419 \quad 0.055);$

$B_{y_{32}} = W_{y_{32}} R_{y_{32}}$

$= (1.000)(0.111 \quad 0.419 \quad 0.447 \quad 0.014 \quad 0.009)$

$= (0.111 \quad 0.419 \quad 0.447 \quad 0.014 \quad 0.009)$。

4. 二级模糊综合评判

计算二级评判矩阵:

$B_{\xi} = \begin{pmatrix} 0.214 & 0.315 & 0.342 & 0.101 & 0.028 \\ 0.142 & 0.423 & 0.407 & 0.025 & 0.003 \end{pmatrix};$

$B_{\eta_1} = (0.074 \quad 0.487 \quad 0.319 \quad 0.120 \quad 0);$

$$B_{\eta_2} = \begin{pmatrix} 0.168 & 0.476 & 0.273 & 0.060 & 0.024 \\ 0.235 & 0.417 & 0.296 & 0.037 & 0.014 \\ 0.281 & 0.361 & 0.232 & 0.085 & 0.042 \\ 0.173 & 0.235 & 0.351 & 0.166 & 0.075 \\ 0.156 & 0.298 & 0.346 & 0.155 & 0.046 \end{pmatrix};$$

$$B_{\eta_3} = \begin{pmatrix} 0.012 & 0.105 & 0.409 & 0.419 & 0.055 \\ 0.111 & 0.419 & 0.447 & 0.014 & 0.009 \end{pmatrix}。$$

计算第二级评判向量：

$$C_\xi = W_\xi B_\xi$$

$$= (0.583 \quad 0.417) \begin{pmatrix} 0.214 & 0.315 & 0.342 & 0.101 & 0.028 \\ 0.142 & 0.423 & 0.407 & 0.025 & 0.003 \end{pmatrix}$$

$$= (0.184 \quad 0.360 \quad 0.369 \quad 0.069 \quad 0.018);$$

$$C_{\eta_1} = W_{\eta_1} B_{\eta_1}$$

$$= (1.000)(0.074 \quad 0.487 \quad 0.319 \quad 0.120 \quad 0)$$

$$= (0.074 \quad 0.487 \quad 0.319 \quad 0.120 \quad 0);$$

$$C_{\eta_2} = W_{\eta_2} B_{\eta_2}$$

$$= \begin{pmatrix} 0.148 \\ 0.237 \\ 0.193 \\ 0.221 \\ 0.201 \end{pmatrix}^T \begin{pmatrix} 0.168 & 0.476 & 0.273 & 0.060 & 0.024 \\ 0.235 & 0.417 & 0.296 & 0.037 & 0.014 \\ 0.281 & 0.361 & 0.232 & 0.085 & 0.042 \\ 0.173 & 0.235 & 0.351 & 0.166 & 0.075 \\ 0.156 & 0.298 & 0.346 & 0.155 & 0.046 \end{pmatrix}$$

$$= (0.204 \quad 0.351 \quad 0.302 \quad 0.102 \quad 0.041);$$

$$C_{\eta_3} = W_{\eta_3} B_{\eta_3}$$

$$= \begin{pmatrix} 0.512 \\ 0.488 \end{pmatrix}^T \begin{pmatrix} 0.012 & 0.105 & 0.409 & 0.419 & 0.055 \\ 0.111 & 0.419 & 0.447 & 0.014 & 0.009 \end{pmatrix}$$

$$= (0.060 \quad 0.258 \quad 0.427 \quad 0.221 \quad 0.033)。$$

5. 三级模糊综合评判

计算第三级评判矩阵：

$$C_U = \begin{pmatrix} 0.184 & 0.360 & 0.369 & 0.069 & 0.018 \\ 0.074 & 0.487 & 0.319 & 0.120 & 0 \\ 0.204 & 0.351 & 0.302 & 0.102 & 0.041 \\ 0.060 & 0.258 & 0.427 & 0.221 & 0.033 \end{pmatrix}。$$

计算三级评判向量：

$$M = W_U C_U$$

$$= \begin{pmatrix} 0.202 \\ 0.144 \\ 0.351 \\ 0.303 \end{pmatrix}^T \begin{pmatrix} 0.184 & 0.360 & 0.369 & 0.069 & 0.018 \\ 0.074 & 0.487 & 0.319 & 0.120 & 0 \\ 0.204 & 0.351 & 0.302 & 0.102 & 0.041 \\ 0.060 & 0.258 & 0.427 & 0.221 & 0.033 \end{pmatrix}$$

$= (0.138 \quad 0.344 \quad 0.356 \quad 0.134 \quad 0.028)$。

由于 $F = (95 \quad 82.5 \quad 67.5 \quad 52.5 \quad 22.5)$，所以满意度总体评价分数值为

$Z = MF^T$

$= (0.138 \quad 0.344 \quad 0.356 \quad 0.134 \quad 0.028)(95 \quad 82.5 \quad 67.5 \quad 52.5 \quad 22.5)^T$

$= 73.196$。

6. 不同结构变量的满意度分值

(1) 不同结构变量的评判向量为

$C_\xi = (0.184 \quad 0.360 \quad 0.369 \quad 0.069 \quad 0.018)$；

$C_{\eta_1} = (0.074 \quad 0.487 \quad 0.319 \quad 0.120 \quad 0)$；

$C_{\eta_2} = (0.204 \quad 0.351 \quad 0.302 \quad 0.102 \quad 0.041)$；

$C_{\eta_3} = (0.060 \quad 0.258 \quad 0.427 \quad 0.221 \quad 0.033)$。

(2) 不同结构变量的满意度评价结果为

$Z_\xi = C_\xi F^T = 76.129$；

$Z_{\eta_1} = C_{\eta_1} F^T = 75.040$；

$Z_{\eta_2} = C_{\eta_2} F^T = 75.020$；

$Z_{\eta_3} = C_{\eta_3} F^T = 68.249$。

7. 不同观测变量的满意度分值

(1) 不同观测变量的评判向量为

$B_{x_1} = (0.214 \quad 0.315 \quad 0.342 \quad 0.101 \quad 0.028)$；

$B_{x_2} = (0.142 \quad 0.423 \quad 0.407 \quad 0.025 \quad 0.003)$；

$B_{y_{11}} = (0.074 \quad 0.487 \quad 0.319 \quad 0.120 \quad 0)$；

$B_{y_{21}} = (0.168 \quad 0.476 \quad 0.273 \quad 0.060 \quad 0.024)$；

$B_{y_{22}} = (0.235 \quad 0.417 \quad 0.296 \quad 0.037 \quad 0.014)$；

$B_{y_{23}} = (0.281 \quad 0.361 \quad 0.232 \quad 0.085 \quad 0.042)$；

$B_{y_{24}} = (0.173 \quad 0.235 \quad 0.351 \quad 0.166 \quad 0.075)$；

$B_{y_{25}} = (0.156 \quad 0.298 \quad 0.346 \quad 0.155 \quad 0.046)$；

$B_{y_{31}} = (0.012 \quad 0.105 \quad 0.409 \quad 0.419 \quad 0.055)$；

$B_{y_{32}} = (0.111 \quad 0.419 \quad 0.447 \quad 0.014 \quad 0.009)$。

(2) 不同观测变量的满意度评价结果为：

$Z_{x_1} = B_{x_1} F^T = 75.335$；

$Z_{x_2} = B_{x_2} F^T = 77.240$；

$Z_{y_{11}} = B_{y_{11}} F^T = 75.040$；

$Z_{y_{21}} = B_{y_{21}} F^T = 77.398$；

$Z_{y_{22}} = B_{y_{22}} F^T = 78.963$；

$Z_{y_{23}} = B_{y_{23}} F^T = 77.473$；

$Z_{y_{24}} = B_{y_{24}} F^T = 69.878$；

$Z_{y_{25}} = B_{y_{25}} F^T = 71.919$；

$Z_{y_{31}} = B_{y_{31}} F^T = 60.650$；

$Z_{y_{32}} = B_{y_{32}} F^T = 76.223$。

为了更加有效地进行计算，该部分计算特编制了 matlab 计算程序，详见附件 V。

4.3 测评结果的分析

4.3.1 行业总体测评结果分析

从综合评价分数值可知，汽车维修行业的顾客满意度分数为 71.251，属于一般满意等级，但又接近满意等级，这表明我国汽车维修行业整体顾客满意度不高，顾客满意度没有汽车销售或其他行业（如家电、通信等）高，不能适应顾客提出的要求，需要从诸多方面进行改进。

图 4-1 为不同结构变量的测评结果，其中企业形象和感知价值得分最低，分别为 66.945 和 69.116，而预期质量和感知质量得分分别为 75.185 和 73.957，基本接近或达到顾客满意级别。由此可见，汽车维修企业要在企业形象和顾客感知价值方面多做工作，以提高顾客满意度。

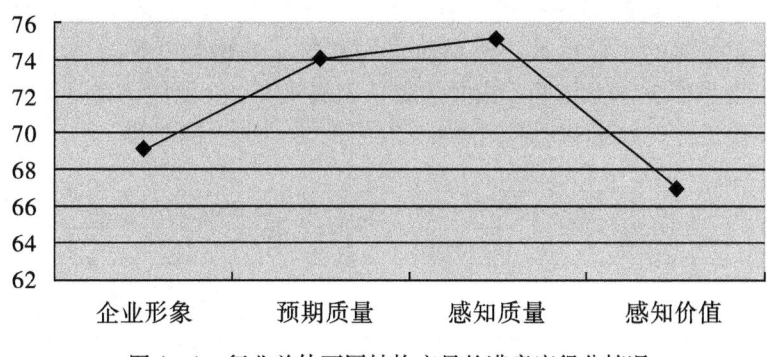

图4-1 行业总体不同结构变量的满意度得分情况

图4-2为不同观测变量的具体测评结果,可以看出,顾客对维修企业的信任度最低,得分为62.380;众多顾客对于汽车维修企业持有一种不信任的态度,这一点值得我国汽车维修企业重视。其次顾客相对所接受的服务质量水平对价格的满意程度也很低,得分为62.922,也就是顾客对于企业的收费普遍认为偏高。在服务之前对本次服务的预期(75.185分)、可靠性(75.510分)、考虑到付出的时间和精力,是否做出了正确的决策(75.615分)方面的得分达到了顾客的基本满意水平,有待加强;而对服务品牌的期望程度(73.328分)、有形性(73.610分)、反应性(73.823分)、保证性(74.699分)、移情性(71.695分)方面,顾客的评价为一般,但接近满意的级别,有待改进。

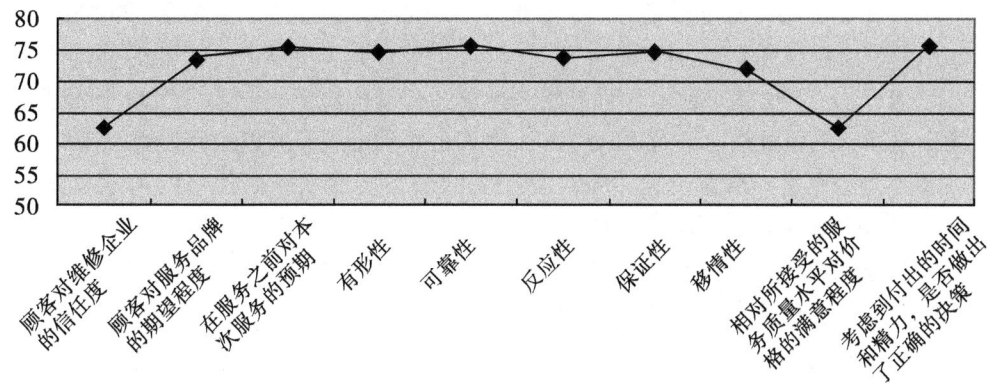

图4-2 行业总体不同观测变量的满意度得分情况

4.3.2 某企业测评结果分析

从综合评价分数值可知,汽车维修行业的顾客满意度分数为73.196,属于一般满意等级,但又接近满意等级,这表明该汽车维修企业整体顾客满意度不高,需要从诸多方面进行改进。

从不同结构变量的测评结果来看，如图 4-3 所示，感知价值得分最低，为 68.249；而该企业的企业形象、预期质量和感知质量得分分别为 76.129、75.040 和 75.020，达到顾客满意级别。由此可见，该汽车维修企业应该在降低顾客的维修费用方面多做工作，以提高顾客满意度。

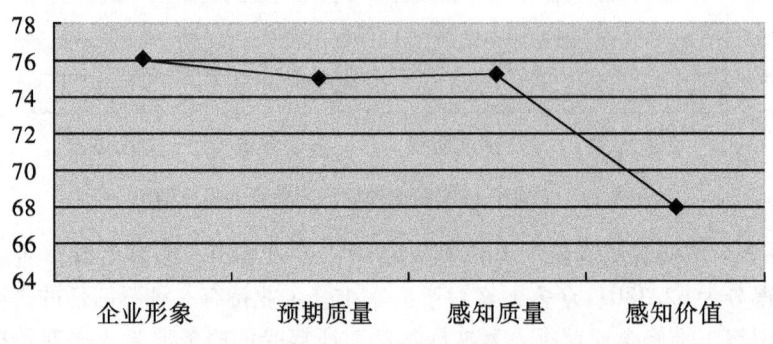

图 4-3 某企业不同结构变量的满意度得分情况

从不同观测变量的具体测评结果来看，如图 4-4 所示，可以得出如下结论：
（1）顾客对维修企业的信任度较高，达到了满意等级（75.335 分）；
（2）顾客对该企业所服务的汽车品牌认可度高，达到满意层次（77.240 分）；
（3）顾客对该企业服务的期望也较高（75.040 分），在服务前，期望服务达到他们的满意水平；
（4）在顾客感知服务质量方面，有形性、可靠性、反应性方面顾客的满意程度高，达到了满意级别，得分分别为 77.398、78.963 和 77.473；而顾客的移情性不高（71.919 分），也就是说顾客有可能选择别的公司的服务；顾客认为最不满意的是该企业服务的保证性（69.878 分），认为该企业对于服务质量的保证性不高。
（5）最令顾客不满意的是"相对所接受的服务质量水平对价格的满意程度"，得分为 60.650，基本接近不满意的边缘；
（6）总的来讲，顾客认为考虑到付出的时间和精力，企业做出了较正确的决策，顾客的评价是满意的，得分为 76.223。

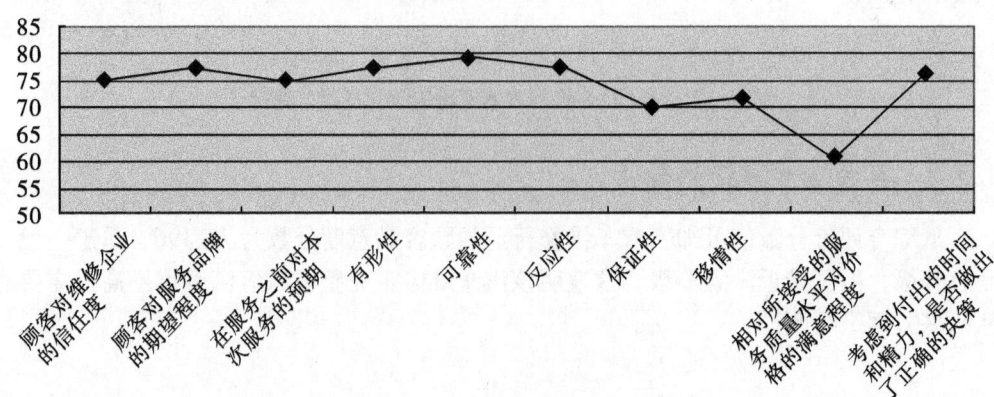

图 4-4 某企业不同观测变量的满意度得分情况

以上对顾客满意度研究得出的结论，对于企业改进顾客服务满意度来讲意义重大，作为汽车维修企业，应该针对顾客满意度薄弱环节进行改进。

4.3.3 企业和行业的对比分析

传统的顾客满意测评体系依据的是顾客满意的概念，测评的是顾客的感知与期望之间的差距，通过顾客满意的测评与表征，寻求企业改进的方向，这是顾客导向的管理思路，在一定程度上具有科学意义和参考价值，特别是对于行业内的标杆企业或领头羊企业。但是这一思路只考虑企业而未考虑行业和竞争对手的情况，没有行业对比。只有本企业的顾客满意度的数值就不能够了解行业地位，这个数值也会因为没有对比而失去其衡量的意义，特别是对于行业内的普通企业。由于行业可能具有一些独特的情况，导致行业本身顾客满意度影响因素的水平高低不同，单纯地对比这些因素的分值就决策应该在哪些方面进行调整和改进的做法并不科学。例如，调研中顾客满意影响因素的情况如图4-5所示①。如果企业只考虑其顾客满意的情况（图4-5实线部分），那么比较这些影响因素，企业会做出以下决策：在6个影响因素中，A、C、E三个因素的得分比较低，是企业重点要改进的因素；而B、D、F三个因素得分比较高，特别是F因素的得分最高，说明企业在这方面做得比较好。

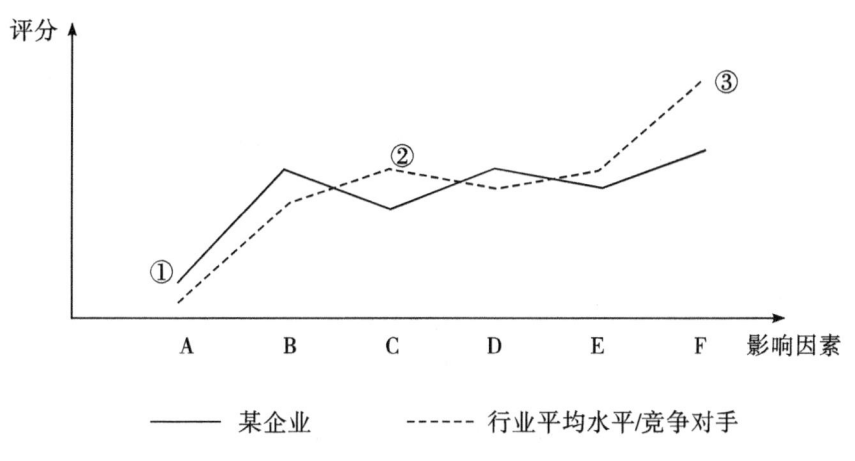

图4-5 某企业顾客满意情况图

但是当我们同时考虑行业的情况或者竞争对手的情况，结论会有所不同。图4-5中的虚线代表行业的平均水平或者是竞争对手的状况。在①处，虽然本企业的水平很低，但是可能由于某些客观因素的限制，导致整个行业的水平要比本企业的水平更低，要改变现状可能需要大量资源与成本；②处虽然本企业水平不高，且在

---

① 许嘉培. 服务质量对顾客满意度影响的证实研究 [D]. 石家庄：河北大学，2016.

行业平均水平之下,但是由于我们在因素权重分析中发现,这个因素实际上对顾客满意的影响度是非常小的,即使做得很好,对顾客的满意度提升也没有什么作用;③处本企业的得分虽然很高,但是分析行业发现,本企业依然与行业有很大差距,如果这个指标对顾客满意的影响程度很高,那么对这个因素进行改进非常重要。可以看出,当我们同时分析行业状况的时候,可能会得到与单独分析本企业顾客满意不同的结论。

因此,本节内容将会对4.2.2和4.2.3节所得到的数据进行进一步的对比分析,然后给出某企业改进顾客满意度的策略。

从图4-6可以看出,该企业的各项结构变量均处于行业平均水平之上,而从图4-7可以看出,该企业的"顾客对维修企业的信任度""顾客对服务品牌的期望程度""有形性""可靠性""反应性"方面顾客满意程度高于行业平均水平,该企业应该继续保持;"在服务之前对本次服务的预期""移情性""考虑到付出的时间和精力,是否做出了正确的决策"方面,该企业的水平和行业水平相当,需要加强;而在"相对所接受的服务质量水平对价格的满意程度""保证性"方面低于行业平均水平方面,企业应该引起重视。

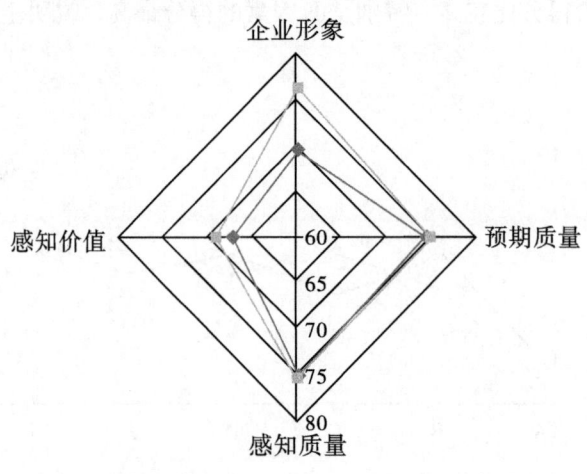

图4-6 某企业各结构变量顾客满意度和行业对比情况

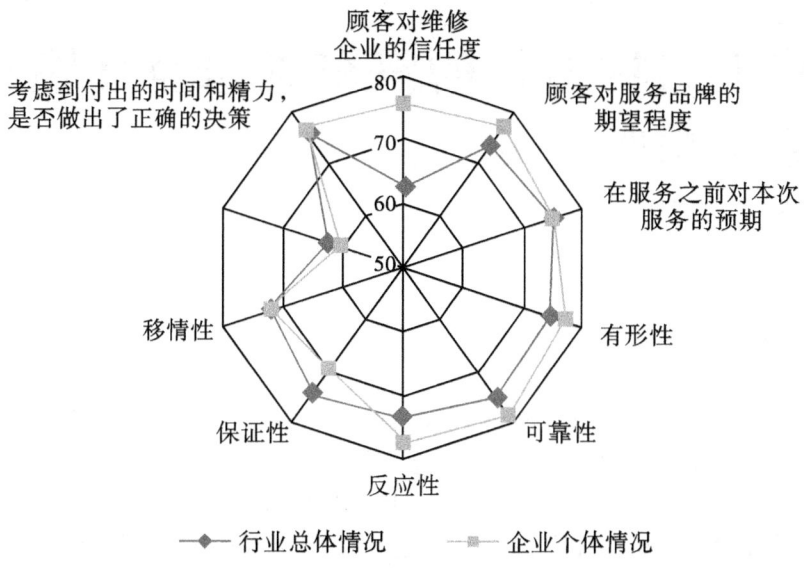

图 4-7 某企业各观测变量顾客满意度和行业对比情况

【本章小结】

为了构建基于模糊综合评判的汽车维修企业顾客满意度模型,本章首先应用熵权法确定了满意度评价指标体系的权重,应用模糊综合评判方法建立了顾客满意度的评价模型,并对行业和某企业的顾客满意度进行了测评,对测评的结果进行分析和对比。结果显示,汽车维修行业的顾客满意度分数为 71.251,属于一般满意等级,相对其他行业,有待改进。

5 基于结构方程的汽车维修企业顾客满意度测评模型

5.1 结构方程模型理论

结构方程模型（structural equation modeling，SEM）是一种通用的线性统计建模技术，是基于变量的协方差矩阵来分析变量之间关系的一种统计技术。最初由 Bock 和 Bargmann 于 1969 年提出来，Joreskog 在 1970 年撰文论述了其构建的可能性，并做出了理论分析。而后 Joreskog 又整合了生物学家开发的路径分析、计量经济学中的多项联立方程以及验证型因子分析，针对传统统计方法的不足提出结构方程模型，其目的一是完善对变量结构的探讨，二是在考虑复杂概念测量误差的同时，建立变量间的关系，特别是因果关系，这是过去所有传统统计方法难以达到的技术高度。本书所建立的结构方程模型参见图 3-2。

5.1.1 结构方程模型的结构

简单来说，结构方程模型可以分为测量方程（measurement equation）和结构方程（structure equation）两部分。测量方程描述潜在变量与观测变量之间的关系，结构方程描述潜变量之间的关系。

1. 潜变量模型

线性结构方程部分规定了系统中假设的外生潜变量和内生潜变量的因果关系。

5 个内生潜变量为：预期质量（η_1），感知质量（η_2），感知价值（η_3），顾客满意（η_4），顾客忠诚（η_5）；

1 个外生潜变量为：企业形象（ξ）。

在这些潜变量组成的向量之间建立结构方程式模型：

$$\eta = B\eta + \Gamma\xi + \zeta,$$

写成矩阵形式为：

$$\begin{pmatrix} \eta_1 \\ \eta_2 \\ \eta_3 \\ \eta_4 \\ \eta_5 \end{pmatrix} = \begin{pmatrix} 0 & 0 & 0 & 0 & 0 \\ \beta_{21} & 0 & 0 & 0 & 0 \\ \beta_{31} & \beta_{32} & 0 & 0 & 0 \\ \beta_{41} & \beta_{42} & \beta_{43} & 0 & 0 \\ 0 & 0 & 0 & \beta_{54} & 0 \end{pmatrix} \begin{pmatrix} \eta_1 \\ \eta_2 \\ \eta_3 \\ \eta_4 \\ \eta_5 \end{pmatrix} + \begin{pmatrix} \gamma_{11} \\ \gamma_{21} \\ \gamma_{31} \\ \gamma_{41} \\ 0 \end{pmatrix} \xi + \begin{pmatrix} \zeta_1 \\ \zeta_2 \\ \zeta_3 \\ \zeta_4 \\ \zeta_5 \end{pmatrix}$$

式中，B、Γ、ξ 表示潜变量模型系数矩阵。

结构方程又可以写成非向量的形式：

$\eta_1 = \gamma_{11}\xi + \zeta_1$；

$\eta_2 = \beta_{21}\eta_1 + \gamma_{21}\xi + \zeta_2$；

$\eta_3 = \beta_{31}\eta_1 + \beta_{32}\eta_2 + \gamma_{31}\xi + \zeta_3$；

$\eta_4 = \beta_{41}\eta_1 + \beta_{42}\eta_2 + \beta_{43}\eta_3 + \gamma_{41}\xi + \zeta_4$；

$\eta_5 = \beta_{54}\eta_4 + \zeta_5$。

2. 观测变量模型

测量变量模型一般由两个方程式组成，分别规定了内生的潜变量 η 和内生的显变量（即观测变量）y 之间，以及外生的潜变量 ξ 和外生的显变量 x 之间的联系。

本模型中，外生潜变量企业形象 ξ 对应的观测变量有 2 个：x_1，x_2；内生潜变量 η_1，η_2，η_3，η_4，η_5 对应的观测变量有 13 个：y_{11}，y_{21}，y_{22}，y_{23}，y_{24}，y_{25}，y_{31}，y_{32}，y_{41}，y_{42}，y_{51}，y_{52}，y_{53}，设 ξ 对应的 t 个观测变量为 x_j（$j = 1, \cdots, t$），η_i 对应的 $L(i)$ 个观测变量为 y_{ij} [$j = 1, \cdots, L(i)$]，从观测变量到结构变量可表达为：

$$\xi = \sum_{j=1}^{2} \psi_j x_j + \delta_t,$$

$$\eta_i = \sum_{j=1}^{L(i)} w_{ij} y_{ij} + \varepsilon_{\eta i}, \quad i = 1, 2, 3, 4, 5。$$

观测变量模型也可以描述为如下形式：

$$\xi = \Lambda_x x + \delta,$$

$$\eta = \Lambda_y y + \varepsilon。$$

式中，x 表示外生观测变量的向量组合，y 表示内生观测变量的向量组合。ψ_j、δ_t、w_{ij}、$\varepsilon_{\eta i}$ 表示观测变量模型系数矩阵。Λ_x 表示外生因子负载矩阵，Λ_y 表示内生因子负载矩阵，ε、δ 是测量误差项。测量误差均值 $E[\varepsilon] = E[\delta] = 0$，具体到本书的模型，有下列两个矩阵方程式：

$$\xi = \begin{pmatrix} w_{11} & w_{12} \end{pmatrix} \begin{pmatrix} x_1 \\ x_2 \end{pmatrix} + \delta,$$

$$\begin{pmatrix}\eta_1\\\eta_2\\\eta_3\\\eta_4\\\eta_5\end{pmatrix}=\begin{pmatrix}w_{11}&0&0&0&0&0&0&0&0&0&0&0&0\\0&w_{21}&w_{22}&w_{23}&w_{24}&w_{25}&0&0&0&0&0&0&0\\0&0&0&0&0&0&w_{31}&w_{32}&0&0&0&0&0\\0&0&0&0&0&0&0&0&w_{41}&w_{42}&0&0&0\\0&0&0&0&0&0&0&0&0&0&w_{51}&w_{52}&w_{53}\end{pmatrix}\begin{pmatrix}y_{11}\\y_{21}\\y_{22}\\y_{23}\\y_{24}\\y_{25}\\y_{31}\\y_{32}\\y_{41}\\y_{42}\\y_{51}\\y_{52}\\y_{53}\end{pmatrix}+\begin{pmatrix}\varepsilon_1\\\varepsilon_2\\\varepsilon_3\\\varepsilon_4\\\varepsilon_5\end{pmatrix}。$$

5.1.2 数学工具的选择

在查阅了大量相关资料后,结合本书的研究需要,课题组选择了 SPSS 软件作为本研究的数学工具。

SPSS 是软件英文名称的首字母缩写,全称为 Statistical Package for the Social Sciences,即"社会科学统计软件包"。但是随着 SPSS 产品服务领域的扩大和服务深度的增加,SPSS 公司已于 2000 年正式将英文全称更改为 Statistical Product and Service Solutions,意为"统计产品与服务解决方案",标志着 SPSS 软件的发展方向和应用领域有了重大拓展。

SPSS 软件是一款在调查统计行业、市场研究行业、医学统计、政府和企业的数据分析应用中久享盛名的统计分析工具,是世界上最早的统计分析软件,由美国斯坦福大学的三位研究生于 20 世纪 60 年代末研制,1984 年 SPSS 总部首先推出了世界上第一个统计分析软件微机版本 SPSS/PC +,极大地扩充了它的应用范围,并使其能很快地应用于自然科学、技术科学、社会科学的各个领域,世界上许多有影响的报刊纷纷就 SPSS 的自动统计绘图、数据深入分析、使用方便、功能齐全等方面给予了高度的评价与称赞。在国际学术界有条不成文的规定,即在国际学术交流中,凡是用 SPSS 软件完成的计算和统计分析,可以不必说明算法,由此可见其影响之大和信誉之高。

迄今 SPSS 软件已有 40 余年的成长历史,全球约有 25 万家产品用户,它们分布于通信、医疗、银行、证券、保险、制造、商业、市场研究、科研教育等多个领域和行业,是世界上应用最广泛的专业统计软件。

1994 至 1998 年间，SPSS 公司由原来的单一统计产品开发与销售，转向了为企业、教育科研及政府机构提供全面信息统计决策支持服务，成为走在了最新流行的"数据仓库"和"数据挖掘"领域前沿的一家综合统计软件公司。

目前 SPSS 公司在中国国内市场上推出的最新版本是 SPSS 25.0，其相关界面如图 5-1 所示。

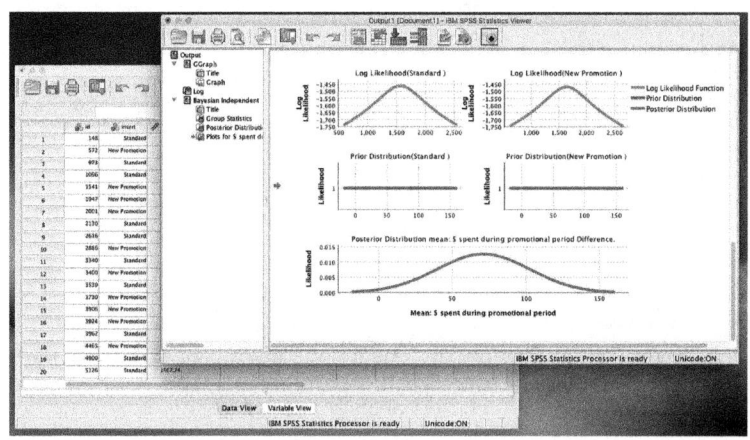

图 5-1　SPSS 25.0 相关界面

5.2　基于结构方程模型的满意度实证分析

本节将在上节所建立的基于结构方程的满意度测评模型的基础上，对本研究所调查得到的数据进行实证分析。

值得注意的是，由于本研究所建立的指标体系中，某些观测变量存在下一级的细化观测点，对于只有一个细化观测点的观测变量来说，本研究直接将测评点的测评结果作为观测变量的测量结果；而对于有多个细化观测点的观测变量来说，本研究将多个观测点的测评数据做加权平均后的结果作为观测变量的测评结果，其中权值的计算采用第四章的熵值法。

5.2.1　观测变量模型的建立

本部分内容将对内生的潜变量 η 和内生的显变量（即观测变量）y 之间，以及外生的潜变量 ξ 和外生的显变量 x 之间的联系进行建模。在建模过程中，应用 SPSS 的主成分分析法，对各潜变量的诸多观测变量提取 1 个主成分，由这个主成分来代表对应的潜变量，同时得出该主成分的因子得分系数。

1) 企业形象 ξ 和观测变量 x_1、x_2 之间的关系

利用 SPSS 软件，具体操作步骤如下图 5-2 ~ 图 5-5 所示。

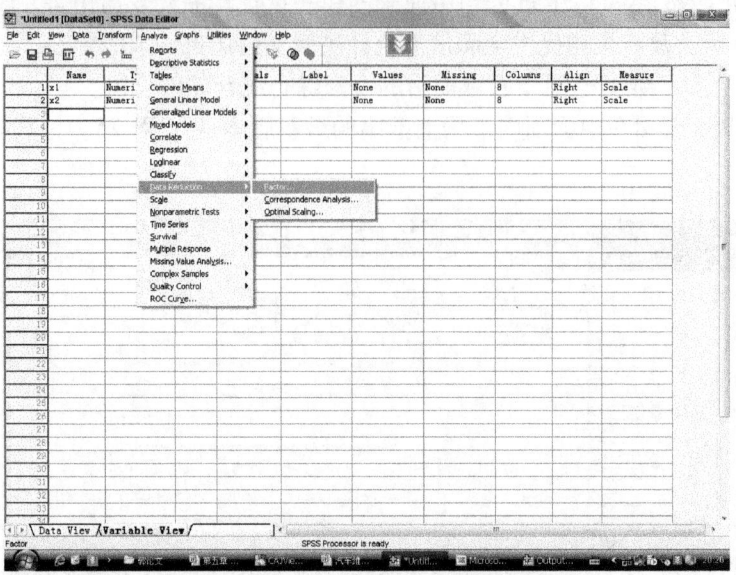

图5-2 运行SPSS因子分析程序

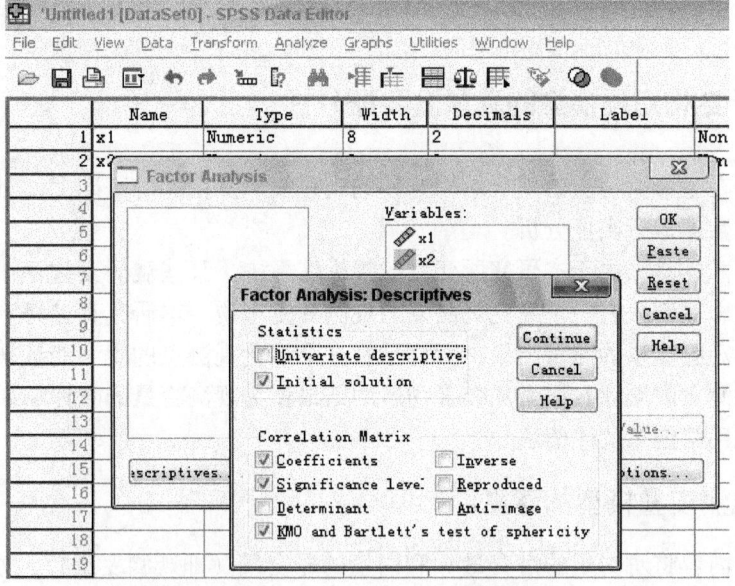

图5-3 设置SPSS因子分析程序参数

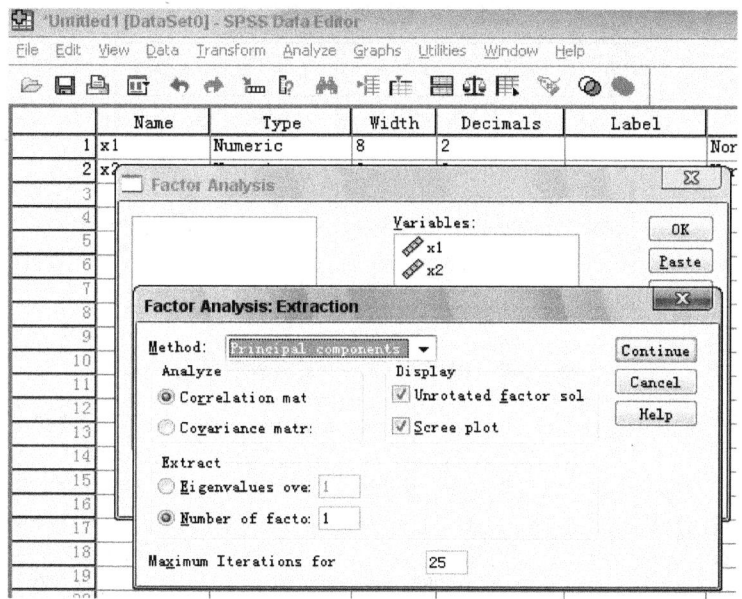

图 5-4 设置 SPSS 因子分析程序参数

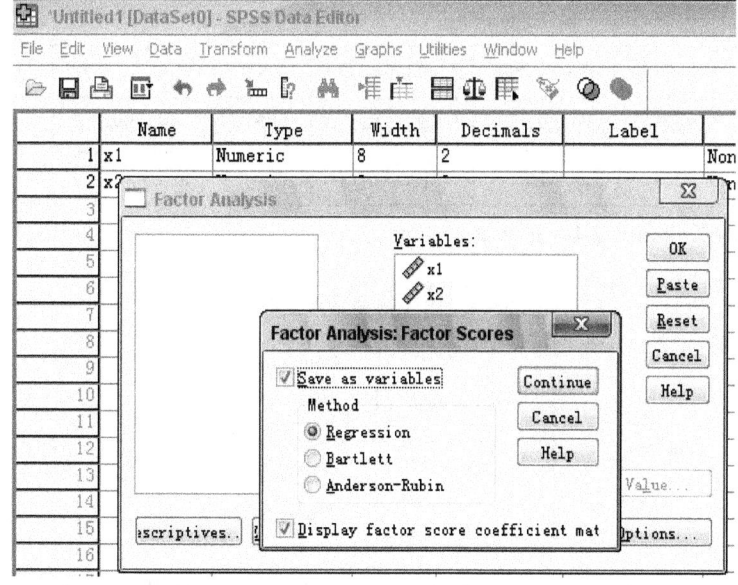

图 5-5 设置 SPSS 因子分析程序输出参数

数据经过软件计算后，给出的计算结果如表 5-1~表 5-4 所示。

表 5-1 相关系数矩阵列表

		x_1	x_2
Correlation	x_1	1.000	0.798
	x_2	0.798	1.000
Sig. (1-tailed)	x_1		0.000
	x_2	0.000	

表 5-2 KMO 和 Bartlett 球形检验结果

Kaiser-Meyer-Olkin Measure of Sampling Adequacy		0.730
Bartlett's Test of Sphericity	Approx. Chi-Square	38.938
	df	1
	Sig.	0.000

表 5-3 方差分解主成分提取分析表

Component	Initial Eigenvalues			Extraction Sums of Squared Loadings		
	Total	Variance /%	Cumulative /%	Total	Variance /%	Cumulative /%
1	1.798	89.884	89.884	1.798	89.884	89.884
2	0.202	10.116	100.000			

Extraction Method: Principal Component Analysis.

表 5-4 因子得分系数矩阵列表

	Component
	1
x_1	0.531
x_2	0.523

表 5-1 为观测变量的相关系数矩阵，从中可以看到观测变量之间的相关系数，本例的相关系数为 0.798，相关程度较高。表 5-2 为 KMO 和 Bartlett 检验表，其中 KMO 检验目的是检验数据是否适合做主成分分析，KMO 值越大，说明越适合做主成分分析，而 Bartlett 检验是确定数据是否取自多元正态分布的总体。从表中结果可以看出，本例 KMO 值为 0.730，可以做主成分分析，且 Bartlett 检验的 F 值等于

0.000，表明数据来自正态分布总体。表 5-3 为方差分解主成分提取分析表，从表中可以看出主成分特征值为 1.798，主成分方差贡献率为 89.884%，涵盖了原始变量的大部分信息，说明将提取的主成分作为企业形象的评价指标是合理的。表 5-4 为因子得分系数矩阵，表中给出了因子得分系数，由此可以得到外生潜变量企业形象与其观测变量的线性关系为：

$$\xi = 0.531x_1 + 0.523x_2。$$

2）预期质量 η_1 和观测变量 y_{11} 之间的关系

由于该内生潜变量只有一个观测变量，所以不需要进行主成分分析，它们之间的关系可以直接表示为：$\eta_1 = y_{11}$。

3）感知质量 η_2 和观测变量 y_{21}、y_{22}、y_{23}、y_{24}、y_{25} 之间的关系

SPSS 操作步骤同前，软件计算后得出的结果如表 5-5~表 5-8 所示。

表 5-5 相关系数矩阵列表

		y_{21}	y_{22}	y_{23}	y_{24}	y_{25}
Correlation	y_{21}	1.000	0.936	0.817	0.926	0.918
	y_{22}	0.936	1.000	0.885	0.942	0.951
	y_{23}	0.817	0.885	1.000	0.873	0.889
	y_{24}	0.926	0.942	0.873	1.000	0.943
	y_{25}	0.918	0.951	0.889	0.943	1.000
Sig. (1-tailed)	y_{21}		0.000	0.000	0.000	0.000
	y_{22}	0.000		0.000	0.000	0.000
	y_{23}	0.000	0.000		0.000	0.000
	y_{24}	0.000	0.000	0.000		0.000
	y_{25}	0.000	0.000	0.000	0.000	

表 5-6 KMO 和 Bartlett 球形检验结果

Kaiser-Meyer-Olkin Measure of Sampling Adequacy		0.909
Bartlett's Test of Sphericity	Approx. Chi-Square	327.196
	df	10
	Sig.	0.000

表 5-7 方差分解主成分提取分析表

Component	Initial Eigenvalues			Extraction Sums of Squared Loadings		
	Total	Variance /%	Cumulative /%	Total	Variance /%	Cumulative /%
1	4.634	92.682	92.682	4.634	92.682	92.682
2	0.194	3.871	96.554			
3	0.068	1.368	97.921			
4	0.059	1.184	99.106			
5	0.045	0.894	100.000			

Extraction Method: Principal Component Analysis.

表 5-8 因子得分系数矩阵列表

	Component
	1
y_{21}	0.206
y_{22}	0.211
y_{23}	0.200
y_{24}	0.210
y_{25}	0.211

从结果可以看出，本例变量的相关系数均比较高。KMO 值也较高，为 0.909，非常适合做主成分分析，且 Bartlett 检验的 F 值等于 0.000，表明数据来自正态分布总体。此外主成分特征值为 4.634，主成分方差贡献率为 92.682%，涵盖了原始变量的大部分信息，说明将提取的主成分作为预期质量潜变量是合理的。表 5-8 给出了因子得分系数，分别为 0.206、0.211、0.200、0.210 和 0.211，由此可以得到外生潜变量预期质量与其观测变量之间的线性关系为：

$$\eta_2 = 0.206y_{21} + 0.211y_{22} + 0.200y_{23} + 0.210y_{24} + 0.211y_{25}。$$

4）感知价值 η_3 和观测变量 y_{31}、y_{32} 之间的关系

SPSS 操作步骤同前，软件计算后得出的结果如表 5-9～表 5-12 所示。

表 5-9 相关系数矩阵列表

		y_{31}	y_{32}
Correlation	y_{31}	1.000	0.762
	y_{32}	0.762	1.000
Sig. (1-tailed)	y_{31}		0.000
	y_{32}	0.000	

表 5-10 KMO 和 Bartlett 球形检验结果

Kaiser-Meyer-Olkin Measure of Sampling Adequacy		0.691
Bartlett's Test of Sphericity	Approx. Chi-Square	15.364
	df	1
	Sig.	0.000

表 5-11 方差分解主成分提取分析表

Component	Initial Eigenvalues			Extraction Sums of Squared Loadings		
	Total	Variance /%	Cumulative /%	Total	Variance /%	Cumulative /%
1	1.762	85.679	85.679	1.762	85.682	85.679
2	0.238	14.321	100.000			

Extraction Method: Principal Component Analysis.

表 5-12 因子得分系数矩阵列表

	Component
	1
y_{31}	0.573
y_{32}	0.555

从结果可以看出,本例两个观测变量的相关系数为 0.762,KMO 值为 0.691,适合做主成分分析,且 Bartlett 检验的 F 值等于 0.000,表明数据来自正态分布总体。此外主成分特征值为 1.762,主成分方差贡献率为 85.679%,涵盖了原始变量的大部分信息,说明将提取的主成分作为预期质量潜变量是合理的。表 5-12 给出了因子得分系数,分别为 0.573、0.555,由此可以得到外生潜变量感知价值与其观

测变量之间的线性关系为：

$$\eta_3 = 0.573 y_{31} + 0.555 y_{32}。$$

5）顾客满意 η_4 和观测变量 y_{41}、y_{42} 之间的关系

SPSS 操作步骤同前，软件计算后得出的结果如表 5-13~表 5-16 所示。

表 5-13 相关系数矩阵列表

		y_{41}	y_{42}
Correlation	y_{41}	1.000	0.665
	y_{42}	0.665	1.000
Sig. (1-tailed)	y_{41}		0.000
	y_{42}	0.000	

表 5-14 KMO 和 Bartlett 球形检验结果

Kaiser-Meyer-Olkin Measure of Sampling Adequacy		0.690
Bartlett's Test of Sphericity	Approx. Chi-Square	22.500
	df	1
	Sig.	0.000

表 5-15 方差分解主成分提取分析表

Component	Initial Eigenvalues			Extraction Sums of Squared Loadings		
	Total	Variance /%	Cumulative /%	Total	Variance /%	Cumulative /%
1	1.665	83.263	83.263	1.665	83.263	83.263
2	0.335	16.737	100.000			

Extraction Method: Principal Component Analysis.

表 5-16 因子得分系数矩阵列表

	Component
	1
y_{41}	0.556
y_{42}	0.540

从结果可以看出，本例两个观测变量的相关系数为 0.665，KMO 值为 0.690，

适合做主成分分析，且 Bartlett 检验的 F 值等于 0.000，表明数据来自正态分布总体。此外主成分特征值为 1.665，主成分方差贡献率为 83.263%，涵盖了原始变量的大部分信息，说明将提取的主成分作为预期质量潜变量是合理的。表 5-16 给出了因子得分系数，分别为 0.556、0.540，由此可以得到外生潜变量顾客满意与其观测变量之间的线性关系为：

$$\eta_4 = 0.556 y_{41} + 0.540 y_{42}。$$

6) 顾客忠诚 η_5 和观测变量 y_{51}、y_{52}、y_{53} 之间的关系

SPSS 操作步骤同前，软件计算后得出的结果如表 5-17～表 5-20 所示。

表 5-17 相关系数矩阵列表

		y_{51}	y_{52}	y_{53}
Correlation	y_{51}	1.000	0.891	0.864
	y_{52}	0.891	1.000	0.961
	y_{53}	0.864	0.961	1.000
Sig. (1-tailed)	y_{51}		0.000	0.000
	y_{52}	0.000		0.000
	y_{53}	0.000	0.000	

表 5-18 KMO 和 Bartlett 球形检验结果

Kaiser-Meyer-Olkin Measure of Sampling Adequacy		0.733
Bartlett's Test of Sphericity	Approx. Chi-Square	158.519
	df	3
	Sig.	0.000

表 5-19 方差分解主成分提取分析表

Component	Initial Eigenvalues			Extraction Sums of Squared Loadings		
	Total	Variance /%	Cumulative /%	Total	Variance /%	Cumulative /%
1	2.811	93.711	93.711	2.811	93.711	93.711
2	0.152	5.062	98.773			
3	0.037	1.227	100.000			

Extraction Method: Principal Component Analysis.

表 5 – 20　因子得分系数矩阵列表

	Component
	1
y_{51}	0.337
y_{52}	0.350
y_{53}	0.346

从结果可以看出，本例三个观测变量的相关系数较高，KMO 值为 0.733，适合做主成分分析，且 Bartlett 检验的 F 值等于 0.000，表明数据来自正态分布总体。此外主成分特征值为 2.811，主成分方差贡献率为 93.711%，涵盖了原始变量的大部分信息，说明将提取的主成分作为预期质量潜变量是合理的。表 5 – 20 给出了因子得分系数，分别为 0.337、0.350 和 0.346，由此可以得到外生潜变量顾客忠诚与其观测变量之间的线性关系为：

$$\eta_5 = 0.337 y_{51} + 0.350 y_{52} + 0.346 y_{53}。$$

经过计算最终得到的潜变量和观测变量之间的数学模型为：

$\xi = 0.531 x_1 + 0.523 x_2$；

$\eta_1 = y_{11}$；

$\eta_2 = 0.206 y_{21} + 0.211 y_{22} + 0.200 y_{23} + 0.210 y_{24} + 0.211 y_{25}$；

$\eta_3 = 0.573 y_{31} + 0.555 y_{32}$；

$\eta_4 = 0.556 y_{41} + 0.540 y_{42}$；

$\eta_5 = 0.337 y_{51} + 0.350 y_{52} + 0.346 y_{53}。$

5.2.2　潜变量模型的建立

本部分内容将对内生的潜变量 η_1、η_2、η_3、η_4、η_5 和外生的潜变量 ξ 这六个变量之间的关系进行建模，其中各潜变量的值由 5.2.1 节所建立的 "潜变量—观测变量" 模型和 "顾客满意度调查" 原始数据经过计算得到。本节欲建立的回归模型如下：

$\eta_1 = \gamma_{11} \xi + \zeta_1$；

$\eta_2 = \beta_{21} \eta_1 + \gamma_{21} \xi + \zeta_2$；

$\eta_3 = \beta_{31} \eta_1 + \beta_{32} \eta_2 + \gamma_{31} \xi + \zeta_3$；

$\eta_4 = \beta_{41} \eta_1 + \beta_{42} \eta_2 + \beta_{43} \eta_3 + \gamma_{41} \xi + \zeta_4$；

$\eta_5 = \beta_{54} \eta_4 + \zeta_5。$

本研究的建模方法采用了 SPSS 的线性回归技术，具体步骤如图 5 – 6 ~ 图 5 – 9 所示。

5 基于结构方程的汽车维修企业顾客满意度测评模型

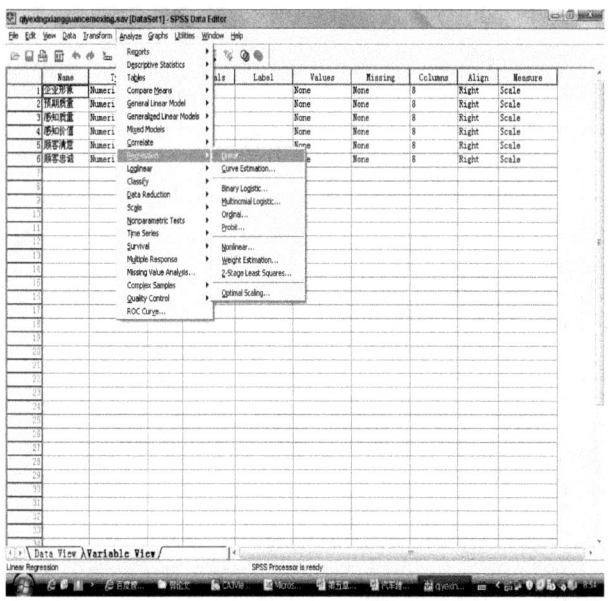

图 5-6 运行 SPSS 线性回归分析程序

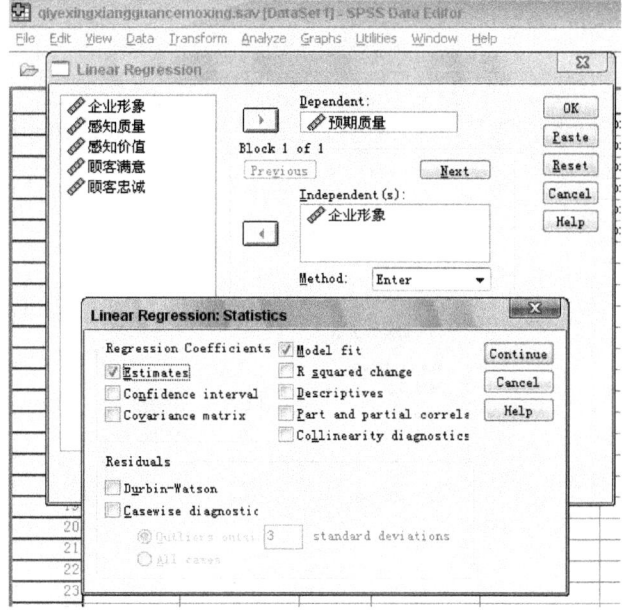

图 5-7 设置 SPSS 线性回归自变量和因变量

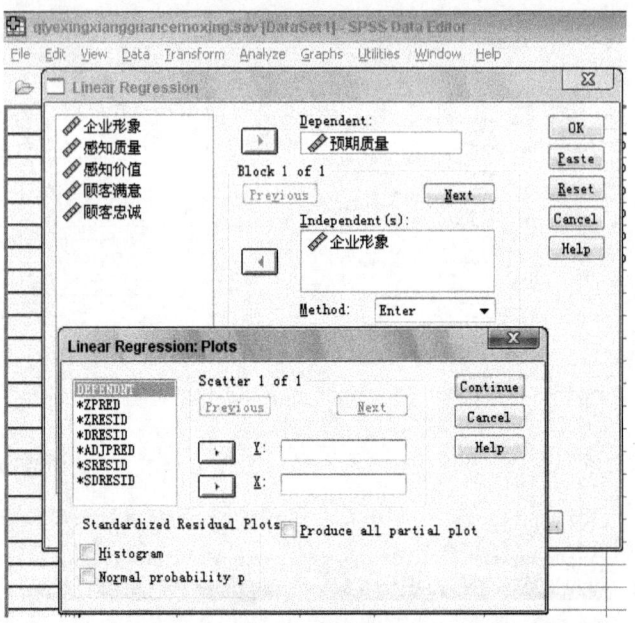

图 5-8 设置 SPSS 线性回归参数

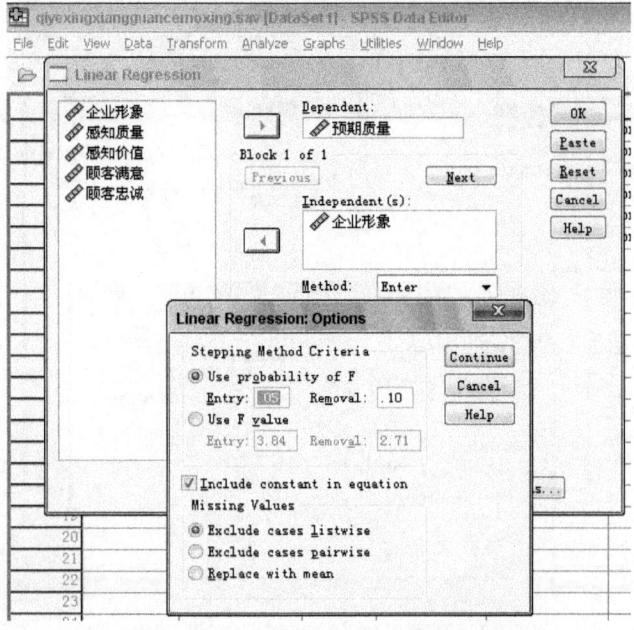

图 5-9 设置 SPSS 线性回归选项参数

5 基于结构方程的汽车维修企业顾客满意度测评模型

1) 预期质量 η_1 和企业形象 ξ 之间的关系

利用 SPSS 软件进行计算,所得结果如下:

表 5-21 入选/提出回归方程的变量[a]

Model	Variables Entered	Variables Removed	Method
1	企业形象[b]		Enter

[a] Dependent Variable:预期质量.

[b] All requested variables entered.

表 5-22 回归方程拟合检验结果

Model	R	R Square	Adjusted R Square	Std. Error of the Estimate
1	0.883[a]	0.779	0.773	0.102158

[a] Predictors:(Constant),企业形象.

表 5-23 方差分析表[a]

Model		Sum of Squares	df	Mean Square	F	Sig.
1	Regression	1.436	1	1.436	137.599	0.000[b]
	Residual	0.407	39	0.010		
	Total	1.843	40			

[a] Dependent Variable:预期质量.

[b] Predictors:(Constant),企业形象.

表 5-24 回归系数及其检验结果[a]

Model		Unstandardized Coefficients		Standardized Coefficients	t	Sig.
		B	Std. Error	Beta	B	Std. Error
1	(Constant)	1.541	0.223		6.922	0.000
	企业形象	0.612	0.052	0.883	11.730	0.000

[a] Dependent Variable:预期质量.

由表 5-21~表 5-24 可以看出,本文采用强迫引入法,对变量进行回归,没有变量被剔除。模型的复相关系数(R)为 0.883,可决系数(R Square)为 0.779,调整的可决系数(Adjusted R Square)为 0.773,拟合程度较高,响应变量差中可由预测变量解释的比例为 77.9%。F 统计值显著,为 137.599,对应的 p 值为 0.000。常数项系数为 1.541，统计量 t 值为 6.922，对应的 p 值为 0.000；自变量企业形象的回归系数为 0.612，统计量 t 值为 11.730，对应的 p 值为 0.000，说明检验结果是显著的。由此可得，回归方程为

$$\eta_1 = 0.612\xi + 1.541。$$

2）感知质量 η_2 和企业形象 ξ、预期质量 η_1 之间的关系

利用 SPSS 软件进行计算，所得结果如表 5-25 ～ 表 5-28 所示。

表 5-25 入选/提出回归方程的变量[a]

Model	Variables Entered	Variables Removed	Method
1	预期质量，企业形象[b]		Enter

[a] Dependent Variable：感知质量.

[b] All requested variables entered.

表 5-26 回归方程拟合检验结果

Model	R	R Square	Adjusted R Square	Std. Error of the Estimate
1	0.920[a]	0.846	0.838	0.101946

[a] Predictors：(Constant)，预期质量，企业形象.

表 5-27 方差分析表[a]

Model		Sum of Squares	df	Mean Square	F	Sig.
1	Regression	2.165	2	1.082	104.152	0.000[b]
	Residual	0.395	38	0.010		
	Total	2.560	40			

[a] Dependent Variable：感知质量.

[b] Predictors：(Constant)，预期质量，企业形象.

表 5-28 回归系数及其检验结果[a]

Model		Unstandardized Coefficients		Standardized Coefficients	t	Sig.
		B	Std. Error	Beta	B	Std. Error
1	(Constant)	1.012	0.332		3.053	0.004
	企业形象	0.800	0.111	0.980	7.225	0.000
	预期质量	-0.081	0.160	-0.069	-0.506	0.616

[a] Dependent Variable：感知质量.

由表 5-25 ~ 表 5-28 可以看出，本文采用强迫引入法，对变量进行回归，没有变量被剔除。模型的复相关系数（R）为 0.920，可决系数（R Square）为 0.846。调整的可决系数（Adjusted R Square）为 0.838，拟合程度较高，响应变量差中可由预测变量解释的比例为 84.6%。F 统计值显著，为 104.152，对应的 p 值为 0.000。常数项系数为 1.012，统计量 t 值为 3.053，对应的 p 值为 0.004，检验结果显著；自变量企业形象的回归系数为 0.800，统计量 t 值为 7.225，对应的 p 值为 0.000，检验结果显著；自变量预期质量的回归系数为 -0.081，统计量 t 值为 -0.506，对应的 p 值为 0.616，说明检验结果不显著（式中用括号表示）。由此可得，回归方程为

$$\eta_2 = 0.800\xi - (0.081)\eta_1 + 1.012 \text{。}$$

3）感知价值 η_3 和企业形象 ξ、预期质量 η_1、感知质量 η_2 之间的关系

利用 SPSS 软件进行计算，所得结果如表 5-29 ~ 表 5-32 所示。

表 5-29 入选/提出回归方程的变量[a]

Model	Variables Entered	Variables Removed	Method
1	感知质量，预期质量，企业形象[b]		Enter

[a] Dependent Variable：感知价值.

[b] All requested variables entered.

表 5-30 回归方程拟合检验结果

Model	R	R Square	Adjusted R Square	Std. Error of the Estimate
1	0.628[a]	0.394	0.345	0.172155

[a] Predictors：(Constant)，感知质量，预期质量，企业形象.

表 5-31 方差分析表[a]

Model		Sum of Squares	df	Mean Square	F	Sig.
1	Regression	0.713	3	0.238	8.020	0.000[b]
	Residual	1.097	37	0.030		
	Total	1.810	40			

[a] Dependent Variable：感知价值.

[b] Predictors：(Constant)，感知质量，预期质量，企业形象.

表5-32 回归系数及其检验结果[a]

Model		Unstandardized Coefficients		Standardized Coefficients	t	Sig.
		B	Std. Error	Beta	B	Std. Error
1	(Constant)	2.025	0.625		3.241	0.003
	企业形象	-0.420	0.288	-0.611	-1.457	0.153
	预期质量	0.000	0.271	0.000	0.001	0.999
	感知质量	0.960	0.274	1.141	3.503	0.001

[a] Dependent Variable：感知价值.

由表5-29~表5-32可以看出，本研究采用强迫引入法，对变量进行回归，没有变量被剔除。模型的复相关系数（R）为0.628，可决系数（R Square）为0.394，调整的可决系数（Adjusted R Square）为0.345，拟合程度较高，响应变量差中可由预测变量解释的比例为39.4%。F 统计值显著，为8.020，对应的 p 值为0.000。常数项系数为2.025，统计量 t 值为3.241，对应的 p 值为0.003，检验结果显著；自变量企业形象的回归系数为-0.420，统计量 t 值为-1.457，对应的 p 值为0.153，检验结果不显著；自变量预期质量的回归系数为0.000，统计量 t 值为0.001，对应的 p 值为0.999，检验结果不显著；自变量感知质量的回归系数为0.960，统计量 t 值为3.503，对应的 p 值为0.001，检验结果显著。由此可得，回归方程为

$$\eta_3 = (-0.420)\xi + (0)\eta_1 + 0.960\eta_2 + 2.025。$$

4）顾客满意 η_4 和企业形象 ξ、预期质量 η_1、感知质量 η_2、感知价值 η_3 之间的关系

利用SPSS软件进行计算，所得结果如表5-33~表5-36所示。

表5-33 入选/提出回归方程的变量[a]

Model	Variables Entered	Variables Removed	Method
1	感知价值，预期质量，感知质量，企业形象[b]		Enter

[a] Dependent Variable：顾客满意.

[b] All requested variables entered.

表 5-34　回归方程拟合检验结果

Model	R	R Square	Adjusted R Square	Std. Error of the Estimate
1	0.797[a]	0.636	0.595	0.435106

[a] Predictors：(Constant)，感知价值，预期质量，感知质量，企业形象.

表 5-35　方差分析表[a]

Model		Sum of Squares	df	Mean Square	F	Sig.
1	Regression	11.883	4	2.971	15.692	0.000[b]
	Residual	6.815	36	0.189		
	Total	18.698	40			

[a] Dependent Variable：顾客满意.

[b] Predictors：(Constant)，感知价值，预期质量，感知质量，企业形象.

表 5-36　回归系数及其检验结果[a]

Model		Unstandardized Coefficients		Standardized Coefficients	t	Sig.
		B	Std. Error	Beta	B	Std. Error
1	(Constant)	-2.930	0.884		-3.314	0.002
	企业形象	0.885	0.749	0.401	1.182	0.245
	预期质量	-0.714	0.684	-0.224	-3.043	0.004
	感知质量	0.538	0.799	0.199	4.673	0.000
	感知价值	0.629	0.416	0.196	3.920	0.000

[a] Dependent Variable：顾客满意.

由表 5-33～表 5-36 可以看出，本研究采用强迫引入法，对变量进行回归，没有变量被剔除。模型的复相关系数（R）为 0.797，可决系数（R Square）为 0.636，调整的可决系数（Adjusted R Square）为 0.595，拟合程度较高，响应变量差中可由预测变量解释的比例为 63.6%。F 统计值显著，为 15.692，对应的 p 值为 0.000。常数项系数为 -2.930，统计量 t 值为 -3.314，对应的 p 值为 0.002，检验结果显著；自变量企业形象的回归系数为 0.885，统计量 t 值为 1.182，对应的 p 值为 0.245，检验结果不显著；自变量预期质量的回归系数为 -0.714，统计量 t 值为 -3.043，对应的 p 值为 0.004，检验结果显著；自变量感知质量的回归系数为 0.538，统计量 t 值为 4.673，对应的 p 值为 0.000，检验结果显著；自变量感知价值的回归系数为 0.629,统计 t 值为 3.920,对应的 p 值为 0.000,检验结果显著。由此可得,回归方程为

$$\eta_4 = (0.885)\xi - 0.714\eta_1 + 0.538\eta_2 + 0.629\eta_3 - 2.930。$$

5) 顾客忠诚 η_5 和顾客满意 η_4 之间的关系

利用 SPSS 软件进行计算,所得结果如表 5-37～表 5-40 所示。

表 5-37 入选/提出回归方程的变量[a]

Model	Variables Entered	Variables Removed[b]	Method
1	顾客满意[b]		Enter

[a] Dependent Variable:顾客忠诚.

[b] All requested variables entered.

表 5-38 回归方程拟合检验结果

Model	R	R Square	Adjusted R Square	Std. Error of the Estimate
1	0.847[a]	0.717	0.709	0.341888

[a] Predictors:(Constant),顾客满意.

表 5-39 方差分析表[a]

Model		Sum of Squares	df	Mean Square	F	Sig.
1	Regression	11.531	1	11.531	98.648	0.000[b]
	Residual	4.559	39	0.117		
	Total	16.089	40			

[a] Dependent Variable:顾客忠诚.

[b] Predictors:(Constant),顾客满意.

表 5-40 回归系数及其检验结果[a]

Model		Unstandardized Coefficients		Standardized Coefficients	t	Sig.
		B	Std. Error	Beta	B	Std. Error
1	(Constant)	0.646	0.309		2.090	0.043
	顾客满意	0.785	0.079	0.847	9.932	0.000

[a] Dependent Variable:顾客忠诚.

由表 5-37～表 5-40 可以看出,本研究采用强迫引入法,对变量进行回归,

5 基于结构方程的汽车维修企业顾客满意度测评模型

没有变量被剔除。模型的复相关系数（R）为 0.847，可决系数（R Square）为 0.717，调整的可决系数（Adjusted R Square）为 0.709，拟合程度较高，响应变量差中可由预测变量解释的比例为 71.7%。F 统计值显著，为 98.648，对应的 p 值为 0.000。常数项系数为 0.646，统计量 t 值为 2.090，对应的 p 值为 0.043；自变量顾客满意的回归系数为 0.785，统计量 t 值为 9.932，对应的 p 值为 0.000，说明检验结果是显著的。由此可得，回归方程为

$$\eta_5 = 0.785\eta_4 + 0.646 。$$

经过计算最终得到的潜在变量之间的数学模型为：

$\eta_1 = 0.612\xi + 1.541 ;$

$\eta_2 = 0.800\xi - (0.081)\eta_1 + 1.012 ;$

$\eta_3 = (-0.420)\xi + (0)\eta_1 + 0.960\eta_2 + 2.025 ;$

$\eta_4 = (0.885)\xi - 0.714\eta_1 + 0.538\eta_2 + 0.629\eta_3 - 2.930 ;$

$\eta_5 = 0.785\eta_4 + 0.646 。$

5.2.3 结构方程测评模型结论及其给企业的启示

由上所建立的潜变量之间的数学模型很容易得出如图 5-10 所示的汽车维修企业顾客满意度测评结构化模型。

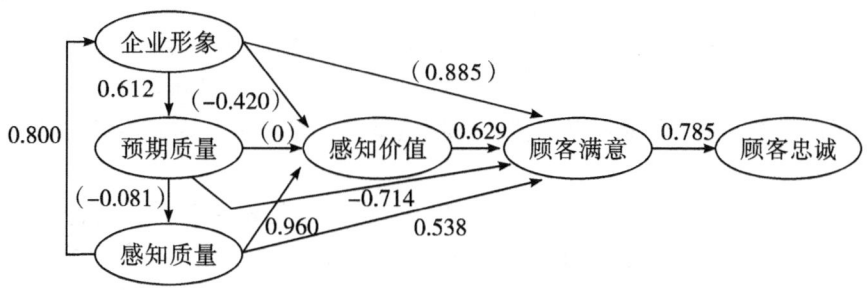

图 5-10 汽车维修企业结构化模型图

注：图中数字带有括号的表示在数据回归分析过程中，该数字统计意义不强。

从本研究所建立的结构模型中可以得出如下结论：

1. **企业形象潜变量的结论**

企业形象对顾客预期质量有较大影响，影响系数为 0.612，且为正相关关系，由此可见，顾客对于有良好商业形象的企业，往往具有较高的期望值。因此，作为信誉好的企业，必须注重提高其实际的服务质量，从而达到顾客的预期，不使顾客失望。

企业形象对感知质量的影响系数为 0.800，影响很大，由此可见，形象好的企业，顾客所感知到的服务质量也高，这符合常规理论。

企业形象对感知价值的影响系数为 -0.420，这说明顾客认为商业形象好的企业，其感知价值不高，原因是其成本和收费较高。值得说明的是，在本研究建模过程中，该影响系数的显著性不高（p 值为 0.153），也就是该结论在 84.7% 水平上是成立的，这说明企业形象对于感知价值的影响是错综复杂的。

企业形象对顾客满意的影响系数较高，为 0.885，说明形象好的企业，往往会使顾客达到满意，这和企业在经营过程中所付出的努力和所形成的品牌价值不无关系。同样需要指出的是，该系数的显著性不高（p 值为 0.245）。本研究认为，导致显著性不高的原因是该影响系数较实际情况有偏差。

总之，作为汽车维修企业应该大力提高企业的形象，从而形成良好的品牌价值和品牌效应，以提高顾客的满意度。

2. 预期质量潜变量的结论

本研究所得出的预期质量对于感知质量的影响系数为 -0.081，为负相关，而且显著性不高（p 值为 0.616），也就是说顾客预期越高、要求越高，其在实际服务过程中所感知到的服务质量会有一定程度的降低，但该影响系数显著性不高，也就是这种结论的正确性不能得到保证。这种情况已在国内外相关研究中被证实，有的学者认为预期质量和感知质量是负相关关系，而有的学者认为二者是正相关关系。

预期质量对感知价值的影响系数为 0，而且显著性检验很差（p 值为 0.999）。本研究认为，在顾客满意度调研过程中，本项目的调查表关于感知价值的观测点为"工时费是否合理""零件材料费是否合理""考虑到付出的时间和精力，是否做出了正确的决策"，这三个观测点确实和预期质量的关系不大，因此应该去掉该条路径关系线。

预期质量对顾客满意的影响系数为 -0.714，为负相关关系，这符合国内外"期望不一致"模型，即顾客的期望是衡量顾客满意度的标准，当实际绩效等于顾客的期望时，顾客就达到满意；当实际绩效大于顾客的期望时，顾客非常满意；反之，顾客则不满意，因此预期质量和顾客满意之间具有负相关关系。

3. 感知质量潜变量的结论

感知质量对感知价值的影响度非常高，影响系数为 0.960，这说明顾客在实际服务发生过程中所感受到的服务质量越好，其认为该企业的价值越高，顾客甚至可以接受企业的收费高一些。

感知质量对顾客满意的影响系数为 0.538，这说明顾客的服务质量的直接感知将直接影响顾客的满意程度。

总之，企业要想方设法提高顾客的感知质量，如企业的有形性、可靠性、反应性、保证性和移情性等（详见第三章），来提高顾客的满意度。

4. 感知价值潜变量的结论

从模型结构可以看出,感知价值对顾客满意的影响系数为 0.629,说明顾客感受到的企业的价值水平将直接影响顾客的满意程度,企业价值越高,顾客越满意。

5. 感知满意潜变量的结论

从模型结构可以看出,感知满意对顾客忠诚的影响程度很高,系数为 0.785,说明顾客的满意度会在很大程度上影响顾客的忠诚度。

有资料表明,一个满意的顾客会向 12 个以上的人传达,这些人在有同样的需要时,会光顾满意的顾客赞扬过的公司并购买其产品;而不满意的顾客会告诉 20 个以上的人(在互联网时代,这个数据可能远远被放大),当这些人有同样的需要时,几乎不会光顾被批评的公司。此外也有资料表明,每开发一个新顾客的成本是保留一个老顾客成本的 5 倍,流失一个老顾客的损失,要争取 10 个新顾客才能弥补。因此,作为现代汽车维修企业,在高企业竞争压力下,必须花大力气,提高顾客的满意度,从而来提高顾客的忠诚度,进而为企业的长期发展打下基础。

【本章小结】

为了构建基于结构方程的汽车维修企业顾客满意度测评模型,本章首先研究了结构方程的模型理论,基于此,选取 SPSS 软件为工具进行研究。通过建立观测变量模型、潜在变量模型,从而建立了基于结构方程的满意度模型,并研究了结构方程测评模型结论及其给企业的启示。

6 基于主成分分析法的汽车维修企业顾客满意度测评模型

在科学研究或日常生活中，常常需要判断某一事物在同类事物中的好坏、优劣程度及其发展规律等问题。而影响事物的特征及其发展规律的因素（指标）是多方面的，因此，在对该事物进行研究时，为了能更全面、准确地反映出它的特征及其发展规律，就不应仅从单个指标或单方面去评价它，而应考虑到与其有关的多方面的因素，即研究中需要引入更多的与该事物有关系的变量，来对其进行综合分析和评价。多变量大样本资料无疑能给研究人员或决策者提供很多有价值的信息，但在分析处理多变量问题时，由于众变量之间往往存在一定的相关性，使得观测数据所反映的信息存在重叠现象。因此为了尽量避免信息重叠和减轻工作量，人们就往往希望能找出少数几个互不相关的综合变量来尽可能地反映原来数据所含有的绝大部分信息。而主成分分析和因子分析正是为解决此类问题而产生的多元统计分析方法。

在本研究过程中，项目组建立了6个潜变量、15个观测变量、58个观测点的汽车维修企业顾客满意度测评体系，虽然这个测评体系较为完善和全面地列举了影响顾客满意度的众多方面，但指标体系中的指标量大，而且存在信息重叠现象，为了在尽量不损失信息量的前提下简化模型测评指标体系，本研究采用了主成分分析法，对汽车维修企业顾客满意度测评指标体系进行了二次研究，并对测评模型进行了二次研究。

6.1 主成分分析法概述

1. 主成分分析法思想

主成分分析也称主分量分析，旨在利用降维的思想，把多指标转化为少数几个综合指标。在实证问题研究中，为了全面、系统地分析问题，人们必须考虑众多影响因素。这些涉及的因素一般称为指标，在多元统计分析中也称为变量。因为每个变量都在不同程度上反映了所研究问题的某些信息，并且指标之间彼此有一定的相关性，因而所得的统计数据反映的信息在一定程度上有重叠。在用统计方法研究多变量问题时，变量太多会增加计算量和增加分析问题的复杂性，所以在进行定量分析的过程中，应尽可能使得涉及的变量较少，得到的信息量较多。主成分分析正是适应这一要求产生的。

主成分分析法是一种数学变换的方法，它把给定的一组相关变量通过线性变换转成另一组不相关的变量，这些新的变量按照方差依次递减的顺序排列。在数学变换中保持变量的总方差不变，使第一变量具有最大的方差，称为第一主成分，第二变量的方差次大，并且和第一变量不相关，称为第二主成分。依次类推。

2. 主成分分析法基本原理

主成分分析法的基本原理是：设 p 个进行综合评价的原始指标：x_1，x_2，x_3，…，x_p，并假定这些指标在 n 个单位之间进行比较，则共有 np 个数据，主成分分析的初始目标是要将这些原始指标组合成新的相互独立的综合指标 y_1，y_2，…，y_p，这些综合指标表现为原始指标的线性函数：

$$\begin{cases} y_1 = l_{11}x_1 + l_{12}x_2 + \cdots + l_{1p}x_p \\ y_2 = l_{21}x_1 + l_{22}x_2 + \cdots + l_{2p}x_p \\ \cdots \\ y_p = l_{p1}x_1 + l_{p2}x_2 + \cdots + l_{pp}x_p \end{cases}$$

可简记为：$y_i = \sum l_{ij}x_j$（$i = 1, 2, \cdots, p$）式中，指标 y_i 互不相关，因为每个新指标 y_i 都是原始指标的线性组合，都是一个新指标。实际上，主成分分析是将 p 个原始指标的总方差分解为 p 个不相关的综合指标 y_i 的方差之和 $\lambda_1 + \lambda_2 + \cdots + \lambda_p$，而且使第一个综合指标 y_i 的方差达到最大（贡献率最大）；第二个综合指标 y_i 的方差达到第二大，以此类推，一般前面几个综合指标 y_1，y_2，…，y_r（$r < p$）即可包括总方差中的绝大部分信息。人们称它们为原始指标的第 1、第 2……第 r 个主成分。即主成分分析法可以使原始指标的大部分方差"集中"于少数几个主成分上，通过对这几个主成分的分析，实现对总体的综合评价。

3. 主成分分析法计算步骤

主成分分析法一般可以分为以下几个主要步骤：

（1）将原始数据标准化。通常，进行主成分分析之前，首先要对数据进行标准化处理，由于各评价指标数值大小相差较大，有的单位是亿元，有的是万美元，有的还是平方米等，因此，为使主成分分析能够均等地对待每一个指标，消除量纲和数量因大小不同的影响，需对各指标做标准化处理。而本书所选用的指标都是正指标，且数据均在 0~5 之间，故不需要进行标准化。

（2）运用 SPSS 计算变量的相关矩阵 R、相关矩阵 R 的特征值 λ、贡献率和累计贡献率，并确定主成分（即综合指标 y_i）的个数，建立主成分方程。

（3）根据 R 的特征值 λ 运用 SPSS 计算 λ 特征向量，确定主成分计算式中的系数（即下面公式中的 A_1，A_2，…，A_p）。

（4）写出主成分 $F_i = A_1Z_1 + A_2Z_2 + \cdots + A_pZ_p$，$i = 1, 2, \cdots, p$。并将各单位的标准数据代入方程中，计算出各个主成分的值，再将各个主成分的值代入"综合评价值 = Σ（各主成分得分 × 各主成分所对应的方差贡献率）"，最终计算出综合评价值。

6.2 汽车维修企业顾客满意度测评指标体系二次研究

如前所述，本章将利用 SPSS 的主成分分析方法功能对 15 个观测变量进行分析，这 15 个变量的值来自顾客满意度调查的观测点数据，经过第四章的熵值权重系数加权计算得到。SPSS 的操作步骤如图 6 – 1 ~ 表 6 – 4 所示。

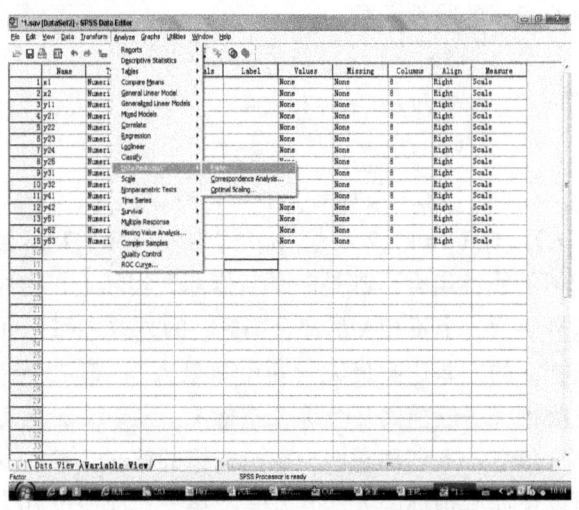

图 6 – 1　运行 SPSS 主成分分析程序

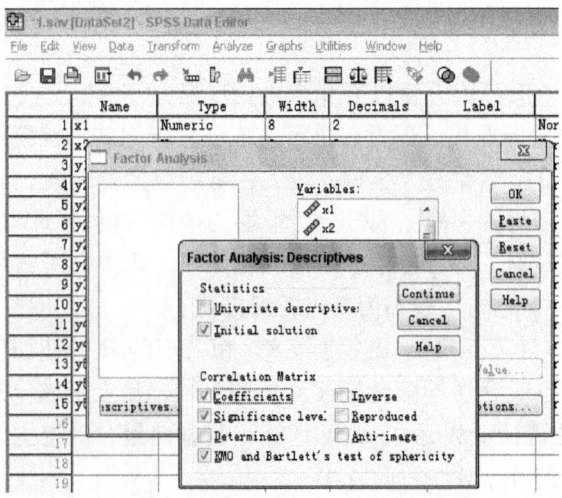

图 6 – 2　设置 SPSS 主成分分析参数

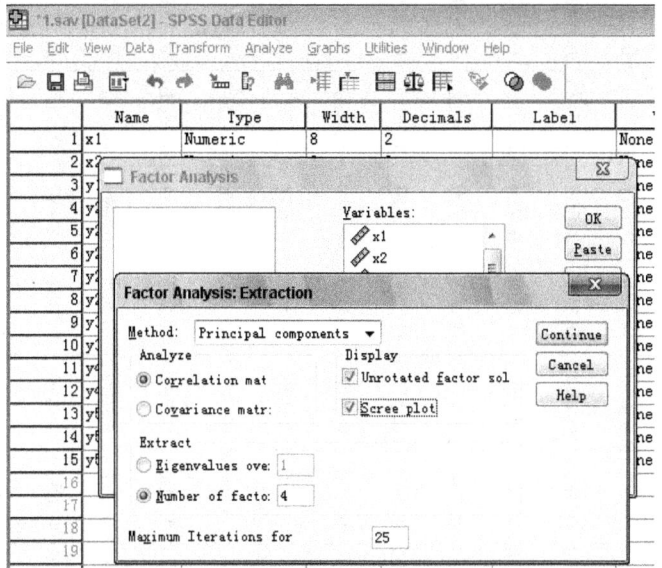

图 6-3 设置 SPSS 主成分分析程序参数

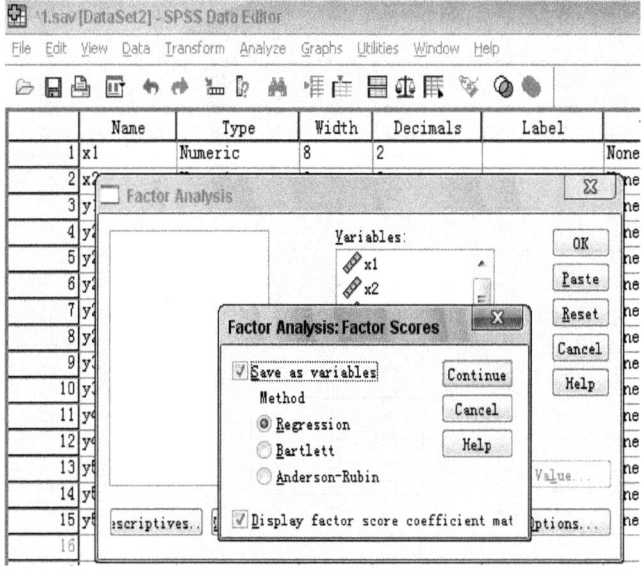

图 6-4 设置 SPSS 主成分分析程序输出参数

经过软件计算，得出结果如表 6-1 所示。

表6-1 相关系数矩阵列表

Co	x_1	x_2	y_{11}	y_{21}	y_{22}	y_{23}	y_{24}	y_{25}	y_{31}	y_{32}	y_{41}	y_{42}	y_{51}	y_{52}	y_{53}
x_1	1.000	0.798	0.665	0.839	0.879	0.815	0.866	0.867	−0.456	0.544	0.521	0.443	0.630	0.716	0.717
x_2	0.798	1.000	0.878	0.910	0.872	0.729	0.855	0.821	−0.0557	0.605	0.570	0.586	0.647	0.714	0.750
y_{11}	0.665	0.878	1.000	0.780	0.729	0.609	0.716	0.698	−0.0418	0.485	0.444	0.393	0.500	0.518	0.529
y_{21}	0.839	0.910	0.780	1.000	0.936	0.817	0.926	0.918	−0.0520	0.702	0.659	0.620	0.720	0.818	0.819
y_{22}	0.879	0.872	0.729	0.936	1.000	0.885	0.942	0.951	−0.0554	0.740	0.714	0.608	0.709	0.802	0.799
y_{23}	0.815	0.729	0.609	0.817	0.885	1.000	0.873	0.889	−0.305	0.587	0.552	0.567	0.610	0.677	0.683
y_{24}	0.866	0.855	0.716	0.926	0.942	0.873	1.000	0.943	−0.0597	0.726	0.698	0.599	0.759	0.830	0.827
y_{25}	0.867	0.821	0.698	0.918	0.951	0.889	0.943	1.000	−0.0475	0.678	0.638	0.531	0.678	0.784	0.758
y_{31}	−0.456	−0.0557	−0.0418	−0.0520	−0.0554	−0.0305	−0.0597	−0.0475	1.000	−0.0574	−0.0574	−0.0505	−0.0566	−0.0462	−0.0525
y_{32}	0.544	0.605	0.485	0.702	0.740	0.587	0.726	0.678	−0.0574	1.000	0.992	0.681	0.754	0.801	0.794
y_{41}	0.521	0.570	0.444	0.659	0.714	0.552	0.698	0.638	−0.0574	0.992	1.000	0.665	0.747	0.790	0.780
y_{42}	0.443	0.586	0.393	0.620	0.608	0.567	0.599	0.531	−0.0505	0.681	0.665	1.000	0.759	0.713	0.772
y_{51}	0.630	0.647	0.500	0.720	0.709	0.610	0.759	0.678	−0.0566	0.754	0.747	0.759	1.000	0.891	0.864
y_{52}	0.716	0.714	0.518	0.818	0.802	0.677	0.830	0.784	−0.0462	0.801	0.790	0.713	0.891	1.000	0.961
y_{53}	0.717	0.750	0.529	0.819	0.799	0.683	0.827	0.758	−0.0525	0.794	0.780	0.772	0.864	0.961	1.000

续表 6–1

Sig	x_1	x_2	y_{11}	y_{21}	y_{22}	y_{23}	y_{24}	y_{25}	y_{31}	y_{32}	y_{41}	y_{42}	y_{51}	y_{52}	y_{53}
x_1		0.000	0.000	0.000	0.000	0.000	0.000	0.000	0.001	0.000	0.000	0.002	0.000	0.000	0.000
x_2	0.000		0.000	0.000	0.000	0.000	0.000	0.000	0.000	0.000	0.000	0.000	0.000	0.000	0.000
y_{11}	0.000	0.000		0.000	0.000	0.000	0.000	0.000	0.003	0.001	0.002	0.006	0.000	0.000	0.000
y_{21}	0.000	0.000	0.000		0.000	0.000	0.000	0.000	0.000	0.000	0.000	0.000	0.000	0.000	0.000
y_{22}	0.000	0.000	0.000	0.000		0.000	0.000	0.000	0.000	0.000	0.000	0.000	0.000	0.000	0.000
y_{23}	0.000	0.000	0.000	0.000	0.000		0.000	0.000	0.026	0.000	0.000	0.000	0.000	0.000	0.000
y_{24}	0.000	0.000	0.000	0.000	0.000	0.000		0.001	0.000	0.000	0.000	0.000	0.000	0.000	0.000
y_{25}	0.000	0.000	0.000	0.000	0.000	0.000	0.001		0.000	0.000	0.000	0.000	0.000	0.000	0.000
y_{31}	0.001	0.000	0.003	0.000	0.000	0.026	0.000	0.000		0.000	0.001	0.000	0.000	0.001	0.000
y_{32}	0.000	0.000	0.001	0.000	0.000	0.000	0.000	0.000	0.000		0.000	0.000	0.000	0.000	0.000
y_{41}	0.000	0.000	0.002	0.000	0.000	0.000	0.000	0.000	0.001	0.000		0.000	0.000	0.000	0.000
y_{42}	0.002	0.000	0.006	0.000	0.000	0.000	0.000	0.000	0.000	0.000	0.000		0.000	0.000	0.000
y_{51}	0.000	0.000	0.000	0.000	0.000	0.000	0.000	0.000	0.000	0.000	0.000	0.000		0.000	0.000
y_{52}	0.000	0.000	0.000	0.000	0.000	0.000	0.000	0.000	0.001	0.000	0.000	0.000	0.000		0.000
y_{53}	0.000	0.000	0.000	0.000	0.000	0.000	0.000	0.000	0.000	0.000	0.000	0.000	0.000	0.000	

一般认为，如果相关系数矩阵中的大部分相关系数都小于0.3，则不适合做因子分析。本例中相关系数均大于0.3，而且各观测变量之间的相关系数均非常高，这说明这些观测变量之间的相关性很大，存在严重的信息重叠现象，适合做主成分分析，找出独立的变量，简化测评模型。

表6-2为KMO和Bartlett检验结果。KMO值探查变量之间的偏相关性，它比较的是各变量间的简单相关和偏相关的大小，取值范围在0～1之间。如果KMO值接近于1，做因子分析的效果好，一般认为0.9以上效果最佳，0.7以上效果尚可，0.6时效果很差。本例中KMO值为0.868，拒绝了相关系数矩阵是单位阵的假设，适合做主成分分析。而Bartlett检验是确定数据是否取自多元正态分布的总体，从表中结果可以看出，Bartlett检验的F值等于0.000，表明数据来自正态分布总体，可以做因子分析。

表6-2　KMO统计量和Bartlett球形检验结果

Kaiser-Meyer-Olkin Measure of Sampling Adequacy		0.868
Bartlett's Test of Sphericity	Approx. Chi-Square	994.681
	df	105
	Sig.	0.000

表6-3为方差分解主成分提取分析表，表中列出了因子分析的总方差解释，由此看出，原来的15个观测变量可以由4个新变量来代替，这4个新变量对原来变量的解释率为90.882%，其中第一个变量的贡献率为72.942%，第二个变量的贡献率为9.551%，第三个变量的贡献率为5.002%，第四个变量的贡献率为3.387%，四者之和达到90.882%之高，可以用来描述原来的变量。图6-5为特征值碎石图。

表6-3　方差分解主成分提取分析表

Component	Initial Eigenvalues			Extraction Sums of Squared Loadings		
	Total	Variance /%	Cumulative /%	Total	Variance /%	Cumulative /%
1	10.941	72.942	72.942	10.941	72.942	72.942
2	1.433	9.551	82.493	1.433	9.551	82.493
3	0.750	5.002	87.495	0.750	5.002	87.495
4	0.508	3.387	90.882	0.508	3.387	90.882
5	0.449	2.995	93.877			
6	0.347	2.313	96.190			

续表 6-3

Component	Initial Eigenvalues			Extraction Sums of Squared Loadings		
	Total	Variance /%	Cumulative /%	Total	Variance /%	Cumulative /%
7	0.174	1.160	97.350			
8	0.141	0.941	98.290			
9	0.078	0.521	98.811			
10	0.054	0.360	99.171			
11	0.047	0.311	99.482			
12	0.034	0.225	99.707			
13	0.025	0.169	99.876			
14	0.014	0.096	99.973			
15	0.004	0.027	100.000			

Extraction Method: Principal Component Analysis.

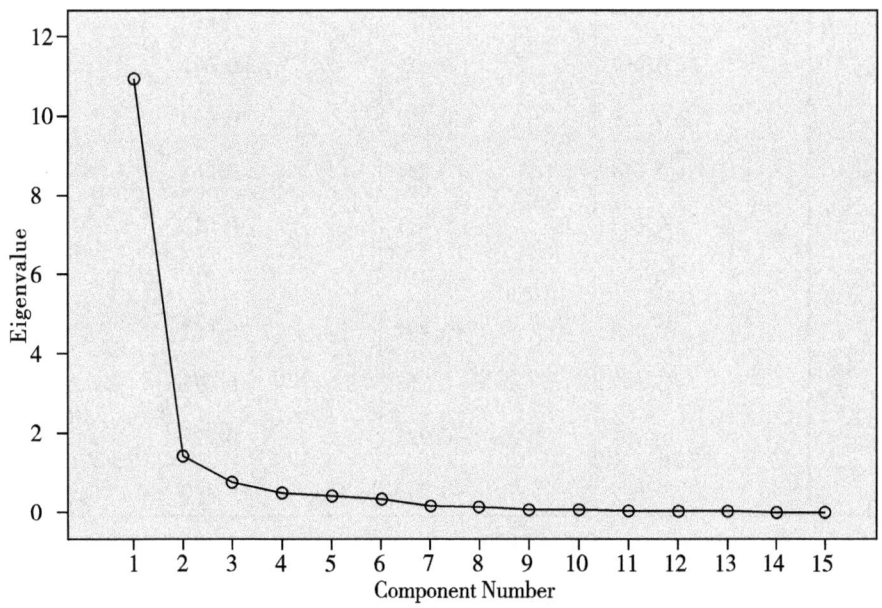

图 6-5 主成分分析特征值碎石图

表 6-4 为初始因子载荷矩阵列表，从中可以看出 y_{21}，y_{22}，y_{24}，y_{25}，y_{32}，y_{41}，y_{52}，y_{53} 在第一主成分上有较高载荷，说明第一主成分基本反映了这些指标的信息；

x_1,y_{11} 在第二主成分上有较高载荷,说明第二主成分基本反映了这些指标的信息;y_{23},y_{31} 在第三主成分上有较高载荷,说明第三主成分基本反映了这些指标的信息;x_2,y_{42},y_{51} 在第四主成分上有较高载荷,说明第四主成分基本反映了这些指标的信息。提取这 4 个主成分基本可以反映全部指标的信息,所以决定用 4 个新变量来代替原来的 15 个变量,综合评价顾客的满意度。注意为了不丢失信息,本书此处将所有的观测变量均作为顾客满意度的衡量指标进行提取 4 个主成分。

表 6-4　初始因子载荷矩阵列表[a]

	Component			
	1	2	3	4
x_1	0.850	0.344	0.064	-0.061
x_2	0.887	0.276	-0.204	0.175
y_{11}	0.734	0.410	-0.300	0.137
y_{21}	0.944	0.203	-0.007	0.037
y_{22}	0.955	0.189	0.016	-0.115
y_{23}	0.839	0.296	0.286	-0.068
y_{24}	0.957	0.156	-0.002	-0.076
y_{25}	0.919	0.263	0.098	-0.139
y_{31}	-0.619	0.251	0.665	0.047
y_{32}	0.832	-0.411	-0.012	-0.295
y_{41}	0.807	-0.452	-0.015	-0.314
y_{42}	0.734	-0.407	0.061	0.397
y_{51}	0.847	-0.325	0.072	0.199
y_{52}	0.904	-0.223	0.222	0.074
y_{53}	0.909	-0.233	0.150	0.142

Extraction Method: Principal Component Analysis.
[a] 4 components extracted.

6.3　汽车维修企业顾客满意度测评模型研究

在新构建的汽车维修企业顾客满意度测评变量的基础上,本节将建立新的测评模型，对顾客的满意度进行综合评价。

1. 根据 R 的特征值 λ 运用 SPSS 计算 λ 的特征向量

前面提到的用 4 个新变量代替原来的 15 个变量，但这四个新变量的表达还不能从输出窗口中直接得到，本研究将利用 SPSS 下的"Transform→Compute Variable"得到这 4 个新变量的表达，即得到特征向量 A_1、A_2、A_3 和 A_4（用表 6-4 主成分载荷矩阵列表中的数据除以主成分相对应的特征值开平方根便得到四个主成分中每个指标所对应的系数）。

SPSS 的操作步骤如下图 6-6 和图 6-7 所示。

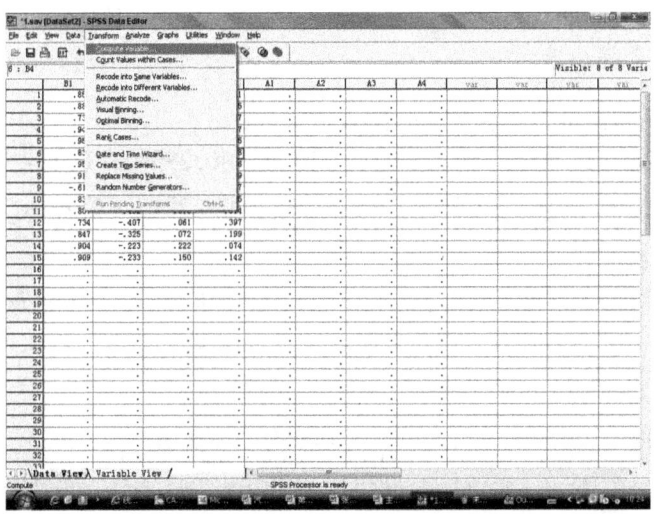

图 6-6 运行"Transform→Compute Variable"

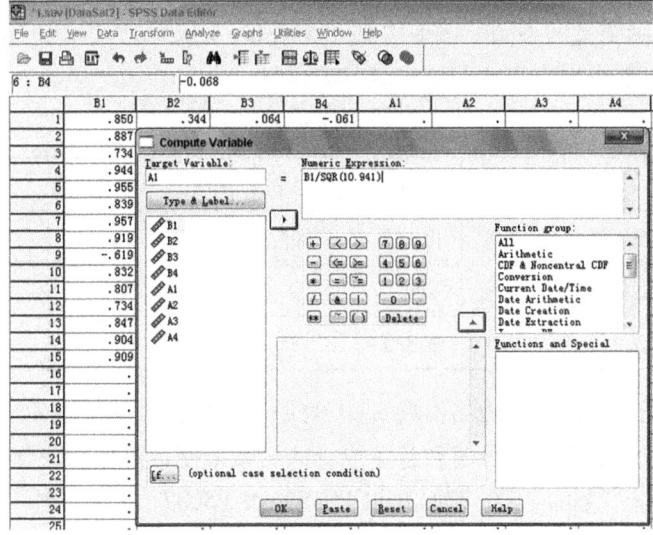

图 6-7 进行参数设置

计算结果如下：

$A_1 = (0.257, 0.268, 0.222, 0.285, 0.289, 0.254, 0.289, 0.278, -0.187, 0.252, 0.244, 0.222, 0.256, 0.273, 0.275)$；

$A_2 = (0.287, 0.231, 0.343, 0.17, 0.158, 0.247, 0.13, 0.22, 0.21, -0.343, -0.378, -0.34, -0.271, -0.186, -0.195)$；

$A_3 = (0.074, -0.236, -0.346, -0.008, 0.018, 0.33, -0.002, 0.113, 0.768, -0.014, -0.017, 0.07, 0.083, 0.256, 0.173)$；

$A_4 = (-0.086, 0.246, 0.192, 0.052, -0.161, -0.095, -0.107, -0.195, 0.066, -0.414, -0.441, 0.557, 0.279, 0.104, 0.199)$。

2. 计算综合评价值

根据上面所得出的数据，主成分的表达式为：

$F_1 = 0.257x_1 + 0.268x_2 + 0.222y_{11} + 0.285y_{21} + 0.289y_{22} + 0.254y_{23} + 0.289y_{24} + 0.278y_{25} - 0.187y_{31} + 0.252y_{32} + 0.244y_{41} + 0.222y_{42} + 0.256y_{51} + 0.273y_{52} + 0.275y_{53}$；

$F_2 = 0.287x_1 + 0.231x_2 + 0.343y_{11} + 0.17y_{21} + 0.158y_{22} + 0.247y_{23} + 0.13y_{24} + 0.22y_{25} + 0.21y_{31} - 0.343y_{32} - 0.378y_{41} - 0.34y_{42} - 0.271y_{51} - 0.186y_{52} - 0.195y_{53}$；

$F_3 = 0.074x_1 - 0.236x_2 - 0.346y_{11} - 0.0085y_{21} + 0.018y_{22} + 0.33y_{23} - 0.002y_{24} + 0.113y_{25} + 0.768y_{31} - 0.014y_{32} - 0.017y_{41} + 0.07y_{42} + 0.083y_{51} + 0.256y_{52} + 0.173y_{53}$；

$F_4 = -0.086x_1 + 0.246x_2 + 0.192y_{11} + 0.052y_{21} - 0.161y_{22} - 0.095y_{23} - 0.107y_{24} - 0.195y_{25} + 0.066y_{31} - 0.414y_{32} - 0.441y_{41} + 0.557y_{42} + 0.279y_{51} + 0.104y_{52} + 0.199y_{53}$。

将15个观测变量的不同顾客平均值（如表6-5所示）代入以上四个主成分变量计算表达式，便可以得出这四个主成分的得分。

表6-5 观测变量均值

观测变量	x_1	x_2	y_{11}	y_{21}	y_{22}	y_{23}	y_{24}	y_{25}
均值	3.893	4.188	4.127	4.264	4.049	3.570	3.787	3.991

观测变量	y_{31}	y_{32}	y_{41}	y_{42}	y_{51}	y_{52}	y_{53}
均值	3.654	3.720	3.830	3.185	3.654	3.405	3.600

计算结果如下：$F_1 = 13.286$；$F_2 = 1.752$；$F_3 = 4.242$；$F_4 = 0.411$。

利用各主成分的因子得分值和各主成分的贡献率便可以得出综合评价值：

$S = (F_1 \quad F_2 \quad F_3 \quad F_4)(0.72942 \quad 0.09551 \quad 0.05002 \quad 0.03387)^T = 10.084$。

为了准确衡量上述结果的意义，本书对观测变量值全部取 0 和全部取 5 的情况进行了计算，结果如下：$S_0 = 0$；$S_5 = 13.165$。

因此，本研究的汽车维修企业顾客满意度为

$$S' = \frac{S - S_0}{S_5 - S_0} \times 100\% = \frac{10.084 - 0}{13.165 - 0} \times 100\% = 76.597。$$

由此可得，汽车维修企业顾客满意度总分为 76.597 分，刚好达到顾客基本满意级别，和第四章所得到的值 71.251 基本接近。

【本章小结】

为了构建主成分分析法的汽车维修企业顾客满意度测评模型，本章首先研究了主成分分析法思想和基本原理以及计算步骤，并对前文得出的指标体系进行了主成分分析二次研究，最终用 4 个新变量来代替原来的 15 个变量，建立新的满意度测评模型，来综合评价汽车维修企业的顾客满意度，并进行了实例演算。

7 基于神经网络的汽车维修企业顾客满意度测评模型

本书在第五和第六章已经建立了基于线性关系的汽车维修企业顾客满意度测评模型，并进行了实证研究。在实证过程中，模型也凸显了一些不足，如模型的少部分回归系数显著性检验效果不好等问题。也就是说，线性模型应用于顾客满意度测评具有局限性。

针对此问题，本研究引入人工神经网络技术，利用前向型神经网络 BP 网络和反馈型神经网络 Elman 网络对汽车维修企业的顾客满意度测评模型进行神经网络建模，并对建模效果进行检验。

7.1 人工神经网络概述

1. 人工神经网络思想

人工神经网络实际上就是采用物理可实现的器件或采用现有的计算机来模拟生物体中神经网络的某些结构与功能，并反过来用于工程或其他的领域。图 7-1 所示为一个神经元的示意图，实际应用中的神经网络就是一定数量的单个神经元组合成的网络。神经网络利用一系列的网络输入、输出训练样本，对网络进行训练，使得和给定输入对应的网络输出与理想输出误差达到规定水平。如果误差未达到规定水平，神经网络便反向改变神经元之间的权值，再正向计算网络输出，如此循环往复，直到满足误差要求。当训练完成后，该网络就可以用来求解相同的问题。

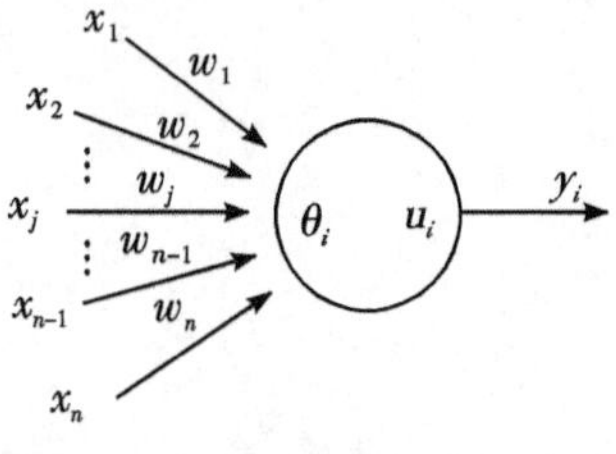

图 7-1 人工神经元示意图

在图 7-1 中 $s_i = \sum_{j=1}^{n} w_j x_j - \theta_i$, $u_i = g(s_i)$, $y_i = f(u_i)$

式中，s_i 表示神经元 i 突触后电位的累加值，θ_i 为阈值，u_i 为细胞 i 的状态，y_i 为神经元 i 的输出。

2. 人工神经网络的特点

人工神经网络的以下几个突出的优点使它近年来引起人们的极大关注：

（1） 可以充分逼近任意复杂的非线性关系；

（2） 所有定量或定性的信息都等势分布贮存于网络内的各神经元，故有很强的鲁棒性和容错性；

（3） 采用并行分布处理方法，使得快速进行大量运算成为可能；

（4） 可学习和自适应不知道或不确定的系统；

（5） 能够同时处理定量、定性知识。

3. 人工神经网络的优越性

人工神经网络的特点和优越性，使得其应用领域越来越广泛，主要表现在三个方面：

第一，具有自学习功能。例如实现图像识别时，只要先把许多不同的图像样板和对应的应识别的结果输入人工神经网络，网络就会通过自学习功能，慢慢学会识别类似的图像。自学习功能对于预测有特别重要的意义。预期未来的人工神经网络计算机将为人类提供经济预测、市场预测、效益预测，其应用前途是很远大的。

第二，具有联想存储功能。用人工神经网络的反馈网络就可以实现这种联想。

第三，具有高速寻找优化解的能力。寻找一个复杂问题的优化解，往往需要很大的计算量，利用一个针对某问题而设计的反馈型人工神经网络，发挥计算机的高速运算能力，可能很快找到优化解。

7.2 基于神经网络的汽车维修企业顾客满意度测评模型的建立

由于神经网络理论自身的不断发展，目前已有多种类型的神经网络模型被应用于工程实际当中，本节将利用比较常见的两种类型的神经网络模型进行建模研究，一种是前向型的经典模型——BP 神经网络模型，另外一种是反馈型的常见模型——Elman 神经网络模型。

7.2.1 神经网络基础理论

1. BP 神经网络基础

BP 模型是目前神经网络模型中被最广泛采用的一种，它是前向型网络的核心部分，体现了神经网络中最精华、最完美的内容。

1） BP 网络结构

图 7-2 为 BP 模型结构图，它是一种具有三层或三层以上的神经网络，包括输入层、中间层（隐层）和输出层。上下层之间实现全连接，而每层神经元之间无连接。当一对学习样本提供给网络后，神经元的激活值从输入层经各中间层向输出层传播，在输出层的各神经元获得网络的输入响应。接下来，按照减少目标输出与实

际误差的方向，从输出层经过各中间层逐层修正各连接权值，最后回到输入层，这种算法即为 BP 算法。随着这种误差逆传播修正的不断进行，网络对输入模式响应的正确率也不断上升。

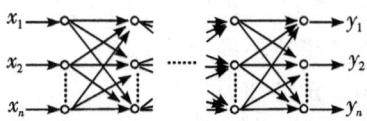

图 7-2　BP 网络模型结构图

2）BP 网络的数学描述

BP 算法是在导师指导下，适合于多层神经元网络的一种学习，它是建立在梯度下降法的基础上的。

设共含有 L 层和 N 个节点（或称单元）的一个任意网络，每层单元只接受前一层的输出信息并输出给下一层各单元，各节点的特性为 Sigmoid 型函数（该函数连续可微）。设给定 S 个样本 (x_k, d_k) $(k=1, 2, \cdots, S)$，任一节点 i 的输出为 O_i，对某一个样本 k，其输入向量为 x_k（n 维），网络的输出向量为 d_k（m 维）。现在研究第 l 层第 j 个单元，当输入第 k 个样本时，节点 j 的输入值为

$$I_{jk}^l = \sum_{i=1}^{n_1} w_{ij} \cdot O_{ik}^{l-1}。$$

式中，k 表示样本序号；l、$(l-1)$ 表示网络层号；i 表示对应于节点 j 的前一层的某一个节点（该层总节点数为 n_1）；O_{ik} 表示节点 i 的输出值；w_{ij} 表示从节点 i 到节点 j 的连接权值。

节点 j 的输出值为

$$O_{jk}^l = f(I_{jk}^l)，$$

式中，I_{jk}^l 是节点 j 的输出信息；$f(x)$ 是节点 j 的激活函数。

反向传播时，定义网络的期望输出 d_k 与实际输出 y'_k 的误差平方和为目标函数，即

$$E_k = \frac{1}{2} \sum_{j=1}^{m} (d_{jk} - y'_{jk})^2。$$

式中，m 为输出层的神经单元个数。如果只有一个输出单元（$m=1$），则有

$$E_k = \frac{1}{2}(d_k - y'_k)^2$$

S 个样本的总误差定义为

$$E = \frac{1}{2S} \sum_{k=1}^{S} E_k。$$

这样，网络的学习问题就等价于无约束最优化问题：

$$E(w) = \min。$$

通过调整权值 w，使总误差 E 极小。权值调整公式为

$$w_{ij}(t+1) = w_{ij}(t) - \mu \cdot \frac{\partial E}{\partial w_{ij}}, \mu > 0。$$

式中，t 为迭代次数；μ 为步长；$\frac{\partial E}{\partial w_{ij}} = \sum_{k=1}^{S} \frac{\partial E_k}{\partial w_{ij}}$；$S$ 为样本个数。

定义
$$\delta_{jk}^l = \frac{\partial E_k}{\partial I_{jk}^l},$$

于是，
$$\frac{\partial E_k}{\partial w_{ij}} = \frac{\partial E_k}{\partial I_{jk}^l} \cdot \frac{\partial I_{jk}^l}{\partial w_{ij}} = \frac{\partial E_k}{\partial I_{jk}^l} \cdot O_{ik}^{l-1} = \delta_{jk}^l \cdot O_{ik}^{l-1}。$$

下面分两种情况来讨论 δ_{jk}^l：

(1) 若节点 j 为输出单元，则 $O_{jk}^l = y'_k$。为讨论方便，设网络只有一个输出单元，有
$$\delta_{jk}^l = \frac{\partial E_k}{\partial I_{jk}^l} = \frac{\partial E}{\partial y'_k} \cdot \frac{\partial y'_k}{\partial I_{jk}^l} = -(d_k - y'_k) \cdot f'(I_{jk}^l)。$$

(2) 若 j 不是输出单元，则
$$\delta_{jk}^l = \frac{\partial E_k}{\partial I_{jk}^l} = \frac{\partial E_k}{\partial O_{jk}^l} \cdot \frac{\partial O_{jk}^l}{\partial I_{jk}^l} = \frac{\partial E_k}{\partial O_{jk}^l} \cdot f'(I_{jk}^l)。$$

式中，O_{jk}^l 是传送到下一层 [($l+1$) 层] 的输入，计算 $\frac{\partial E_k}{\partial O_{jk}^l}$ 要从 ($l+1$) 层算回来。

设 ($l+1$) 层共有 m_1 个单元 ($p = 1, 2, \cdots, m_1$)，则
$$\frac{\partial E_k}{\partial O_{jk}^l} = \sum_{p=1}^{m_1} \left(\frac{\partial E_k}{\partial I_{pk}^{l+1}} \cdot \frac{\partial I_{pk}^{l+1}}{\partial O_{jk}^l} \right) = \sum_{p=1}^{m_1} \left(\frac{\partial E_k}{\partial I_{pk}^{l+1}} \cdot w_{jp} \right) = \sum_{p=1}^{m_1} (\delta_{pk}^{l+1} \cdot w_{jp})。$$

将上式代入上上式，可得
$$\delta_{jk}^l = \sum_{p=1}^{m_1} (\delta_{pk}^{l+1} \cdot w_{jp}) \cdot f'(I_{jk}^l)。$$

如果采用标准 Sigmoid 函数，其导数为
$$f'(x) = \frac{df(x)}{dx} = f(x) \cdot (1 - f(x))。$$

将上式分别代入上面两种情况的 δ_{jk}^l 计算公式，得到
$$\delta_{jk}^l = -(d_k - y'_k) \cdot f(x) \cdot (1 - f(x));$$
$$\delta_{jk}^l = \sum_{p=1}^{m_1} (\delta_{pk}^{l+1} \cdot w_{jp}) \cdot f(x) \cdot (1 - f(x))。$$

现在，反向传播算法的步骤可概括如下：

(1) 选定权系数初值 $w_{ij}(0)$；

(2) 重复下述过程直至收敛（样本从 $k=1$ 到 $k=S$）：

①正向过程计算。从输入节点开始向前逐层计算各节点的输入值 I_{jk}^l 和输出值 O_{jk}^l，直至计算出网络输出值 y'_k。

②反向过程计算。对每层各单元，计算 δ_{jk}^l，并按下式修正权值：

$$w_{ij}(t+1) = w_{ij}(t) - \mu \cdot \frac{\partial E_k}{\partial w_{ij}}, \mu > 0。$$

BP 算法程序如图 7-3 所示。

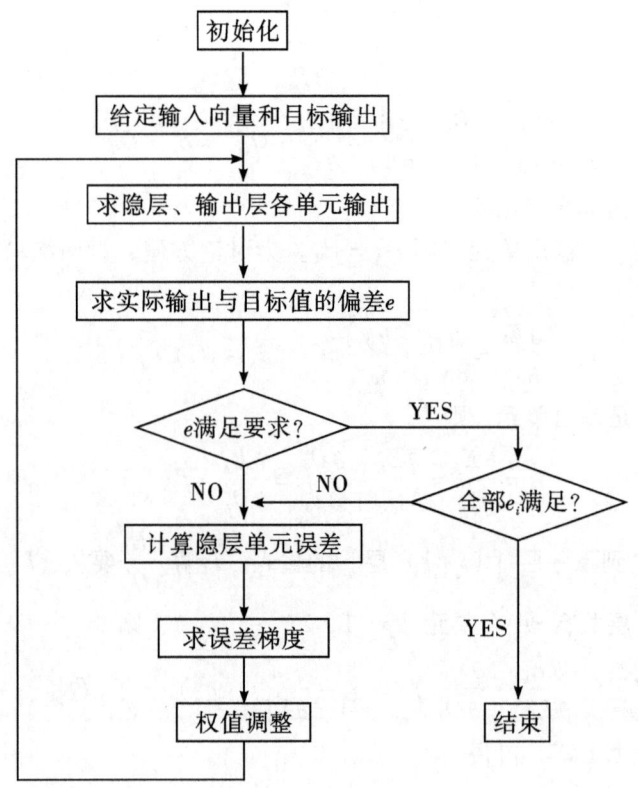

图 7-3 BP 神经网络计算程序图

3) BP 网络的学习规则

BP 算法的主要思想是把学习过程分为两个阶段：

第一阶段（正向传播过程），给出输入信息通过对输入层经隐含层逐层处理并计算每个单元的实际输出值。

第二阶段（反向传播过程），若在输出层未能得到期望的输出值，则逐层递归地计算实际输出与期望输出之差值（即误差），以便根据此差值调节权值。具体地说，就是可对每一个权重计算出接收单元的误差值与发送单元的激活值的积。因为这个积和误差对权重的（负）微商成正比（又称梯度下降算法），把它称作权重误差微商。权重的实际改变可由权重误差微商按各个模式分别计算出来。

这两个过程的反复运用，使得误差信号最小。实际上，误差达到人们所希望的要求时，网络的学习过程就结束了。

具体学习步骤如下所述：

设网络输入向量 $P_k = (a_1, a_2, \cdots, a_n)$；网络目标向量 $T_k = (y_1, y_2, \cdots, y_q)$；

中间层单元输入向量 $S_k = (s_1, s_2, \cdots, s_p)$，输出向量 $B_k = (b_1, b_2, \cdots, b_p)$；

输出层单元输入向量 $L_k = (l_1, l_2, \cdots, l_q)$，输出向量 $C_k = (c_1, c_2, \cdots, c_q)$；

输入层至中间层的连接权 w_{ij}，$i = 1, 2, \cdots, n$，$j = 1, 2, \cdots, p$；
中间层至输出层的连接权 v_{jt}，$j = 1, 2, \cdots, p$，$t = 1, 2, \cdots, q$；
中间层各单元的输出阈值 θ_j，$j = 1, 2, \cdots, p$；
输出层各单元的输出阈值 γ_t，$t = 1, 2, \cdots, q$
参数 $k = 1, 2, \cdots, m$。

(1) 初始化。给每个连接权值 w_{ij}、v_{jt}，阈值 θ_j 与 γ_t 赋予区间（-1, 1）内的随机值。

(2) 随机选取一组输入样本和目标样本 $P_k = (a_1^k, a_2^k, \cdots, a_n^k)$、$T_k = (y_1^k, y_2^k, \cdots, y_q^k)$ 提供给网络。

(3) 用输入样本 $P_k = (a_1^k, a_2^k, \cdots, a_n^k)$、连接权值 w_{ij} 和阈值 θ_j 计算中间层各单元的输入 s_j，然后用 s_j 通过传递函数计算中间层各单元的输出 b_j：

$$s_j = \sum_{i=1}^{n} w_{ij} a_i - \theta_j, \quad b_j = f(s_j), \quad j = 1, 2, \cdots, p。$$

(4) 利用中间层的输出 b_j、连接权值 v_{jt} 和阈值 γ_t，计算输出层各单元的输出 L_t，然后利用通过传递函数计算输出层各单元的响应 C_t：

$$L_t = \sum_{j=1}^{p} v_{jt} b_j - \gamma_t, \quad C_t = f(L_t), \quad t = 1, 2, \cdots, q。$$

(5) 利用网络目标向量 $T_k = (y_1^k, y_2^k, \cdots, y_q^k)$，网络实际输出 C_t，计算输出层各单元一般化误差 d_t^k：

$$d_t^k = (y_t^k - C_t) C_t (1 - C_t), \quad t = 1, 2, \cdots, q。$$

(6) 利用连接权 v_{jt}、输出层的一般化误差 d_t 和中间层的输出 b_j，计算中间层各单元的一般化误差 e_j^k：

$$e_j^k = \left(\sum_{t=1}^{q} d_t \cdot v_{jt} \right) b_j (1 - b_j)。$$

(7) 利用输出层各单元的一般化误差 d_t^k 与中间层各单元的输出 b_j 来修正连接权 v_{jt} 和阈值 γ_t。

$$v_{jt}(N+1) = v_{jt}(N) + \alpha \cdot d_t^k \cdot b_j, \gamma_t(N+1) = \gamma_t(N) + \alpha \cdot d_t^k,$$
$$t = 1, 2, \cdots, q, \quad j = 1, 2, \cdots, p, \quad 0 < \alpha < 1。$$

(8) 利用中间层各单元的一般化误差 e_j^k，输入层各单元的输入向量 $P_k = (a_1^k, a_2^k, \cdots, a_n^k)$ 来修正连接权值 w_{ij} 和阈值 θ_j：

$$w_{ij}(N+1) = w_{ij}(N) + \beta \cdot e_j^k \cdot a_i^k; \quad \theta_j(N+1) = \theta_j(N) + \beta \cdot e_j^k;$$

$$i = 1, 2, \cdots, n; j = 1, 2, \cdots, p; 0 < \beta < 1。$$

（9）随机选取下一个学习样本向量提供给网络，返回步骤（3），直到 m 个训练样本训练完毕。

（10）重新从 m 个学习样本中随机选取一组输入样本和目标样本，返回步骤（3），直到网络全局误差 E 小于预先设定的一个极小值，即网络收敛。如果学习次数大于预先设定的值，则网络无法收敛。

（11）学习结束。

以上计算过程若用手工计算，其工作量将相当巨大，几乎无法完成，所以一般借助于计算机的高速运算功能来实现。目前实现途径主要有两种，一种是利用某种程序语言来按照算法编程实现，另一种是借助 Matlab 软件神经网络模块来进行计算。

2. Elman 神经网络基础

Elman 神经网络是反馈型神经网络的一种，该模型在前馈型网络的隐含层中增加一个承接层，作为一步延迟算子，达到记忆的目的，从而使系统具有适应时变特性的能力，能直接反映动态过程系统的特性，比前向型网络具有更强的计算能力。

1）Elman 神经网络结构

该回归神经元网络一般分为 4 层：输入层、中间层（隐含层）、承接层和输出层，如图 7-4 所示。其输入层、隐含层和输出层的连接类似于前向型网络，输入层的单元仅起信号传输作用，输出层单元起线性加权作用。隐含层单元的传递函数可采用线性或非线性函数；承接层又成为上下层或状态层，它用来记忆隐含层单元前一时刻的输出值，可以认为是一个一步延时算子。

Elman 型回归神经元网络的特点是隐含层的输出通过承接层的延迟与存储，自联到隐含层的输入，这种自联方式使其对历史状态的数据具有敏感性，内部反馈网络的加入增加了网络本身处理动态信息的能力，从而达到了动态建模的目的。

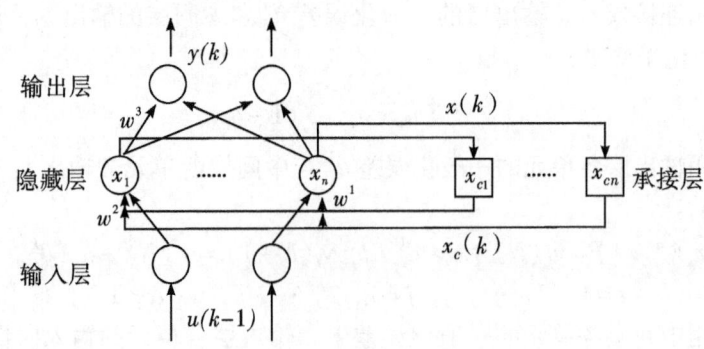

图 7-4 Elman 神经网络模型

2) Elman 神经网络学习规则

Elman 网络的非线性状态空间表达式为

$$y(k) = g(w^3 x(k)), \quad x(k) = f(w^1 x_c(k) + w^2 [u(k-1)]), \quad x_c(k) = x(k-1)。$$

式中，y，x，u，x_c 分别表示 m 维输出节点向量，n 维中间层节点单元向量，r 维输入向量和 n 维反馈状态向量。w^3，w^2，w^1 分别表示中间层到输出层、输入层到中间层、承接层到中间层的连接权值。$g(x)$ 为输出神经元的传递函数，是中间层输出的线性组合。$f(x)$ 为中间层神经元的传递函数，常采用 Sigmoid 函数。Elman 网络也采用 BP 算法进行权值修正，学习指标函数采用误差平方和函数：

$$E(w) = \sum_{k=1}^{n} [y_k(w) - \tilde{y}_k(w)]^2,$$

其中 $\tilde{y}_k(w)$ 为目标输出向量。

7.2.2 神经网络模型实现

结合本研究的问题，分别对汽车维修企业顾客满意度进行 BP 建模和 Elman 建模研究，在建模过程中，必须解决模型的结构和模型样本数据问题。

1. 模型样本数据

在本研究中，取 20 位顾客的汽车维修企业满意度评价数据作为样本数据，其中 16 组数据为训练样本，用于对神经网络进行训练，其余 4 组数据用于神经网络的预测，亦即用训练好的神经网络对其进行预测，以检测神经网络的建模结果有效性，具体数据见附录Ⅵ。

在每一组数据中，本研究取"顾客满意度测评指标体系"中影响顾客满意的观测点为自变量（网络输入），取顾客满意度的观测点为因变量（网络输出），对网络进行建构，具体变量结构如表 7-1 所示。

表 7-1 神经网络建模变量结构

网络输入变量（52个）	该企业的商业信誉（x_1）；该企业所维修的车辆的品牌形象（x_2）；您在服务之前对本次服务质量的预期（x_3）；该企业的外观形象（x_4）；该企业的车间是否干净、整洁（x_5）；该企业的接待区是否干净、整洁（x_6）；该企业的休息区环境、设备、人员情况（x_7）；该企业的服务人员仪容仪表（x_8）；该企业对服务质量有无保证（x_9）；该企业的维修设备是否齐全、先进（x_{10}）；该企业有无提供充足的零配件及质量如何（x_{11}）；该企业维修过程中使用防护用品情况（x_{12}）；该企业的一次排除故障情况（x_{13}）；该企业对索赔服务工作的开展质量情况（x_{14}）；该企业是否完成所有的项目（x_{15}）；该企业交车时车内外清洁情况（x_{16}）；该企业换件或增加服务项目是否征得顾客同意（x_{17}）；该企业的主管人员是否能解决顾客的问题（x_{18}）；该企业的经理能否解决顾客的投诉问题（x_{19}）；您是否反复被告知车子需要追加服务项目（x_{20}）；该企业服务人员的反应速度如何（5代表很快）（x_{21}）；该企业让顾客的等待时间是否太长（5代表很短）（x_{22}）；该企业服务人员的专业知识和技能情况（x_{23}）；该企业服务人员的诚信情况（x_{24}）；该企业服务人员的服务态度（x_{25}）；该企业提醒定期保养方面做得如何（x_{26}）；该企业记录并追踪回访维修结果方面做得如何（x_{27}）；您能够看到自己车子的维修状况吗（5代表能）（x_{28}）；该企业能按承诺时间修好车子吗（x_{29}）；该企业的员工语言恰当吗（x_{30}）；该企业的经理能了解顾客最关心的问题吗（x_{31}）；该企业估算发生的费用做得如何（x_{32}）；该企业能预先准确告知修好时间吗（x_{33}）；该企业能正确理解顾客需求（车子问题）吗（x_{34}）；该企业引导顾客到休息区休息做得如何（x_{35}）；该企业告知车子维修进展情况做得如何（x_{36}）；该企业解释服务进行的项目做得如何（x_{37}）；该企业维修结束通知方面做得如何（x_{38}）；该企业取车时说明费用及服务项目的详细清单方面做得如何（x_{39}）；该企业发放专营店联系表格方面做得如何（x_{40}）；该企业的服务地点是否方便（x_{41}）；该企业的营业时间是否合理（x_{42}）；该企业的地址是否很容易找到（x_{43}）；该企业的服务热线设置的情况如何（x_{44}）；该企业的维修预约做得如何（x_{45}）；该企业的道路救援服务做得如何（x_{46}）；该企业提供备用交通方式方面做得如何（x_{47}）；该企业提供的服务项目丰富吗（x_{48}）；该企业促销活动（附加服务）的开展形式如何（x_{49}）；该企业的促销活动（附加服务）实惠吗（x_{50}）；该企业的工时费是否合理（x_{51}）；该企业的零件材料费是否合理（x_{52}）
网络输出变量（3个）	考虑到您付出的时间和精力，您认为到该企业做维修或保养，是否做出了正确的决策（y_1）；您对服务的总体满意程度如何（y_2）；您会多次选择该企业或向亲友推荐该企业吗（y_3）

2. 模型结构确定

根据神经网络的特点，一般的问题都可以通过单隐层来实现。由于输入向量有 52 个元素，所以网络输入层的神经元有 52 个，根据 Kolmogorov 定理，可知网络中间层的神经元可以取 110 个左右，为了检验神经网络中间层不同神经元个数对训练结果的影响，本书分别取不同数量的中间层神经元个数对神经网络进行建模。输出向量有 3 个，所以输出层中的神经元应该有 3 个。网络中间层的神经元传递函数采用 S 型正切函数 tansig，BP 网络的输出层神经元传递函数采用 S 型对数函数 logsig，而 Elman 网络输出层神经元传递函数采用 purelin 函数。

3. 模型 Matlab 计算实现

根据已建立的神经网络模型结构和样本数据，借助于 Matlab 软件便可实现模型的计算。

1）BP 网络实现

部分程序语言见附录Ⅶ。

神经网络训练过程如图 7-5～图 7-10 所示，从图中可以看出，该三层神经网络不论中间层神经元的个数是多少，均经过几次训练后梯度就达到要求，而网络的精度远达不到要求，因此无法满足本研究的建模要求。

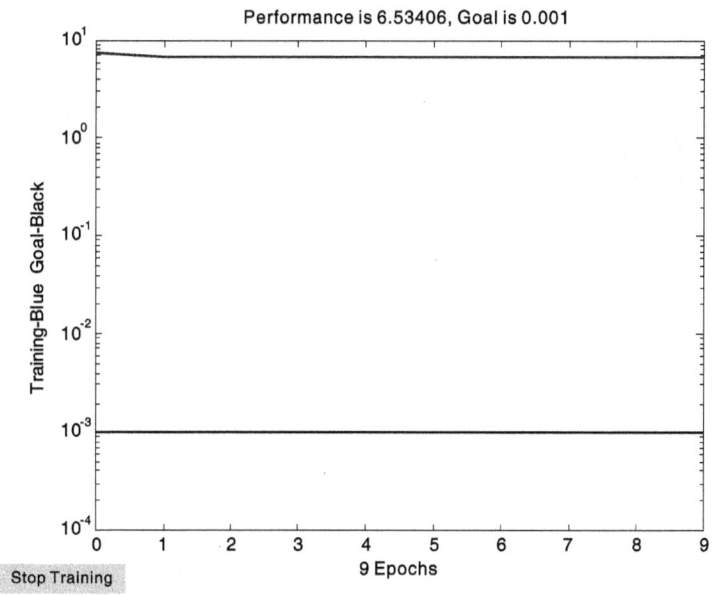

图 7-5　中间层为 8 个神经元的训练过程

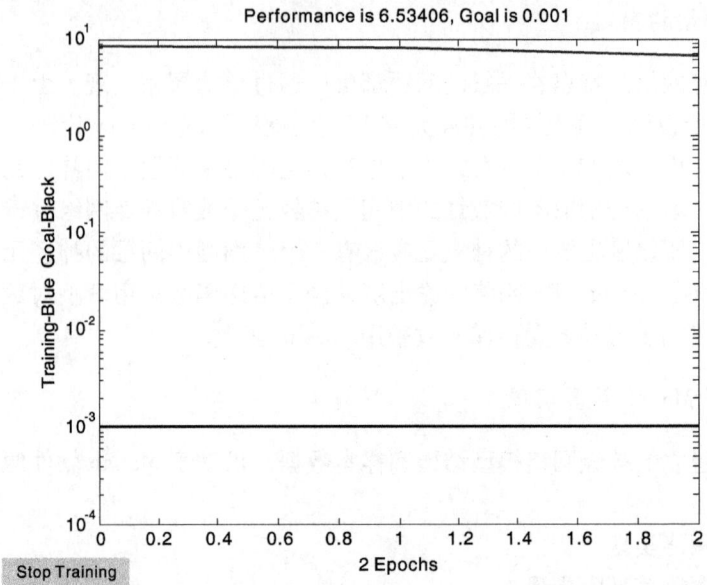

图 7-6　中间层为 18 个神经元的训练过程

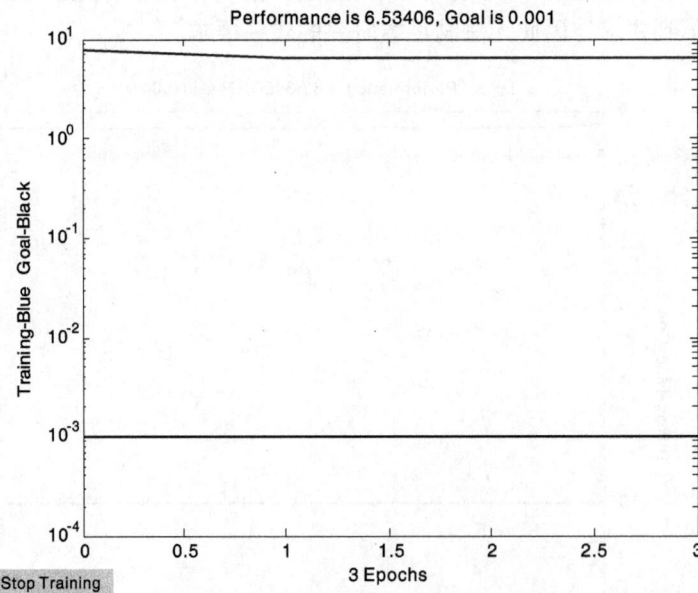

图 7-7　中间层为 28 个神经元的训练过程

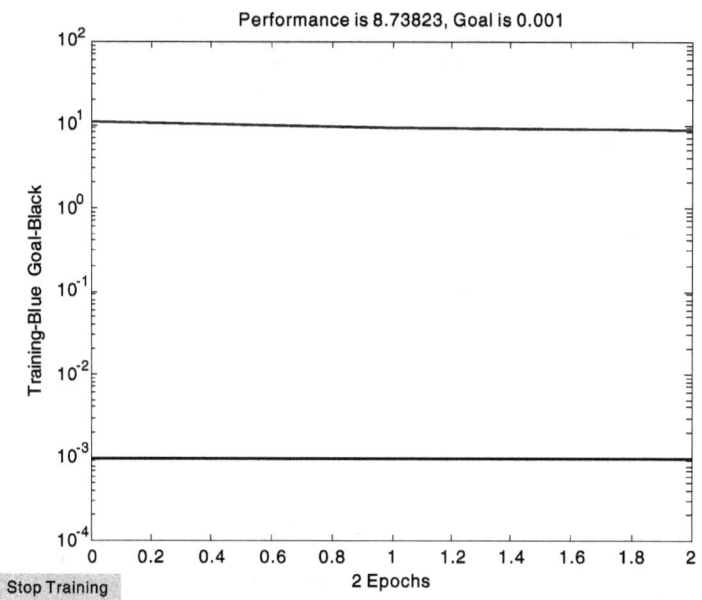

图 7-8 中间层为 38 个神经元的训练过程

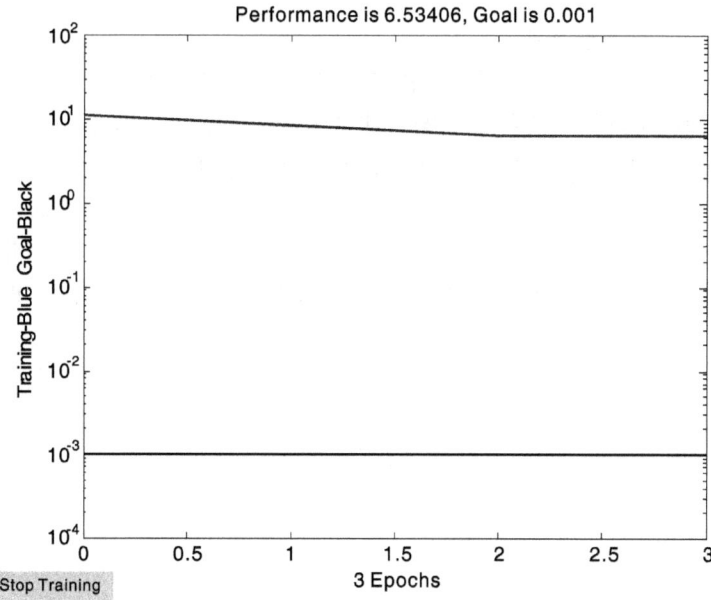

图 7-9 中间层为 28 个神经元的训练过程

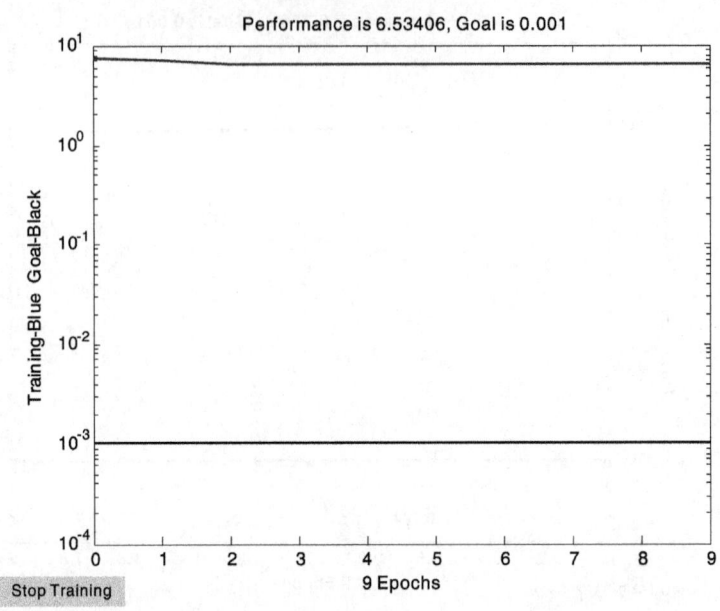

图 7-10 中间层为 38 个神经元的训练过程

2）Elman 网络实现

部分程序语言见附录Ⅶ。

神经网络训练过程如图 7-11～图 7-28 所示，从图中可以看出，该三层神经网络训练过程和中间层神经元的个数有非常大的关系，由于本书将网络训练次数限定为 1000 次，误差设置为 0.001，所以不同的中间层神经元个数表现出了不同的效果，具体如表 7-2 所示。可知当神经元个数为 148 时，使得网络训练得到最佳结果，即训练次数最少（756 次）的情况下达到了网络的训练精度，因此，本书建立的神经网络结构为 52×148×3。图 7-29 和图 7-30 为坐标曲线形式的网络训练性能对比。

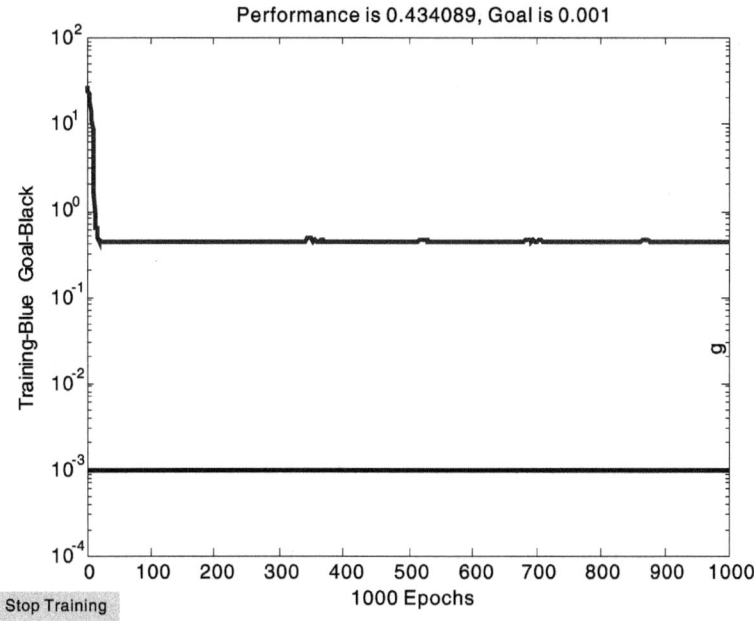

图 7-11　中间层为 8 个神经元的训练过程

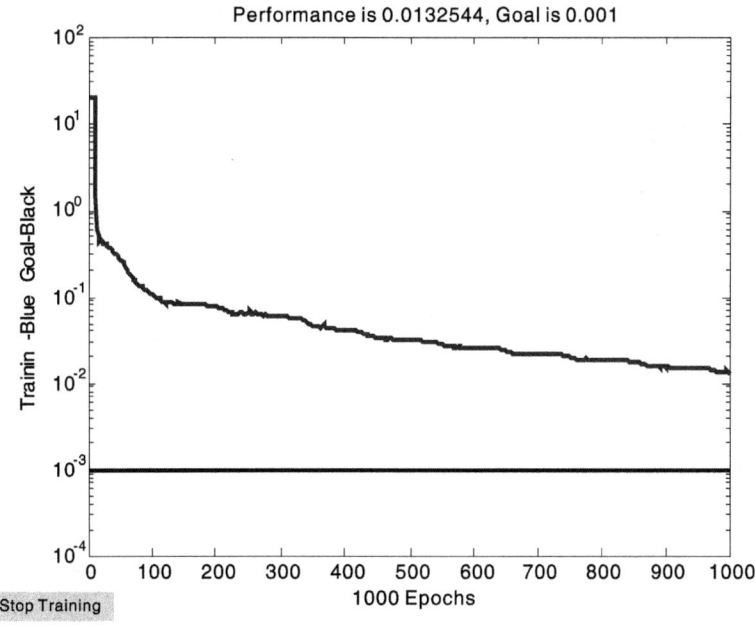

图 7-12　中间层为 18 个神经元的训练过程

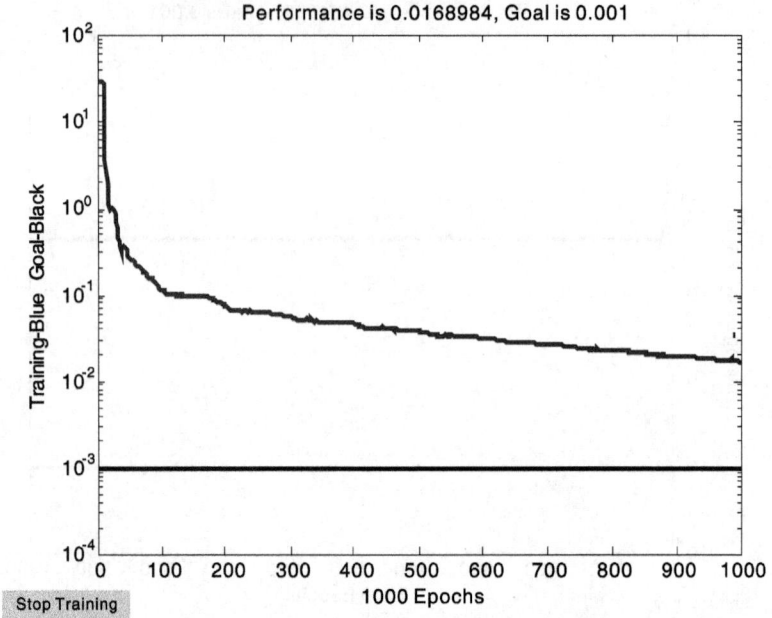

图 7-13 中间层为 28 个神经元的训练过程

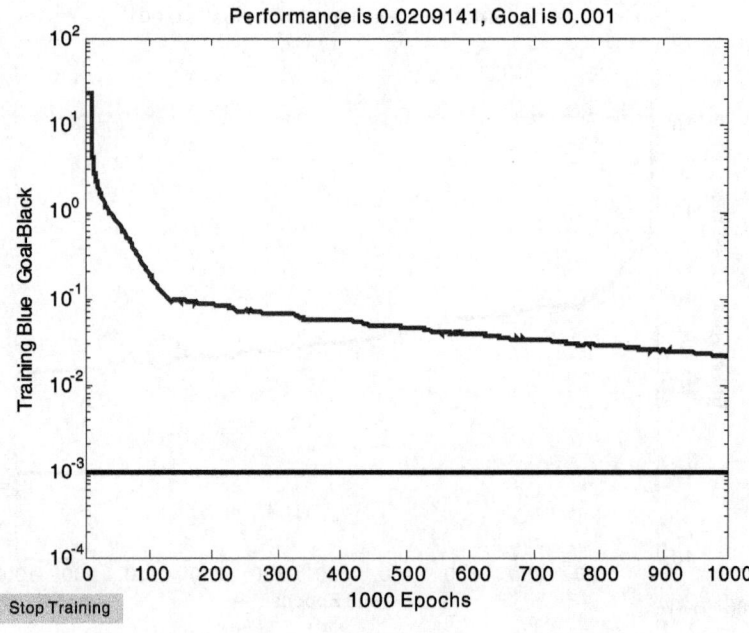

图 7-14 中间层为 38 个神经元的训练过程

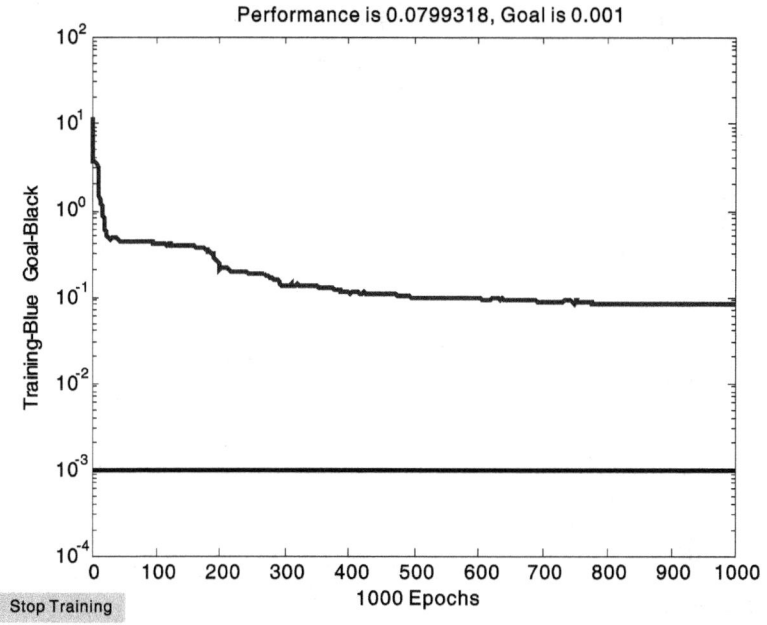

图 7-15　中间层为 48 个神经元的训练过程

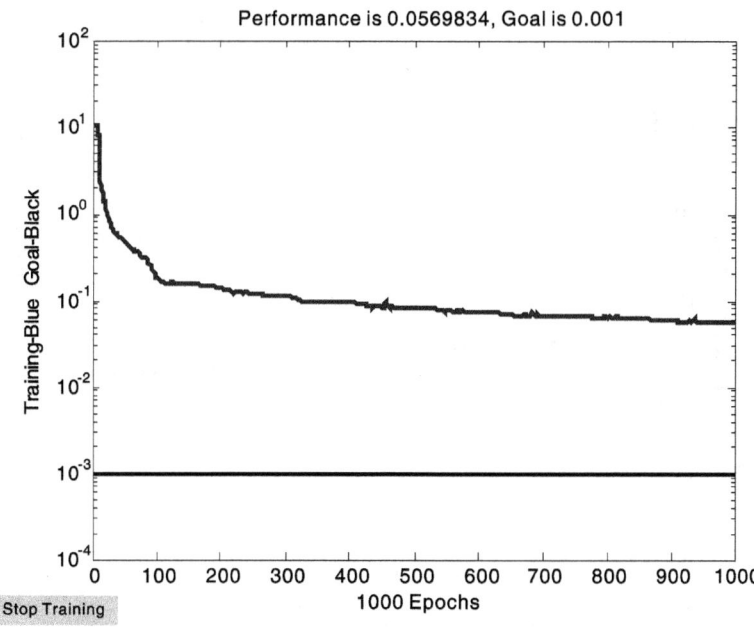

图 7-16　中间层为 58 个神经元的训练过程

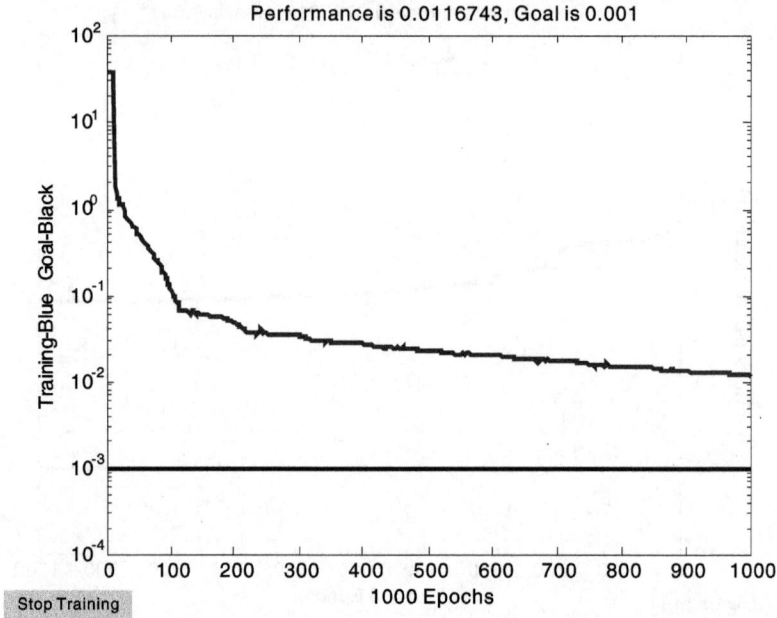

图 7-17　中间层为 68 个神经元的训练过程

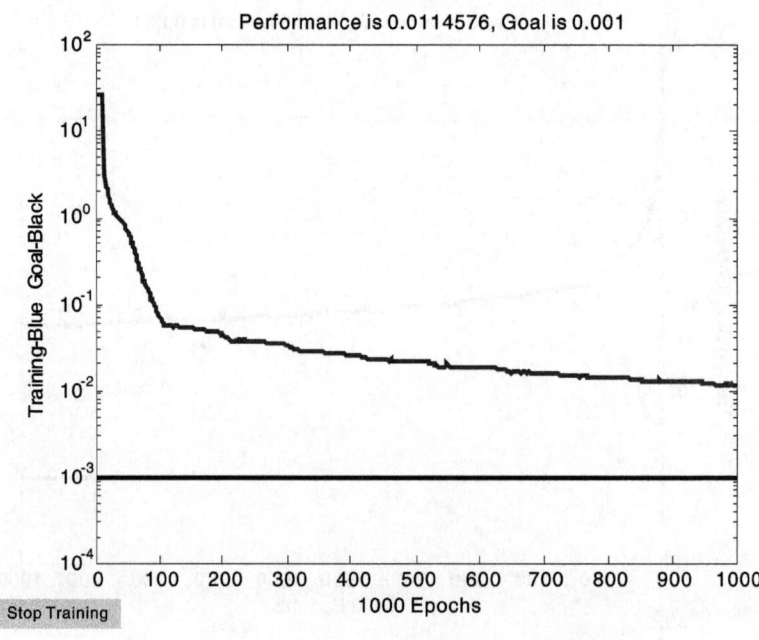

图 7-18　中间层为 78 个神经元的训练过程

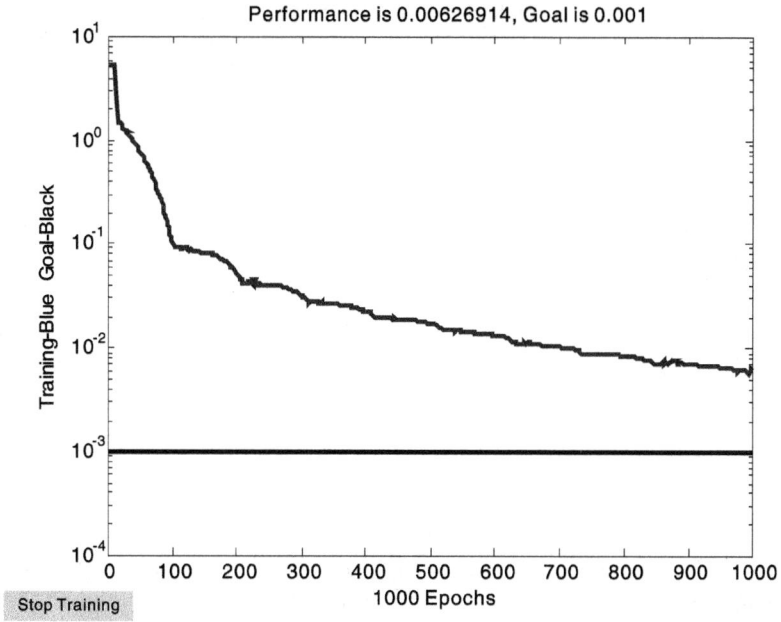

图 7-19　中间层为 88 个神经元的训练过程

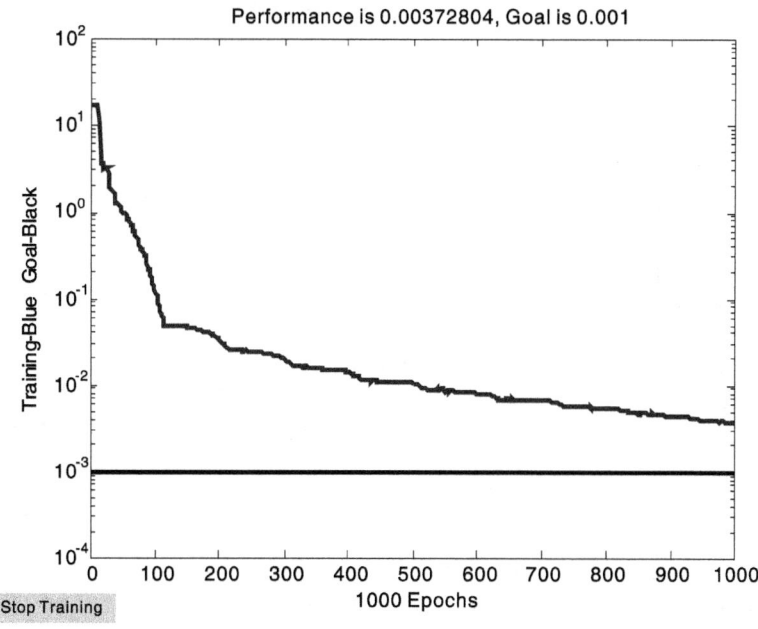

图 7-20　中间层为 98 个神经元的训练过程

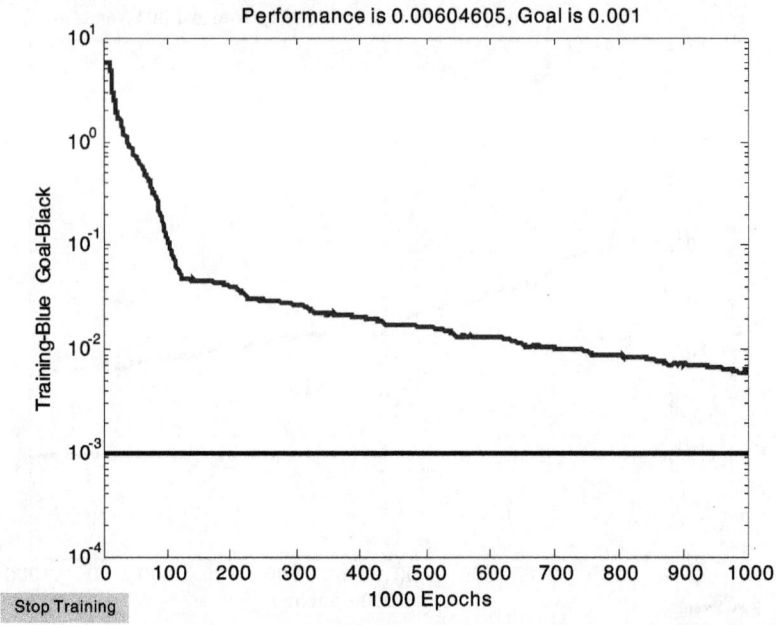

图 7-21 中间层为 108 个神经元的训练过程

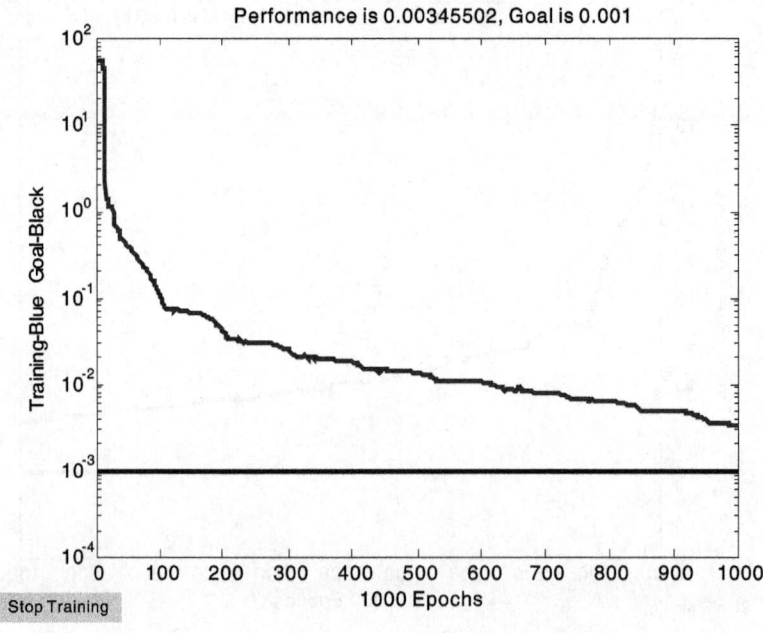

图 7-22 中间层为 118 个神经元的训练过程

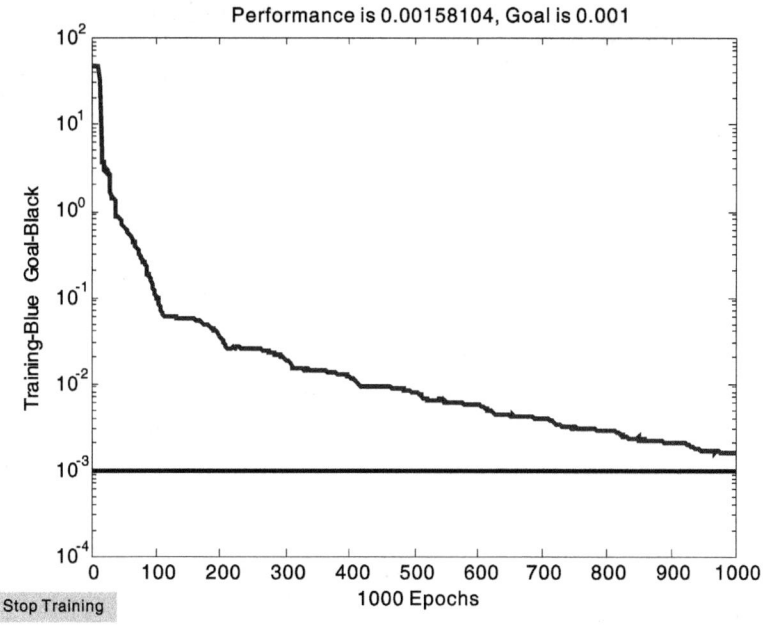

图 7 – 23　中间层为 128 个神经元的训练过程

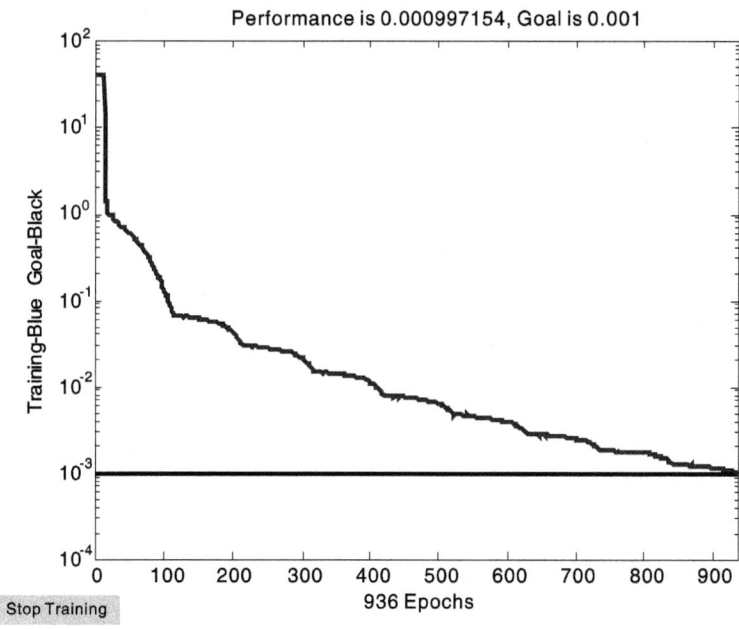

图 7 – 24　中间层为 138 个神经元的训练过程

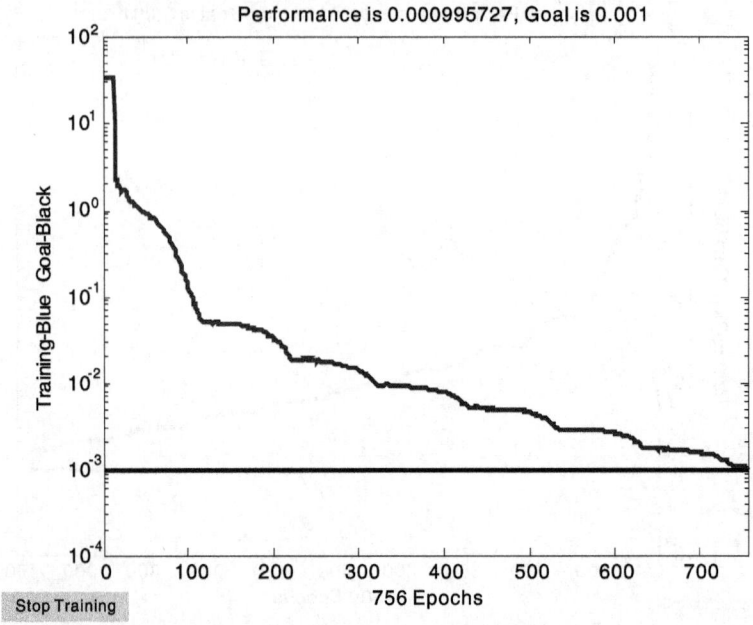

图 7-25 中间层为 148 个神经元的训练过程

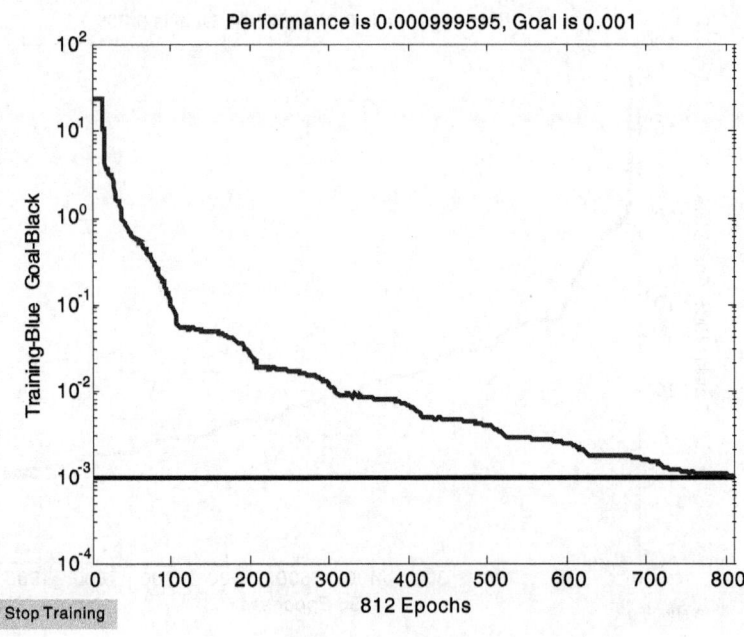

图 7-26 中间层为 158 个神经元的训练过程

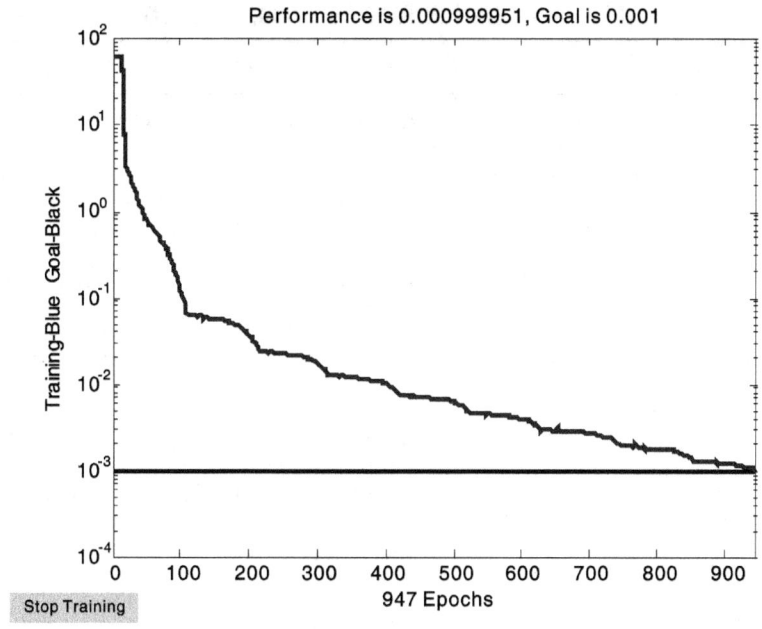

图 7-27 中间层为 168 个神经元的训练过程

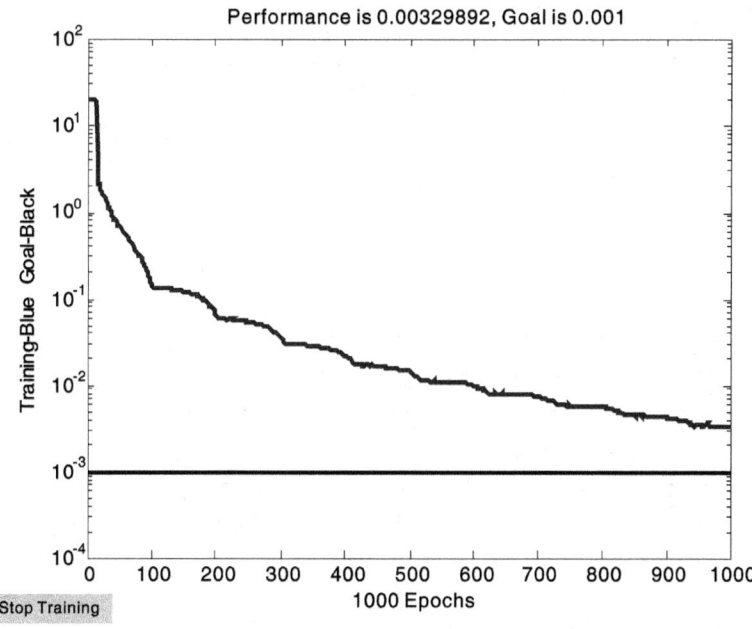

图 7-28 中间层为 178 个神经元的训练过程

表 7-2　不同的中间层神经元个数网络训练过程

神经元个数	8		18		28		38		48		58	
网络性能	次数	误差	次数	误差	次数	误差	次数	误差	次数	误差	次数	误差
	1000	0.434	1000	0.013	1000	0.017	1000	0.021	1000	0.080	1000	0.057
神经元个数	68		78		88		98		108		118	
网络性能	次数	误差	次数	误差	次数	误差	次数	误差	次数	误差	次数	误差
	1000	0.012	1000	0.011	1000	0.006	1000	0.004	1000	0.006	1000	0.003
神经元个数	128		138		148		158		168		178	
网络性能	次数	误差	次数	误差	次数	误差	次数	误差	次数	误差	次数	误差
	1000	0.002	936	0.001	756	0.001	812	0.001	947	0.001	1000	0.003

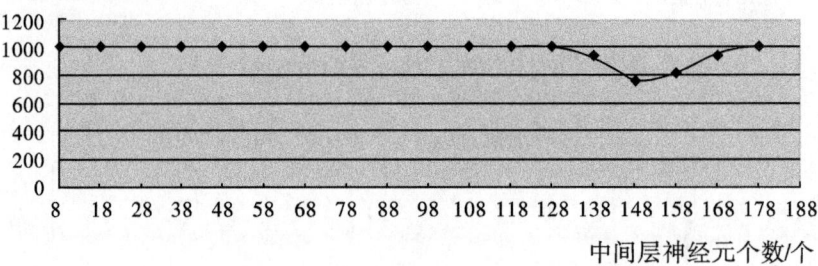

图 7-29　中间层不同神经元个数的网络训练次数

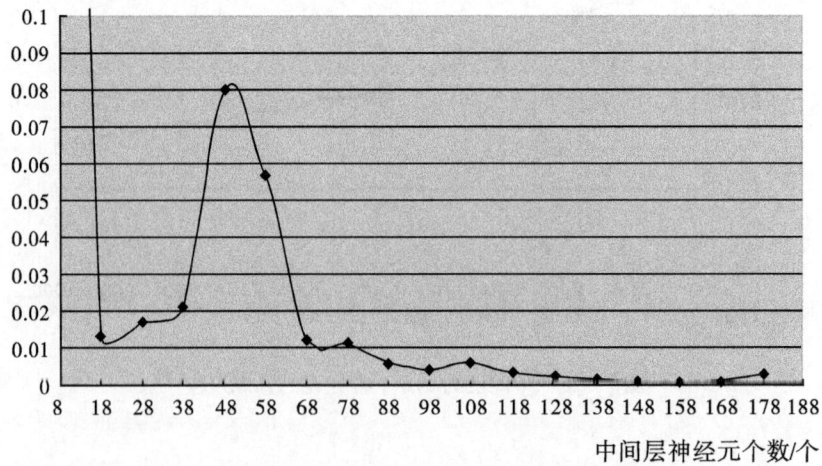

图 7-30　中间层不同神经元个数的网络训练精度

4. 模型计算结果

前已述及，$52 \times 148 \times 3$ 是最佳的神经网络结构，因此本节采用该结构对 16 组样本数据进行网络训练，然后用训练好的网络模型对 4 组样本数据进行预测，并将预测结果和真实值进行了对比，以检验网络预测能力。

图 7-31~图 7-33 分别表示将网络训练用过的样本数据再输入给网络，分析其输出值和真实值之间的差异情况，图 7-31 代表的是 y_1 指标（考虑到您付出的时间和精力，您认为到该企业做维修或保养，是否做出了正确的决策）；图 7-32 代表的是 y_2 指标（您对服务的总体满意程度如何）；图 7-33 代表的是 y_3 指标（您会多次选择该企业或向亲友推荐该企业吗）。由图中可以得出，网络对训练样本数据的预测准确度非常高，也就是网络已经完全掌握了因变量和自变量之间的关系。

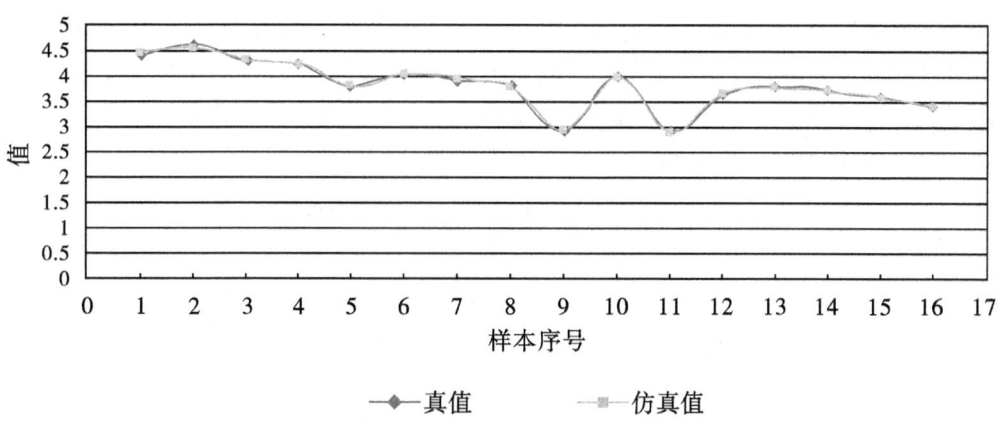

图 7-31　神经网络训练样本输出值和真值的对比（y_1 指标）

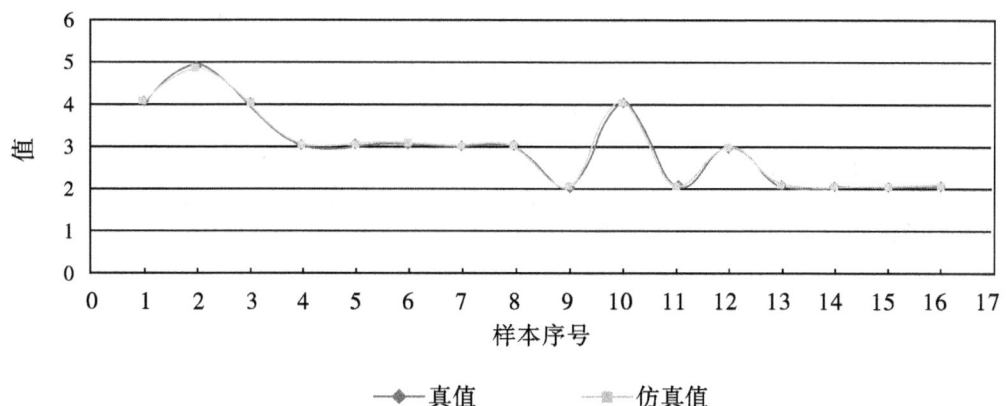

图 7-32　神经网络训练样本输出值和真值的对比（y_2 指标）

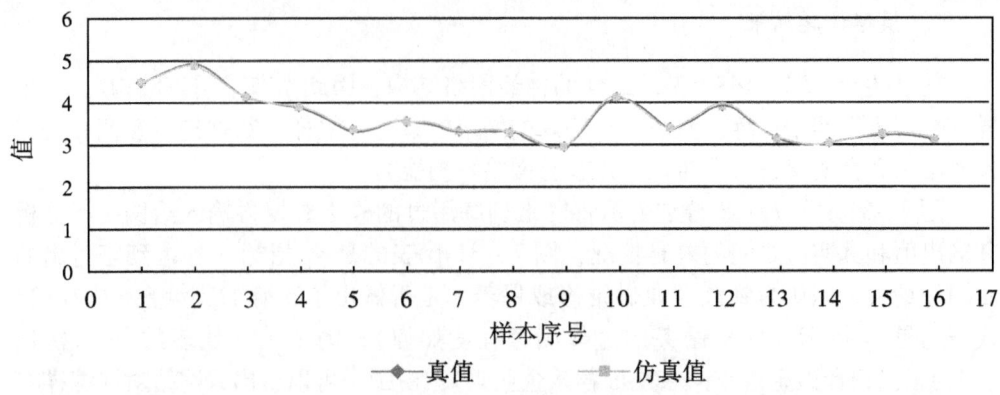

图 7-33 神经网络训练样本输出值和真值的对比（y_3 指标）

神经网络真正的用处在于用训练好的网络对未知数据进行预测，本节利用网络训练没有用过的 4 组测试样本对网络预测精度进行检验，结果如表 7-3 所示。从中可以看出该网络的训练精度是令人满意的，4 个测试样本的预测结果基本接近真值，最大相对误差为 15.0%，最小相对误差为 1.7%，具有应用价值。图 7-34 为该 Elman 神经网络的预测值、真值以及误差曲线。

表 7-3 神经网络的预测值、真值以及误差

样本序号	样本 1			样本 2		
指标	y_{11}	y_{12}	y_{13}	y_{21}	y_{22}	y_{23}
真值	4	3	3.85	3.8	3	2.95
预测值	3.8762	3.1283	4.022	3.5505	2.7732	3.2948
相对误差	0.03095	-0.04277	-0.04468	0.065658	0.0756	-0.11688
样本序号	样本 3			样本 4		
指标	y_{31}	y_{32}	y_{33}	y_{41}	y_{42}	y_{43}
真值	4.1	4	4.2	3.5	2	3.3
预测值	4.3701	4.1952	4.1279	4.0254	1.8287	3.7861
相对误差	-0.06588	-0.0488	0.017167	-0.15011	0.08565	-0.1473

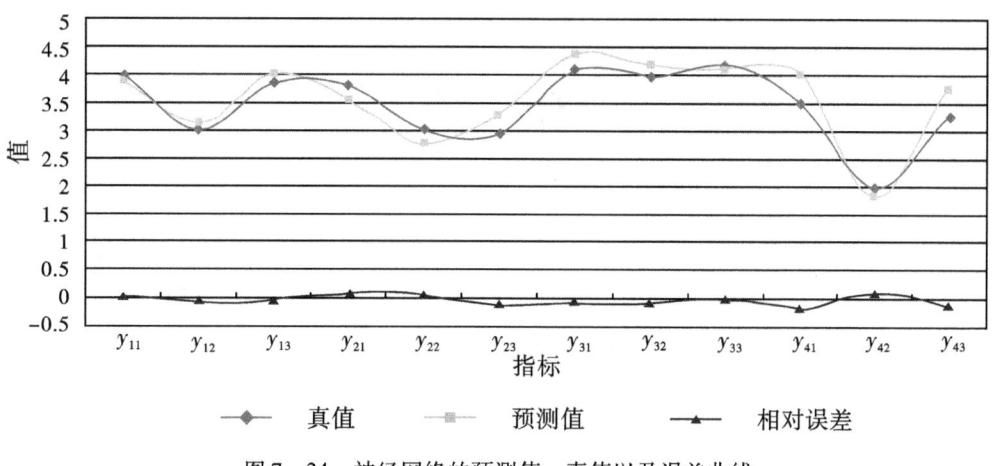

图 7-34　神经网络的预测值、真值以及误差曲线

7.2.3　建模结论

由本章所建立的神经网络模型来看，可以得到以下结论：

（1）将神经网络理论引入到汽车维修企业顾客满意度测评模型，建立以观测点为自变量、以顾客满意度为因变量的神经网络模型方法是可行的。

（2）从模型的预测结果来看，神经网络完成了预测任务，这也充分显示了神经网络在建立非线性、非确定性因果关系映射模型中的强大生命力，神经网络不像线性模型，要求因素集的完整性、严密性，其神经元可以自动寻找给定因素集的相关信息进行建模，以达到模型的正确性，具有容错性和鲁棒性。

（3）从 BP 神经网络和 Elman 神经网络的对比来看，在本研究过程中，BP 网络的性能劣于 Elman 网络，很难达到训练精度。这也说明反馈型神经网络比前向型神经网络具有更强的计算能力和适应能力。

【本章小结】

为了构建基于神经网络的汽车维修企业顾客满意度测评模型，本章首先研究了人工神经网络的思想、特点，并选取 BP 前向型神经网络和 Elman 反馈型神经网络作为本章模型，进行了基础理论研究，然后通过编制 Matlab 程序，进行了两种神经网络的建模，即模型的训练和预测，结果表明，将神经网络应用于汽车维修企业顾客满意度的测评是可行的。

附 录

附录Ⅰ "汽车维修企业顾客满意度测评模型研究"课题调查访问卷Ⅰ（专家）

尊敬的专家：

您好！感谢您在百忙之中参加本课题研究问卷调查活动。本问卷旨在了解影响我国汽车维修企业客户满意度的因素，以改善我国汽车维修企业的客户满意程度，使企业、客户双方受益。请您针对以下问题给出您的看法，并恳请您认真填写。我方保证您的答案只为本课题研究所用，不会给您及您的单位带来任何负面影响。谢谢您的合作！

（以下信息对本研究具有重要意义，请您用简洁的语言认真填写）

请您列出影响汽车维修企业顾客满意度的因素，这里主要指顾客对汽车维修与保养服务的满意度。

_____；_____；_____；

_____；_____；_____；

_____；_____；_____；

_____；_____；_____；

_____；_____；_____。

年　月　日

"汽车维修企业顾客满意度测评模型研究"课题研究组

附录Ⅱ "汽车维修企业顾客满意度测评模型研究"课题
调查访问卷Ⅰ（企业人员）

尊敬的先生/女士：

您好！感谢您在百忙之中参加本课题研究问卷调查活动。本问卷旨在了解影响我国汽车维修企业客户满意度的因素，以改善我国汽车维修企业的客户满意程度，使企业、客户双方受益。请您针对以下问题给出您的看法，并恳请您认真填写。我方保证您的答案只为本课题研究所用，不会给您及您的单位带来任何负面影响。谢谢您的合作！

1. 您在单位所从事的岗位种类是_____。

（以下信息对本研究具有重要意义，请您用简洁的语言认真填写）

2. 请您列出影响企业顾客满意度的因素（或者列出为了提高顾客满意度，您单位所采取的措施），这里主要指顾客对汽车维修与保养服务的满意度。

_____；_____；_____；

_____；_____；_____；

_____；_____；_____；

_____；_____；_____；

_____；_____；_____。

年　　月　　日

"汽车维修企业顾客满意度测评模型研究"课题研究组

附录Ⅲ "汽车维修企业顾客满意度测评模型研究"课题调查访问卷Ⅰ（顾客）

尊敬的先生/女士：

您好！感谢您在百忙之中参加本课题研究问卷调查活动。本问卷旨在了解影响我国汽车维修企业客户满意度的因素，以改善我国汽车维修企业的客户满意程度，使企业、客户双方受益。请您针对以下问题给出您的看法，并恳请您认真填写。我方保证您的答案只为本课题研究所用，不会给您及您的单位带来任何负面影响。谢谢您的合作！

1. 您的性别是： L. 男　　　　　M. 女
2. 您的年龄段是： L. 20 岁以下　　M. 20～30 岁　　O. 30～40 岁
   Q. 40～50 岁　　R. 50 岁以上
3. 您的驾龄是： L. 3 年以下　　M. 3～5 年　　O. 5～10 年
   Q. 10～15 年　　R. 15 年以上
4. 您目前所驾驶的车型是_____；款型是_____；已购车_____年。
5. 您的车购买时的价格是： L. 5 万以下　　M. 5 万～10 万
   O. 10 万～20 万　　Q. 20 万～30 万
   R. 30 万以上

（以下信息对本研究具有重要意义，请您用简洁的语言认真填写）

6. 请您列出影响汽车维修企业顾客满意度的因素，这里主要指顾客对汽车维修与保养服务的满意度（如维修设备的先进性、维修人员的仪表、维修速度及速率、维修服务价格合理性、维修技术专业性等）。

（1）从整个服务的进行过程来看：

顾客到厂之前，影响其满意度的因素是：
_____；_____；_____；_____。

顾客到厂，维修接待过程中，影响其满意度的因素是：
_____；_____；_____；_____。

顾客在厂，等待服务完成过程中，影响其满意度的因素是：
_____；_____；_____；
_____；_____；_____。

顾客在厂，服务完成，交车过程中，影响其满意度的因素是：
_____；_____；_____；
_____；_____；_____。

顾客离厂，影响其满意度的因素是：
_____；_____；_____；_____。
您认为还有其他的环节或因素会影响客户满意度吗？
_____；_____；_____；_____。

（2）从整个服务的进行场所来看：
您认为在以下场所，哪些因素会影响顾客的满意度？
厂区和外界道路的交接处：
_____；_____；_____；_____。

厂区概貌：
_____；_____；_____；_____。

厂区内维修接待处：
_____；_____；_____；_____。

厂区内汽车维修各车间：
_____；_____；_____；_____。

厂区内客户休息区：
_____；_____；_____；_____。

您认为还有其他的场所或因素会影响客户满意度吗？
_____；_____；_____；_____。

（3）从整个服务的相关人员来看：
您认为在以下人员中，哪些因素会影响顾客的满意度？
维修接待人员：
_____；_____；_____；_____。

车间技术人员：
_____；_____；_____；_____。

维修接待主管：
_____；_____；_____；_____。

车间技术主管：
_____；_____；_____；_____。

企业经理：
_____；_____；_____；_____。

您认为还有其他的人员或因素会影响客户满意度吗？
_____；_____；_____；_____。

7. 您觉得本调查问卷的总体设计质量如何？
L. 好　　　　　　M. 一般　　　　　　O. 差
8. 您觉得本调查问卷是否能满足本研究调研的需要？
L. 完全能　　　M. 完全不能　　　O. 基本满足　　　Q. 不好说

9．如果您选择了 M 或 O，请您提出宝贵的意见，我们将根据您的意见做调查表调整，再次感谢您对我们工作的支持，感谢您对我国汽车工业的支持！

_____

_____

_____

年　　月　　日

"汽车维修企业顾客满意度测评模型研究"课题研究组

附录Ⅳ "汽车维修企业顾客满意度测评模型研究"课题调查访问卷Ⅱ（顾客）

尊敬的先生/女士：

您好！感谢您在百忙之中参加本课题研究问卷调查活动。本问卷旨在了解您对于汽车维修企业服务的满意程度的看法，以研究我国汽车维修企业的顾客满意度测评模型，进而改善我国汽车维修企业的客户满意程度，使企业、客户双方受益。请您针对以下问题给出您的看法，并恳请您认真填写。我方保证您的答案只为本课题研究所用，不会给您及您的单位带来任何负面影响。谢谢您的合作！

1. 您的性别是： L. 男　　　　　　M. 女
2. 您的年龄段是： L. 20 岁以下　　M. 20～30 岁　　O. 30～40 岁
   Q. 40～50 岁　　R. 50 岁以上
3. 您的驾龄是： L. 3 年以下　　　M. 3～5 年　　　 O. 5～10 年
   Q. 10～15 年　　R. 15 年以上
4. 您目前所驾驶的车型是_____；款型是_____；已购车_____年。
5. 您的车购买时的价格是： L. 5 万以下　　　M. 5 万～10 万
   O. 10 万～20 万　　Q. 20 万～30 万
   R. 30 万以上
6. 您的职业是：L. 工商企业职员　　　　M. 私营企业主
   O. 公务员、教师、医生　　Q. 自由职业者　　R. 其他
7. 您的年收入：L. 3 万以下　　M. 3 万～5 万　　O. 5 万～8 万
   Q. 8 万～12 万　　R. 12 万以上　　T. 不详

（以下信息对本研究具有重要意义，请您在对应的选项上画"√"）

8. 以下列出了您在汽车维修或保养过程中会遇到的一些情况，请您根据您的体会在相应位置打分。其中数字"1"代表很差，数字"2"代表差，数字"3"代表一般，数字"4"代表好，数字"5"代表很好。

序号	问题内容	满意程度（您实际体会到该项服务是否满意）	重要程度（您认为该问题是否重要）
1	该企业的商业信誉		
2	该企业所维修的车辆的品牌形象		

续表

序号	问题内容	满意程度（您实际体会到该项服务是否满意）	重要程度（您认为该问题是否重要）
3	您在服务之前对本次服务质量的预期		
4	该企业的外观形象		
5	该企业的车间是否干净、整洁		
6	该企业的接待区是否干净、整洁		
7	该企业的休息区环境、设备、人员情况		
8	该企业的服务人员仪容仪表		
9	该企业对服务质量有无保证		
10	该企业的维修设备是否齐全、先进		
11	该企业有无提供充足的零配件及质量如何		
12	该企业维修过程中使用防护用品情况		
13	该企业的一次排除故障情况		
14	该企业对索赔服务工作的开展质量情况		
15	该企业是否完成所有的项目		
16	该企业交车时车内外清洁情况		
17	该企业换件或增加服务项目是否征得顾客同意		
18	该企业的主管人员是否能解决顾客的问题		
19	该企业的经理能否解决顾客的投诉问题		
20	您是否反复被告知车子需要追加服务项目		
21	该企业服务人员的反应速度如何（5代表很快）		
22	该企业让顾客的等待时间是否太长（5代表很短）		
23	该企业服务人员的专业知识和技能情况		
24	该企业服务人员的诚信情况		
25	该企业服务人员的服务态度		
26	该企业提醒定期保养方面做得如何		

续表

序号	问题内容	满意程度（您实际体会到该项服务是否满意）	重要程度（您认为该问题是否重要）
27	该企业记录并追踪回访维修结果方面做得如何		
28	您能够看到自己车子的维修状况吗（5代表能）		
29	该企业能按承诺时间修好车子吗		
30	该企业的员工语言恰当吗		
31	该企业的经理能了解顾客最关心的问题吗		
32	该企业估算发生的费用做得如何		
33	该企业能预先准确告知修好时间吗		
34	该企业能正确理解顾客需求（车子问题）吗		
35	该企业引导顾客到休息区休息做得如何		
36	该企业告知车子维修进展情况方面做得如何		
37	该企业解释服务进行的项目做得如何		
38	该企业维修结束通知方面做得如何		
39	该企业取车时说明费用及服务项目清单方面做得如何		
40	该企业发放专营店联系表格方面做得如何		
41	该企业的服务地点是否方便		
42	该企业的营业时间是否合理		
43	该企业的地址是否很容易找到		
44	该企业的服务热线设置的情况如何		
45	该企业的维修预约做得如何		
46	该企业的道路救援服务做得如何		
47	该企业提供备用交通方式做得如何		
48	该企业提供的服务项目丰富吗		
49	该企业的促销活动（附加服务）的开展形式如何		

续表

序号	问题内容	满意程度（您实际体会到该项服务是否满意）	重要程度（您认为该问题是否重要）
50	该企业的促销活动（附加服务）实惠吗		
51	该企业的工时费是否合理		
52	该企业的零件材料费是否合理		
53	考虑到您付出的时间和精力，您认为到该企业做维修或保养，是否做出了正确的决策		
54	与来厂之前的期望相比，您对该次服务的满意程度如何		
55	您对服务的总体满意程度如何		
56	您会多次选择同一维修企业吗		
57	您能承受该企业一定程度的价格上涨吗		
58	您会向朋友推荐该汽车维修企业吗		

附录Ⅴ 基于模糊综合评判的汽车维修企业顾客满意度模型计算程序

//以下为基于模糊综合评判的汽车维修企业顾客满意度模型计算程序（行业数据）
>> wx1 = [1]
wx2 = [1]
wy11 = [1]
wy21 = [0.212 0.203 0.182 0.198 0.205]
wy22 = [0.104 0.093 0.089 0.072 0.109 0.082 0.099 0.079 0.063 0.067 0.084 0.059]

>> wy23 = [0.338 0.662]
wy24 = [0.178 0.143 0.136 0.087 0.104 0.159 0.193]
wy25 = [0.030 0.033 0.059 0.071 0.115 0.026 0.054 0.047 0.027 0.065 0.018 0.090 0.044 0.082 0.039 0.023 0.051 0.076 0.019 0.015 0.017]

>> wy31 = [0.409 0.591]
wy32 = [1]
wy41 = [1]
wy42 = [1]
wy51 = [1]
wy52 = [1]
wy53 = [1]
wkexi = [0.583 0.417]
weta1 = [1]
weta2 = [0.148 0.237 0.193 0.221 0.201]
weta3 = [0.512 0.488]
wu = [0.202 0.144 0.351 0.303]
f = [95 82.5 67.5 52.5 22.5]

>> ra1 = [0.032 0.213 0.416 0.202 0.137]
rb1 = [0.123 0.404 0.312 0.121 0.040]
rc1 = [0.070 0.512 0.306 0.104 0.008]
rd1 = [0.102 0.411 0.309 0.103 0.075]
rd2 = [0.104 0.415 0.301 0.095 0.085]

>> rd3 = [0.112 0.439 0.276 0.098 0.075]
rd4 = [0.187 0.523 0.283 0.007 0]
rd5 = [0.103 0.421 0.312 0.111 0.053]
re1 = [0.121 0.303 0.346 0.213 0.017]

re2 = [0.082 0.413 0.312 0.109 0.084]

> > re3 = [0.102 0.414 0.334 0.106 0.044]
re4 = [0.412 0.423 0.121 0.032 0.012]
re5 = [0.101 0.213 0.521 0.124 0.041]
re6 = [0.121 0.302 0.521 0.041 0.015]
re7 = [0.124 0.308 0.415 0.150 0.003]

> > re8 = [0.231 0.601 0.124 0.041 0.003]
re9 = [0.346 0.521 0.102 0.017 0.014]
re10 = [0.192 0.307 0.387 0.102 0.012]
re11 = [0.324 0.351 0.224 0.087 0.014]
re12 = [0.214 0.432 0.209 0.116 0.029]

> > rf1 = [0.314 0.521 0.107 0.046 0.012]
rf2 = [0.134 0.276 0.317 0.208 0.065]
rg1 = [0.123 0.409 0.321 0.120 0.027]
rg2 = [0.287 0.334 0.301 0.069 0.009]
rg3 = [0.121 0.314 0.317 0.124 0.124]

> > rg4 = [0.512 0.314 0.123 0.034 0.017]
rg5 = [0.489 0.321 0.109 0.052 0.029]
rg6 = [0.214 0.314 0.313 0.108 0.051]
rg7 = [0.101 0.311 0.346 0.124 0.118]
rh1 = [0.102 0.409 0.314 0.128 0.047]

> > rh2 = [0.074 0.217 0.432 0.256 0.021]
rh3 = [0.107 0.214 0.403 0.189 0.087]
rh4 = [0.092 0.314 0.387 0.184 0.023]
rh5 = [0.214 0.323 0.347 0.089 0.027]
rh6 = [0.387 0.456 0.123 0.032 0.002]

> > rh7 = [0.094 0.138 0.423 0.279 0.066]
rh8 = [0.028 0.214 0.517 0.223 0.018]
rh9 = [0.402 0.514 0.078 0.006 0]
rh10 = [0.276 0.472 0.214 0.023 0.015]
rh11 = [0.379 0.107 0.008 0.020 0.486]

> > rh12 = [0.051 0.101 0.439 0.372 0.037]
rh13 = [0.214 0.601 0.172 0.009 0.004]

rh14 = [0.078 0.517 0.327 0.051 0.027]
rh15 = [0.178 0.623 0.101 0.087 0.011]
rh16 = [0.121 0.423 0.317 0.107 0.032]

>> rh17 = [0.214 0.317 0.278 0.116 0.075]
rh18 = [0.076 0.116 0.345 0.378 0.085]
rh19 = [0.028 0.217 0.417 0.214 0.124]
rh20 = [0.043 0.214 0.523 0.179 0.041]
rh21 = [0.066 0.239 0.517 0.108 0.070]

>> ri1 = [0.049 0.208 0.423 0.229 0.091]
ri2 = [0.007 0.102 0.423 0.457 0.011]
rj1 = [0.102 0.412 0.456 0.016 0.014]
rk1 = [0.017 0.314 0.478 0.176 0.015]
rl1 = [0.004 0.287 0.491 0.204 0.014]

>> rm1 = [0.102 0.321 0.309 0.221 0.047]
rn1 = [0.027 0.123 0.417 0.309 0.124]
ro1 = [0.124 0.317 0.314 0.124 0.121]

>> rx1 = ra1
rx2 = rb1
ry11 = rc1

>> ry21 = [rd1; rd2; rd3; rd4; rd5;]
ry22 = [re1; re2; re3; re4; re5; re6; re7; re8; re9; re10; re11; re12;]
ry23 = [rf1; rf2;]
ry24 = [rg1; rg2; rg3; rg4; rg5; rg6; rg7;]
>> ry25 = [rh1; rh2; rh3; rh4; rh5; rh6; rh7; rh8; rh9; rh10; rh11; rh12; rh13; rh14; rh15; rh16; rh17; rh18; rh19; rh20; rh21;]
ry31 = [ri1; ri2;]
ry32 = [rj1]

>> bx1 = wx1 * rx1
bx2 = wx2 * rx2
by11 = wy11 * ry11
by21 = wy21 * ry21
by22 = wy22 * ry22
by23 = wy23 * ry23
by24 = wy24 * ry24

by25 = wy25 * ry25
by31 = wy31 * ry31
by32 = wy32 * ry32

\>\> bkexi = [bx1; bx2;]
beta1 = [by11]
beta2 = [by21; by22; by23; by24; by25]
beta3 = [by31; by32;]

\>\> ckexi = wkexi * bkexi
ceta1 = weta1 * beta1
ceta2 = weta2 * beta2
ceta3 = weta3 * beta3

\>\> c = [ckexi; ceta1; ceta2; ceta3]

\>\> cu = [ckexi; ceta1; ceta2; ceta3]

\>\> m = wu * cu
\>\> z = m * f'
zkexi = ckexi * f'
zeta1 = ceta1 * f'
zeta2 = ceta2 * f'
zeta3 = ceta3 * f'
zx1 = bx1 * f'
zx2 = bx2 * f'
zy11 = by11 * f'
zy21 = by21 * f'
zy22 = by22 * f'
zy23 = by23 * f'
zy24 = by24 * f'
zy25 = by25 * f'
zy31 = by31 * f'
zy32 = by32 * f'

//以下为基于模糊综合评判的汽车维修企业顾客满意度模型计算程序（某企业数据）
\>\> wx1 = [1]
wx2 = [1]
wy11 = [1]
wy21 = [0.212 0.203 0.182 0.198 0.205]

wy22 = [0.104 0.093 0.089 0.072 0.109 0.082 0.099 0.079 0.063 0.067 0.084 0.059]

>> wy23 = [0.338 0.662]
wy24 = [0.178 0.143 0.136 0.087 0.104 0.159 0.193]
wy25 = [0.030 0.033 0.059 0.071 0.115 0.026 0.054 0.047 0.027 0.065 0.018 0.090 0.044 0.082 0.039 0.023 0.051 0.076 0.019 0.015 0.017]

>> wy31 = [0.409 0.591]
wy32 = [1]
wy41 = [1]
wy42 = [1]
wy51 = [1]
wy52 = [1]
wy53 = [1]
wkexi = [0.583 0.417]
weta1 = [1]
weta2 = [0.148 0.237 0.193 0.221 0.201]
weta3 = [0.512 0.488]
wu = [0.202 0.144 0.351 0.303]
f = [95 82.5 67.5 52.5 22.5]

>> ra1 = [0.214 0.315 0.342 0.101 0.028]
rb1 = [0.142 0.423 0.407 0.025 0.003]
rc1 = [0.074 0.487 0.319 0.120 0]
rd1 = [0.114 0.423 0.298 0.105 0.060]
rd2 = [0.143 0.439 0.314 0.067 0.037]

>> rd3 = [0.190 0.497 0.274 0.028 0.011]
rd4 = [0.199 0.541 0.192 0.078 0]
rd5 = [0.201 0.486 0.283 0.019 0.011]
re1 = [0.185 0.347 0.345 0.087 0.036]
re2 = [0.194 0.517 0.266 0.013 0.010]

>> re3 = [0.114 0.456 0.331 0.081 0.018]
re4 = [0.417 0.489 0.082 0.012 0.000]
re5 = [0.121 0.241 0.621 0.012 0.005]
re6 = [0.131 0.312 0.509 0.041 0.007]
re7 = [0.217 0.468 0.269 0.023 0.023]

>> re8 = [0.394 0.521 0.074 0.011 0.000]

re9 = [0.323 0.509 0.096 0.056 0.016]
re10 = [0.189 0.397 0.369 0.026 0.019]
re11 = [0.345 0.389 0.179 0.062 0.015]
re12 = [0.314 0.448 0.213 0.014 0.011]

\>\> rf1 = [0.417 0.501 0.071 0.011 0.000]
rf2 = [0.211 0.289 0.314 0.123 0.063]
rg1 = [0.101 0.307 0.323 0.219 0.050]
rg2 = [0.221 0.198 0.376 0.123 0.082]
rg3 = [0.093 0.287 0.329 0.189 0.102]

\>\> rg4 = [0.509 0.289 0.145 0.049 0.008]
rg5 = [0.389 0.290 0.136 0.111 0.074]
rg6 = [0.096 0.114 0.545 0.164 0.081]
rg7 = [0.054 0.204 0.421 0.219 0.102]
rh1 = [0.103 0.421 0.311 0.128 0.037]

\>\> rh2 = [0.074 0.211 0.409 0.227 0.079]
rh3 = [0.112 0.189 0.394 0.214 0.091]
rh4 = [0.088 0.301 0.376 0.197 0.038]
rh5 = [0.211 0.327 0.356 0.094 0.012]
rh6 = [0.394 0.466 0.119 0.012 0.009]

\>\> rh7 = [0.084 0.121 0.419 0.208 0.168]
rh8 = [0.026 0.216 0.519 0.224 0.015]
rh9 = [0.400 0.501 0.082 0.017 0.000]
rh10 = [0.269 0.469 0.217 0.027 0.018]
rh11 = [0.396 0.501 0.101 0.002 0.000]

\>\> rh12 = [0.049 0.089 0.529 0.317 0.016]
rh13 = [0.216 0.621 0.108 0.041 0.014]
rh14 = [0.121 0.201 0.472 0.119 0.087]
rh15 = [0.294 0.587 0.101 0.018 0.000]
rh16 = [0.123 0.425 0.319 0.099 0.034]

\>\> rh17 = [0.317 0.419 0.218 0.035 0.011]
rh18 = [0.074 0.115 0.347 0.381 0.083]
rh19 = [0.029 0.219 0.420 0.208 0.124]
rh20 = [0.051 0.218 0.528 0.154 0.049]
rh21 = [0.051 0.221 0.501 0.118 0.109]

\>\> ri1 = [0.021 0.114 0.408 0.379 0.078]
ri2 = [0.006 0.099 0.409 0.447 0.039]
rj1 = [0.111 0.419 0.447 0.014 0.009]
rk1 = [0.019 0.319 0.491 0.141 0.030]
rl1 = [0.005 0.289 0.501 0.198 0.007]

\>\> rm1 = [0.110 0.325 0.345 0.204 0.016]
rn1 = [0.028 0.125 0.423 0.297 0.127]
ro1 = [0.125 0.321 0.319 0.119 0.116]
\>\> rx1 = ra1
rx2 = rb1
ry11 = rc1

\>\> ry21 = [rd1; rd2; rd3; rd4; rd5;]
ry22 = [re1; re2; re3; re4; re5; re6; re7; re8; re9; re10; re11; re12;]
ry23 = [rf1; rf2;]
ry24 = [rg1; rg2; rg3; rg4; rg5; rg6; rg7;]

\>\> ry25 = [rh1; rh2; rh3; rh4; rh5; rh6; rh7; rh8; rh9; rh10; rh11; rh12; rh13; rh14; rh15; rh16; rh17; rh18; rh19; rh20; rh21;]
ry31 = [ri1; ri2;]
ry32 = [rj1]

\>\> bx1 = wx1 * rx1
bx2 = wx2 * rx2
by11 = wy11 * ry11
by21 = wy21 * ry21
by22 = wy22 * ry22
by23 = wy23 * ry23
by24 = wy24 * ry24
by25 = wy25 * ry25
by31 = wy31 * ry31
by32 = wy32 * ry32

\>\> bkexi = [bx1; bx2;]
beta1 = [by11]
beta2 = [by21; by22; by23; by24; by25]
beta3 = [by31; by32;]

```
>> ckexi = wkexi * bkexi
ceta1 = weta1 * beta1
ceta2 = weta2 * beta2
ceta3 = weta3 * beta3

>> c = [ckexi; ceta1; ceta2; ceta3]
>> cu = [ckexi; ceta1; ceta2; ceta3]

>> m = wu * cu
>> z = m * f'
zkexi = ckexi * f'
zeta1 = zeta1 * f'
zeta2 = zeta2 * f'
zeta3 = zeta3 * f'

zx1 = bx1 * f'
zx2 = bx2 * f'
zy11 = by11 * f'
zy21 = by21 * f'
zy22 = by22 * f'
zy23 = by23 * f'
zy24 = by24 * f'
zy25 = by25 * f'
zy31 = by31 * f'
zy32 = by32 * f'
```

附录Ⅵ 神经网络模型样本数据

序号	x_1	x_2	x_3	x_4	x_5	x_6	x_7	x_8	x_9	x_{10}	x_{11}	x_{12}	x_{13}	x_{14}
1	4.5	4.9	4.7	4.7	4.6	4.8	4.7	4.6	4.3	4.6	4.4	4.9	4	4.4
2	4.4	4.8	4.5	4.6	4.6	4.7	4.6	4.7	4.2	4.7	4.3	4.9	4.1	4.3
3	3.8	3.9	3.8	4.2	4.3	4.5	4.6	4.5	4	4	3.9	4.8	3.8	4
4	3.9	4.6	4.2	4.4	4.4	4.6	4.4	4.3	4.1	4.3	3.8	4.8	3.7	4.1
5	3.9	4.5	4.3	4.2	4.3	4.4	4.3	4.5	4	4.2	3.7	4.6	3.9	3.9
6	4	4.5	4.3	4.4	4.2	4.4	4.4	4.3	3.9	4.1	4.1	4.7	3.5	4
7	4.1	4.6	4.5	4.5	4.3	4.5	4.5	4.4	4.1	4.2	4.2	4.8	3.7	4.1
8	3.7	4.1	4	4.1	4	4.3	4.2	4.3	3.8	4	3.8	4.7	3.4	3.8
9	3.6	3.8	4	4	3.9	4.2	4	4.2	3.6	3.6	3.7	4.5	3.3	3.6
10	3.5	3.7	4	4	3.7	4.1	4.1	4.1	3.4	3.5	3.5	4.5	3.2	3.4
11	3.6	3.6	4	4	3.6	4	4	4	3.3	3.3	3.4	4.4	3.2	3.3
12	4	4.1	4	4.2	4	4.4	4.3	4.6	4.1	4	4	4.7	3.6	3.9
13	3.9	3.9	4	4	4.1	4	4.1	4.2	3.7	3.6	3.9	4.6	3.7	3.8
14	4.1	4.2	4	4.3	4.2	4.3	4.4	4.5	4.1	3.9	4.1	4.8	3.6	4
15	4.2	4.3	4.1	4.4	4.4	4.6	4.5	4.5	4.2	4.2	4.2	4.8	3.8	4
16	3.7	3.8	4	4.1	4	4.2	4.1	4.1	3.7	3.9	3.8	4.5	3.5	3.7
17	3.7	3.7	3.9	4	3.9	4	4	4	3.5	3.5	3.6	4.5	3.7	3.6
18	4	4	4	4.1	4.1	4.2	4.2	4.3	3.9	3.8	3.6	4.6	3.6	3.7
19	3.8	3.9	4	4.1	4.1	4	4	4.2	3.8	3.4	3.5	4.6	3.4	3.5
20	3.8	3.9	4.1	4.1	4	4.3	4	4.2	3.7	3.6	3.3	4.5	3.4	3.6

序号	x_{15}	x_{16}	x_{17}	x_{18}	x_{19}	x_{20}	x_{21}	x_{22}	x_{23}	x_{24}	x_{25}	x_{26}	x_{27}	x_{28}
1	4.8	4.8	4.8	4.4	4.5	4.4	4.5	3.9	4.2	4.3	4.5	4.8	4.5	3.7
2	4.6	4.8	4.7	4.3	4.4	4.5	4.3	4.1	4.1	4.3	4.4	4.7	4.3	3.8
3	4.3	4.7	4.6	3.9	4.3	4.3	3.7	3.8	3.7	4.1	4.3	4.7	4.1	3.5

续表

序号	x_{15}	x_{16}	x_{17}	x_{18}	x_{19}	x_{20}	x_{21}	x_{22}	x_{23}	x_{24}	x_{25}	x_{26}	x_{27}	x_{28}
4	4.5	4.8	4.7	4	4.2	4.2	3.8	3.5	3.8	4.2	4.4	4.6	4.2	3.6
5	4.2	4.7	4.5	4.2	4.1	4.1	3.3	3.7	3.6	4	4.3	4.6	4.3	3.4
6	4.3	4.6	4.5	4.1	4.2	4	3.9	3.6	3.8	3.9	4.2	4.5	4.2	3.3
7	4.5	4.7	4.6	4	4.3	3.8	4	3.7	3.9	4	4.4	4.6	4.1	3.5
8	4.2	4.5	4.4	3.8	3.9	3.9	3.6	3.6	3.2	3.8	4.1	4.4	3.9	3.1
9	4.1	4.5	4.4	3.7	3.7	3.7	3.4	3.5	3.6	3.7	3.9	4.5	3.8	2.9
10	4.1	4.4	4.5	3.4	3.8	3.6	3.4	3.4	3.5	3.7	3.8	4.3	3.5	3.2
11	4.2	4.5	4.5	3.3	3.9	3.5	3.7	3.2	3.7	3.8	3.8	4.3	3.6	2.9
12	4.5	4.6	4.6	4	4.2	3.9	4	3.9	3.9	4.1	4.1	4.5	3.9	3.3
13	4.3	4.7	4.5	3.2	4	3.7	3.7	3.3	3.1	3.7	4	4.6	4	3.1
14	4.3	4.7	4.7	3.7	4.1	4	3.7	3.5	3.5	4	4.3	4.7	3.7	3.5
15	4.2	4.8	4.7	3.9	4.2	3.9	3.9	3.7	3.6	4.1	4.4	4.6	3.8	3.6
16	4.1	4.6	4.6	3.1	4	3.5	3.4	3.2	3.1	3.7	3.9	4.5	3.5	3.2
17	4	4.4	4.4	2.9	3.9	3.4	3.2	2.9	3.2	3.8	3.8	4.4	3.4	3.1
18	4.4	4.7	4.3	3.2	3.7	3.7	3.3	2.9	3.6	3.9	4	4.6	3.5	3.5
19	4.2	4.5	4.5	3	3.6	3.7	3.2	3	3.1	3.8	3.8	4.3	3.3	3.2
20	4.3	4.5	4.6	3.5	3.5	3.8	3.1	3.1	3.2	3.7	3.9	4.3	3.6	3.3

序号	x_{29}	x_{30}	x_{31}	x_{32}	x_{33}	x_{34}	x_{35}	x_{36}	x_{37}	x_{38}	x_{39}	x_{40}	x_{41}	x_{42}
1	4.1	4.2	3.9	4.2	4.3	4.6	4.7	4.5	4.3	4.8	4.6	4.7	4.1	4.3
2	3.9	4.3	3.7	3.8	4.2	4.5	4.6	4.5	4.5	4.7	4.4	4.6	4.1	4.4
3	3.7	4.1	3.8	3.6	3.8	4.3	4.5	4.2	4.5	4.6	4.3	4.5	4.2	4.3
4	3.8	3.9	3.8	3.8	3.7	4.4	4.6	4.3	4.3	4.6	4.2	4.3	4.1	4.2
5	3.5	3.7	3.4	3.7	3.5	4.3	4.3	4.5	4.3	4.7	4.3	4.2	4.4	4.5
6	3.4	3.4	3.3	3.6	3.5	4.3	4.4	4.4	4.4	4.7	4.4	4.6	4.3	4.5
7	3.5	3.8	3.4	3.9	3.6	4.5	4.2	4.5	4.5	4.6	4.5	4.6	4.2	4.3
8	3.2	3.4	3.1	3.4	3.4	4.2	4.3	4	4.1	4.5	4.3	4.7	4.3	4.2

续表

序号	x_{29}	x_{30}	x_{31}	x_{32}	x_{33}	x_{34}	x_{35}	x_{36}	x_{37}	x_{38}	x_{39}	x_{40}	x_{41}	x_{42}
9	3.1	3.3	3.2	3.2	3.3	4.1	4.1	4.1	3.9	4.4	4.2	4.3	4.3	4.1
10	3	3.2	3.3	3.3	3.6	4.1	4	3.8	3.8	4.5	4.1	4.4	4.2	4.3
11	2.9	3.3	3.4	3.4	3.5	3.9	4	3.5	3.7	4.5	4	4.3	3.5	4.1
12	3.2	3.9	3.4	3.6	3.9	4.2	4.3	4.2	3.7	4.6	4.5	4.7	4.2	4.3
13	3.1	3.4	3.5	3.5	3.5	4	4.2	4.1	3.6	4.7	4.1	4.6	4.3	4.3
14	3.4	4.1	3.4	3.9	3.7	4.3	4.5	4.3	4.2	4.8	4.2	4.6	4.2	4.4
15	3.5	4.2	3.6	4	3.8	4.4	4.5	4.4	4.3	4.8	4.6	4.3	4.6	4.5
16	3.1	3.6	3.4	3.8	3.4	4	4.1	3.9	4	4.5	4.1	4.2	4.1	4.2
17	2.9	3.1	3.4	3.2	3.2	3.9	4	3.8	3.9	4.3	4	4.1	3.8	4.4
18	3	3.3	3.6	3.4	3.3	3.8	4	3.6	3.8	4.4	4.1	4.3	4.1	4.3
19	2.8	3.1	3.1	3.3	3.4	3.9	3.9	3.5	3.9	4.3	3.9	4.3	4.1	4.2
20	3.1	3.4	3.2	3.2	3.3	4	3.9	3.4	3.7	4.5	3.9	4.3	4.2	4.3

序号	x_{43}	x_{44}	x_{45}	x_{46}	x_{47}	x_{48}	x_{49}	x_{50}	x_{51}	x_{52}	y_1	y_2	y_3
1	4.1	4.9	4.7	4.8	4.8	4.1	4.5	3.4	3.3	3.3	4.4	4	4.45
2	4	4.9	4.5	4.7	4.7	4.2	4.5	3.5	3.5	3.5	4.6	4.9	4.9
3	4.2	4.7	4.4	4.3	4.4	3.8	4.1	3.6	3.4	3.6	4.3	4	4.1
4	4.3	4.8	4.3	4.2	4.5	3.9	4.2	3.5	3.2	3.3	4.2	3	3.85
5	4.7	4.8	4.3	4.2	4.3	3.5	3.6	3.4	3.5	3.5	4	3	3.85
6	4.2	4.7	4.2	4.1	3.8	3.4	3.3	3.5	3.8	3.6	3.8	3	3.3
7	4.6	4.7	4.3	4.2	3.9	3.6	3.5	3.2	3.9	3.5	4	3	3.55
8	4.3	4.5	4.1	3.9	3.5	3.3	3.2	3.6	3.5	3.7	3.9	3	3.3
9	4.5	4.5	3.8	3.8	3.3	3.2	3.1	3.8	3.6	3.8	3.8	3	3.3
10	4.2	4.4	4	3.8	3.2	3.5	3.4	3.7	3.7	3.8	3.8	3	2.95
11	4.2	4.4	3.8	3.7	3.4	3.4	3.3	3.9	3.9	3.8	2.9	2	2.9
12	4.6	4.6	4.3	4.2	3.3	3.6	3.5	3.5	3.8	3.7	4	4	4.1
13	4.4	4.5	4.1	4	3.2	3.2	3.2	3.9	4	4	2.9	2	3.35

续表

序号	x_{43}	x_{44}	x_{45}	x_{46}	x_{47}	x_{48}	x_{49}	x_{50}	x_{51}	x_{52}	y_1	y_2	y_3
14	4.2	4.8	4.5	4.4	3.8	3.7	3.7	3.6	3.8	3.5	3.6	3	3.9
15	4.4	4.8	4.3	4.6	4	3.8	3.7	3.4	3.9	3.5	4.1	4	4.2
16	3.9	4.5	4.2	4.1	3.7	3.5	3.5	4	3.8	3.7	3.8	2	3.1
17	4.3	4.3	4.1	3.9	3.4	3.1	3.1	3.9	3.7	3.9	3.7	2	2.95
18	4.2	4.6	4.1	4	3.5	3.6	3.5	3.7	3.2	3.7	3.6	2	3.25
19	4.3	4.6	4.1	4	3.3	3.1	3	3.7	3.4	4.1	3.4	2	3.1
20	4.2	4.7	4.3	4.1	3.2	3	2.9	3.6	3.1	3.7	3.5	2	3.3

附录Ⅶ 神经网络模型部分计算程序语言

x = [4.5 4.9 4.7 4.7 4.6 4.8 4.7 4.6 4.3 4.6 4.4 4.9 4   4.4 4.8 4.8 4.8 4.4 4.5
4.4 4.5 3.9 4.2 4.3 4.5 4.8 4.5 3.7 4.1 4.2 3.9 4.2 4.3 4.6 4.7 4.5 4.3 4.8
4.6 4.7 4.1 4.3 4.1 4.9 4.7 4.8 4.8 4.1 4.5 3.4 3.3 3.3
4.4 4.8 4.5 4.6 4.6 4.7 4.6 4.7 4.2 4.7 4.3 4.9 4.1 4.3 4.6 4.8 4.7 4.3 4.4 4.5
4.3 4.1 4.1 4.3 4.4 4.7 4.3 3.8 3.9 4.3 3.7 3.8 4.2 4.5 4.6 4.5 4.5 4.7 4.4
4.6 4.1 4.4   4.9 4.5 4.7 4.7 4.2 4.5 3.5 3.5 3.5
3.8 3.9 3.8 4.2 4.3 4.5 4.6 4.5 4   4   3.9 4.8 3.8 4   4.3 4.7 4.6 3.9 4.3 4.3
3.7 3.8 3.7 4.1 4.3 4.7 4.1 3.5 3.7 4.1 3.8 3.6 3.8 4.3 4.5 4.2 4.5 4.6 4.3
4.5 4.2 4.3 4.2 4.7 4.4 4.3 4.4 3.8 4.1 3.6 3.4 3.6
3.9 4.6 4.2 4.4 4.4 4.6 4.4 4.1 4.3 3.8 4.8 3.7 4.1 4.5 4.8 4.7 4   4.2 4.2
3.8 3.5 3.8 4.2 4.4 4.6 4.2 3.6 3.8 3.9 3.8 3.8 3.7 4.4 4.6 4.3 4.3 4.6 4.2
4.3 4.1 4.2 4.4 4.8 4.3 4.2 4.5 3.9 4.2 3.5 3.2 3.3
3.9 4.5 4.3 4.2 4.3 4.4 4.3 4.5 4   4.2 3.7 4.6 3.9 3.9 4.2 4.7 4.5 4.2 4.1 4.1
3.3 3.7 3.6   4.3 4.6 4.3 3.4 3.5 3.7 3.4 3.7 3.5 4.3 4.3 4.5 4.3 4.7 4.3
4.2 4.4 4.5 4.7 4.8 4.3 4.2 4.3 3.5 3.6 3.4 3.5 3.5
4   4.5 4.3 4.4 4.2 4.4 4.4 4.3 3.9 4.1 4.1 4.7 3.5 4   4.3 4.6 4.5 4.1 4.2 4
3.9 3.6 3.8 3.9 4.2 4.5 4.2 4.3 3.3 3.6 3.5 4.3 4.4 4.4 4.4 4.7 4.4
4.6 4.3 4.5 4.2 4.7 4.2 4.1 3.8 3.4 3.3 3.5 3.8 3.6
4.1 4.6 4.5 4.5 4.3 4.5 4.5 4.4 4.1 4.2 4.2 4.8 3.7 4.1 4.5 4.7 4.6 4   4.3 3.8
4   3.7 3.9 4   4.4 4.6 4.1 3.5 3.5 3.4 3.9 3.6 4.5 4.2 4.5 4.5 4.6 4.5
4.6 4.2 4.3 4.6 4.7 4.3 4.2 3.9 3.6 3.5 3.2 3.9 3.5
3.7 4.1 4   4.1 4   4.3 4.2 4.3 3.8 4   3.8 4.7 3.4 3.8 4.2 4.5 4.4 3.8 3.9 3.9
3.6 3.6 3.2 3.8 4.1 4.4 3.9 3.1 3.2 3.4 3.1 3.4 3.4 4.2 4.3 4   4.1 4.5 4.3
4.7 4.3 4.2 4.3 4.5 4.1 3.9 3.5 3.3 3.2 3.6 3.5 3.7
3.6 3.8 4   4   3.9 4.2 4   4.2 3.6 3.8 3.7 4.5 3.3 3.6 4.1 4.5 4.4 3.7 3.7 3.7
3.4 3.5 3.6 3.7 3.9 4.5 3.8 2.9 3.1 3.3 3.2 3.2 3.3 4.1 4.1 4.1 3.9 4.4 4.2
4.3 4.3 4.1 4.5 4.5 3.8 3.8 3.3 3.2 3.1 3.8 3.6 3.8
3.5 3.7 4   4   3.7 4.1 4.1 4.1 3.4 3.5 3.2 4.4 4.1 4.4 4.5 3.4 3.8 3.6
3.4 3.4 3.5 3.7 3.8 4.3 3.5 3.2 3   3.2 3.3 3.3 3.6 4.1 4   3.8 3.8 4.5 4.1
4.4 4.2 4.3 4.2 4.4 4   3.8 3.2 3.5 3.4 3.7 3.7 3.8
3.6 3.6 4   4   3.6 4   4   3.3 3.3 3.4 4.4 3.2 3.3 4.2 4.5 4.5 3.3 3.9 3.5
3.7 3.2 3.7 3.8 3.8 4.3 3.6 2.9 2.9 3.3 3.4 3.4 3.5 3.9 4   3.5 3.7 4.5 4
4.3 3.5 4.1 4.4 3.8 3.7 3.4 3.3 3.9 3.9 3.8
4   4.1 4   4.2 4   4.4 4.3 4.6 4.1 4   4.7 3.6 3.9 4.5 4.6 4.6 4   4.2 3.9
4   3.9 3.9 4.1 4.1 4.5 3.9 3.3 3.2 3.9 3.4 3.6 3.9 4.2 4.3 4.2 3.7 4.6 4.5
4.7 4.2 4.3 4.6 4.6 4.3 4.2 3.3 3.6 3.5 3.5 3.8 3.7

3.9 3.9 4   4   4.1 4   4.1 4.2 3.7 3.6 3.9 4.6 3.7 3.8 4.3 4.7 4.5 3.2 4   3.7
    3.7 3.3 3.1 3.7 4   4.6 4   3.1 3.1 3.4 3.5 3.5 3.5 4   4.2 4.1 3.6 4.7 4.1
    4.6 4.3 4.3 4.4 4.5 4.1 4   3.2 3.2 3.2 3.9 4   4
4.1 4.2 4   4.3 4.2 4.3 4.4 4.5 4.1 3.9 4.1 4.8 3.6 4   4.3 4.7 4.7 3.7 4.1 4
    3.7 3.5 3.5 4   4.3 4.7 3.7 3.5 3.4 4.1 3.4 3.9 3.7 4.3 4.5 4.3 4.2 4.8 4.2
    4.6 4.2 4.4 4.2 4.8 4.5 4.4 3.8 3.7 3.7 3.6 3.8 3.5
4.2 4.3 4.1 4.4 4.4 4.6 4.5 5.4 4.2 4.2 4.2 4.8 3.8 4   4.2 4.8 4.7 3.9 4.2 3.9
    3.9 3.7 3.6 4.1 4.4 4.6 3.8 3.6 3.5 4.2 3.6 4   3.8 4.4 4.5 4.4 4.3 4.8 4.6
    4.3 4.6 4.5 4.4 4.8 4.3 4.6 4   3.8 3.7 3.4 3.9 3.5
3.7 3.8 4   4.1 4   4.2 4.1 4.1 3.7 3.9 3.8 4.5 3.5 3.7 4.1 4.6 4.6 3.1 4   3.5
    3.4 3.2 3.1 3.7 3.9 4.5 3.5 3.2 3.1 3.6 3.4 3.8 3.4 4   4.1 3.9 4   4.5 4.1
    4.2 4.1 4.2 3.9 4.5 4.2 4.1 3.7 3.5 3.5 4   3.8 3.7
3.7 3.7 3.9 4   3.9 4   4   3.5 3.5 3.6 4.5 3.7 3.6 4   4.4 4.2 2.9 3.9 3.4
    3.2 2.9 3.2 3.8 3.8 4.4 3.4 3.1 2.9 3.1 3.4 3.2 3.2 3.9 4   3.8 3.9 4.3 4
    4.1 3.8 4.4 4.3 4.3 4.1 3.9 3.4 3.1 3.1 3.9 3.7 3.9
4   4   4   4.1 4.1 4.2 4.2 4.3 3.9 3.8 3.6 4.6 3.6 3.7 4.4 4.7 4.3 3.2 3.7 3.7
    3.3 2.9 3.6 3.9 4   4.6 3.5 3.5 3   3.3 3.3 3.4 3.3 3.8 4   3.6 3.8 4.4 4.1
    4.3 4.1 4.3 4.2 4.6 4.1 4   3.5 3.6 3.5 3.7 3.2 3.7
3.8 3.9 4   4.1 4.1 4   4.2 3.8 3.4 3.5 4.6 3.4 3.5 4.2 4.5 4.5 3   3.6 3.7
    3.2 3   3.1 3.8 3.8 4.3 3.3 3.2 2.8 3.1 3.1 3.3 3.4 3.9 3.9 3.5 3.9 4.3 3.9
    4.3 4.1 4.2 4.3 4.6 4.1 4   3.3 3.1 3   3.7 3.4 4.1
3.8 3.9 4.1 4.1 4   4.3 4   4.2 3.7 3.6 3.3 4.5 3.4 3.6 4.3 4.5 4.6 3.5 3.5 3.8
    3.1 3.1 3.2 3.7 3.9 4.3 3.6 3.3 3.1 3.4 3.2 3.2 3.3 4   3.9 3.4 3.7 4.5 3.9
    4.3 4.2 4.3 4.2 4.7 4.3 4.1 3.2 3   2.9 3.6 3.1 3.7
]'
y = [4.4 4   4.45
4.6 4.9 4.9
4.3 4   4.1
4.2 3   3.85
4   3   3.85
3.8 3   3.3
4   3   3.55
3.9 3   3.3
3.8 3   3.3
3.8 3   2.95
2.9 2   2.9
4   4   4.1
2.9 2   3.35
3.6 3   3.9
4.1 4   4.2

```
3.8  2   3.1
3.7  2   2.95
3.6  2   3.25
3.4  2   3.1
3.5  2   3.3
]';
X = x;
Y = y;
P_train = [X(:,1) X(:,2) X(:,3) X(:,4) X(:,6) X(:,7) X(:,8) X(:,9) X(:,11) X(:,12) X(:,13) X(:,14) X(:,16) X(:,17) X(:,18) X(:,19)];
P_test = [X(:,5) X(:,10) X(:,15) X(:,20)];
T_train = [Y(:,1) Y(:,2) Y(:,3) Y(:,4) Y(:,6) Y(:,7) Y(:,8) Y(:,9) Y(:,11) Y(:,12) Y(:,13) Y(:,14) Y(:,16) Y(:,17) Y(:,18) Y(:,19)];
T_test = [Y(:,5) Y(:,10) Y(:,15) Y(:,20)];
net = newff(minmax(P_train),[8,3],{'tansig','logsig'});//此处的中间神经元个数分别取8,18,28,38,48,58个
net.trainParam.epochs = 500;
net.trainParam.goal = 0.001;
net = init(net);
net = train(net,P_train,T_train);
>> for i = 1:52
X(i,:) = (x(i,:) - min(x(i,:)))/(max(x(i,:)) - min(x(i,:)));
end
>> for i = 1:3
Y(i,:) = (y(i,:) - min(y(i,:)))/(max(y(i,:)) - min(y(i,:)));
end
>> P_train = [X(:,1) X(:,2) X(:,3) X(:,4) X(:,6) X(:,7) X(:,8) X(:,9) X(:,11) X(:,12) X(:,13) X(:,14) X(:,16) X(:,17) X(:,18) X(:,19)];
P_test = [X(:,5) X(:,10) X(:,15) X(:,20)];
T_train = [Y(:,1) Y(:,2) Y(:,3) Y(:,4) Y(:,6) Y(:,7) Y(:,8) Y(:,9) Y(:,11) Y(:,12) Y(:,13) Y(:,14) Y(:,16) Y(:,17) Y(:,18) Y(:,19)];
T_test = [Y(:,5) Y(:,10) Y(:,15) Y(:,20)];
>> P_test
P_test =
    0.4000         0    0.7000    0.3000
    0.6923    0.0769    0.5385    0.2308
    0.5556    0.2222    0.3333    0.3333
    0.2857         0    0.5714    0.1429
    0.7000    0.1000    0.8000    0.4000
    0.5000    0.1250    0.7500    0.3750
```

0.4286	0.1429	0.7143	0
0.7143	0.1429	0.7143	0.2857
0.7000	0.1000	0.9000	0.4000
0.6429	0.1429	0.6429	0.2143
0.3636	0.1818	0.8182	0
0.4000	0.2000	0.8000	0.2000
0.7778	0	0.6667	0.2222
0.5455	0.0909	0.6364	0.2727
0.2500	0.1250	0.2500	0.3750
0.7500	0	1.0000	0.2500
0.4000	0.4000	0.8000	0.6000
0.8667	0.3333	0.6667	0.4000
0.6000	0.3000	0.7000	0
0.6364	0.1818	0.4545	0.3636
0.1429	0.2143	0.5714	0
0.6667	0.4167	0.6667	0.1667
0.4545	0.3636	0.4545	0.0909
0.5000	0	0.6667	0
0.7143	0	0.8571	0.1429
0.6000	0	0.6000	0
0.8333	0.1667	0.4167	0.2500
0.5556	0.3333	0.7778	0.4444
0.5385	0.1538	0.5385	0.2308
0.5000	0.0833	0.9167	0.2500
0.3750	0.2500	0.6250	0.1250
0.5000	0.1000	0.8000	0
0.2727	0.3636	0.5455	0.0909
0.6250	0.3750	0.7500	0.2500
0.5000	0.1250	0.7500	0
1.0000	0.3636	0.9091	0
0.7778	0.2222	0.7778	0.1111
0.8000	0.4000	1.0000	0.4000
0.5714	0.2857	1.0000	0
0.1667	0.5000	0.3333	0.3333
0.8182	0.6364	1.0000	0.6364
1.0000	0.5000	1.0000	0.5000
1.0000	0.3750	0.6250	0.3750
0.8333	0.1667	0.8333	0.6667
0.5556	0.2222	0.5556	0.5556
0.4545	0.0909	0.8182	0.3636

0.6875	0	0.5000	0	
0.4167	0.4167	0.6667	0	
0.4375	0.3125	0.5000	0	
0.2500	0.6250	0.2500	0.5000	
0.4444	0.6667	0.8889	0	
0.2500	0.6250	0.2500	0.5000	

```
>> net = newff(minmax(P_train),[28,3],{'tansig','logsig'});
net.trainParam.epochs = 500;
net.trainParam.goal = 0.001;
net = init(net);
net = train(net,P_train,T_train);
TRAINLM,Epoch 0/500,MSE 0.370861/0.001,Gradient 3.01435/1e-010
TRAINLM,Epoch 25/500,MSE 0.0283454/0.001,Gradient 0.567562/1e-010
TRAINLM,Epoch 34/500,MSE 0.000332613/0.001,Gradient 0.128707/1e-010
TRAINLM,Performance goal met.
>> figure
>> net = newff(minmax(P_train),[18,3],{'tansig','logsig'});
>> net.trainParam.epochs = 500;
net.trainParam.goal = 0.001;
net = init(net);
net = train(net,P_train,T_train);
TRAINLM,Epoch 0/500,MSE 0.167569/0.001,Gradient 1.99175/1e-010
TRAINLM,Epoch 7/500,MSE 0.000515491/0.001,Gradient 0.834593/1e-010
TRAINLM,Performance goal met.
>> R = sim(net,P_test);
>> R
R =
    0.6720    0.3683    0.5214    0.4002
    0.3818    0.0230    0.3103    0.0076
    0.3103    0.2124    0.3565    0.2511
>> T_test
T_test =
    0.6471    0.5294    0.7059    0.3529
    0.3333    0.3333    0.6667    0
    0.5227    0.1136    0.6818    0.2727
>> net = newelm(minmax(P_train),[18,3],{'tansig','purelin'});
>> net.trainParam.epochs = 1000;
net = init(net);
net.trainParam.goal = 0.001;
net = train(net,P_train,T_train)
```

TRAINGDX, Epoch 0/1000, MSE 1.38765/0.001, Gradient 6.2795/1e-006
TRAINGDX, Epoch 25/1000, MSE 0.162219/0.001, Gradient 0.699029/1e-006
TRAINGDX, Epoch 50/1000, MSE 0.0715382/0.001, Gradient 0.24104/1e-006
TRAINGDX, Epoch 75/1000, MSE 0.025038/0.001, Gradient 0.0667726/1e-006
TRAINGDX, Epoch 100/1000, MSE 0.00618614/0.001, Gradient 0.021559/1e-006
TRAINGDX, Epoch 125/1000, MSE 0.00218349/0.001, Gradient 0.0508138/1e-006
TRAINGDX, Epoch 150/1000, MSE 0.00199771/0.001, Gradient 0.0192495/1e-006
TRAINGDX, Epoch 175/1000, MSE 0.00167851/0.001, Gradient 0.00882917/1e-006
TRAINGDX, Epoch 200/1000, MSE 0.000966987/0.001, Gradient 0.00624977/1e-006
TRAINGDX, Performance goal met.

net =

 Neural Network object:

 architecture:

  numInputs: 1
  numLayers: 2
  biasConnect: [1; 1]
  inputConnect: [1; 0]
  layerConnect: [1 0; 1 0]
  outputConnect: [0 1]
  targetConnect: [0 1]
  numOutputs: 1 (read-only)
  numTargets: 1 (read-only)
  numInputDelays: 0 (read-only)
  numLayerDelays: 1 (read-only)

 subobject structures:

  inputs: {1x1 cell} of inputs
  layers: {2x1 cell} of layers
  outputs: {1x2 cell} containing 1 output
  targets: {1x2 cell} containing 1 target
  biases: {2x1 cell} containing 2 biases
  inputWeights: {2x1 cell} containing 1 input weight
  layerWeights: {2x2 cell} containing 2 layer weights

 functions:

  adaptFcn: 'tansig'
  initFcn: 'initlay'
  performFcn: 'mse'
  trainFcn: 'traingdx'

 parameters:

  adaptParam: .passes
  initParam: (none)

         performParam:(none)
             trainParam:.epochs,.goal,.lr,.lr_dec,
                     .lr_inc,.max_fail,.max_perf_inc,.mc,
                     .min_grad,.show,.time
    weight and bias values:
                 IW:{2x1 cell} containing 1 input weight matrix
                 LW:{2x2 cell} containing 2 layer weight matrices
                  b:{2x1 cell} containing 2 bias vectors
    other:
             userdata:(user stuff)
\>\> R = sim(net,P_test)
R =
    0.4914   0.2832   1.0930   -0.2342
    0.1958   -0.3710   0.0499   0.0131
    0.6100   0.3178   0.5090   0.1600
\>\> T_test
T_test =
    0.6471   0.5294   0.7059   0.3529
    0.3333   0.3333   0.6667   0
    0.5227   0.1136   0.6818   0.2727
\>\> S = sim(net,P_train)
S =
  Columns 1 through 9
    0.8431   0.9877   0.8561   0.7916   0.5322   0.6714   0.5791   0.4681   0.0203
    0.6745   0.9655   0.6140   0.3794   0.2719   0.3570   0.3988   0.2750   0.0061
    0.8097   1.0089   0.5820   0.5553   0.2642   0.3708   0.3135   0.2202   0.0896
  Columns 10 through 16
    0.6398   0.0408   0.4264   0.5054   0.4516   0.3730   0.3414
    0.6628   0.0396   0.3305   -0.0068   0.0082   -0.0056   -0.0006
    0.6537   0.3373   0.5096   0.1894   0.1099   0.2422   0.1961
\>\> T_train
T_train =
  Columns 1 through 9
    0.8824   1.0000   0.8235   0.7647   0.5294   0.6471   0.5882   0.5294   0
    0.6667   0.9667   0.6667   0.3333   0.3333   0.3333   0.3333   0.3333   0

0.7955	1.0000	0.6364	0.5227	0.2727	0.3864	0.2727	0.2727
0.0909							

Columns 10 through 16

0.6471	0	0.4118	0.5294	0.4706	0.4118	0.2941
0.6667	0	0.3333	0	0	0	0
0.6364	0.2955	0.5455	0.1818	0.1136	0.2500	0.1818

```
>> for i = 1:9
X(i,:) = (x(i,:) - min(x(i,:)))/(max(x(i,:)) - min(x(i,:)));
end
>> for i = 1:3
Y(i,:) = (y(i,:) - min(y(i,:)))/(max(y(i,:)) - min(y(i,:)));
end
>> P_train = [X(:,1) X(:,2) X(:,3) X(:,4) X(:,6) X(:,7) X(:,8) X(:,9) X(:,11) X
(:,12) X(:,13) X(:,14) X(:,16) X(:,17) X(:,18) X(:,19)];
>> figure
>> P_test = [X(:,5) X(:,10) X(:,15) X(:,20)];
T_train = [Y(:,1) Y(:,2) Y(:,3) Y(:,4) Y(:,6) Y(:,7) Y(:,8) Y(:,9) Y(:,11) Y(:,
12) Y(:,13) Y(:,14) Y(:,16) Y(:,17) Y(:,18) Y(:,19)];
T_test = [Y(:,5) Y(:,10) Y(:,15) Y(:,20)];
net = newff(minmax(P_train),[28,3],{'tansig','logsig'});
net.trainParam.epochs = 500;
net.trainParam.goal = 0.001;
net = init(net);
net = train(net,P_train,T_train);
TRAINLM, Epoch 0/500, MSE 0.214986/0.001, Gradient 3.63585/1e-010
TRAINLM, Epoch 22/500, MSE 0.000650386/0.001, Gradient 0.450948/1e-010
TRAINLM, Performance goal met.
>> R = sim(net,P_test)
R =
    0.6209    0.3358    0.9214    0.8230
    0.2985    0.4299    0.8841    0.0040
    0.5086    0.0832    0.8385    0.5657
>> T_test
T_test =
    0.6471    0.5294    0.7059    0.3529
    0.3448    0.3448    0.6897    0
    0.4750    0.0250    0.6500    0.2000
```

//以 下 为 ELMAN 程序语言

net = newelm(minmax(P_train),[8,3],{'tansig','purelin'});//此处的中间神经元个数分别取 8,18,28,

38,48,58,68,78,88,98,108,118,128,138,148,158,168,178 个

net.trainParam.epochs = 1000;

net = init(net);

net.trainParam.goal = 0.001;

net = train(net,P_train,T_train)

TRAINGDX,Epoch 0/1000,MSE 2.28075/0.001,Gradient 5.88568/1e-006
TRAINGDX,Epoch 25/1000,MSE 0.291763/0.001,Gradient 0.845733/1e-006
TRAINGDX,Epoch 50/1000,MSE 0.0999294/0.001,Gradient 0.316472/1e-006
TRAINGDX,Epoch 75/1000,MSE 0.0329541/0.001,Gradient 0.0694985/1e-006
TRAINGDX,Epoch 100/1000,MSE 0.0131344/0.001,Gradient 0.0231552/1e-006
TRAINGDX,Epoch 125/1000,MSE 0.00739276/0.001,Gradient 0.103169/1e-006
TRAINGDX,Epoch 150/1000,MSE 0.00693134/0.001,Gradient 0.0352048/1e-006
TRAINGDX,Epoch 175/1000,MSE 0.00655596/0.001,Gradient 0.011928/1e-006
TRAINGDX,Epoch 200/1000,MSE 0.00565837/0.001,Gradient 0.00866528/1e-006
TRAINGDX,Epoch 225/1000,MSE 0.00424522/0.001,Gradient 0.0769628/1e-006
TRAINGDX,Epoch 250/1000,MSE 0.00408523/0.001,Gradient 0.0454059/1e-006
TRAINGDX,Epoch 275/1000,MSE 0.00392502/0.001,Gradient 0.00958217/1e-006
TRAINGDX,Epoch 300/1000,MSE 0.00364881/0.001,Gradient 0.00586083/1e-006
TRAINGDX,Epoch 325/1000,MSE 0.00293533/0.001,Gradient 0.0103616/1e-006
TRAINGDX,Epoch 350/1000,MSE 0.00283524/0.001,Gradient 0.00427044/1e-006
TRAINGDX,Epoch 375/1000,MSE 0.00280031/0.001,Gradient 0.0140294/1e-006
TRAINGDX,Epoch 400/1000,MSE 0.00270437/0.001,Gradient 0.0048665/1e-006
TRAINGDX,Epoch 425/1000,MSE 0.00244271/0.001,Gradient 0.00362205/1e-006
TRAINGDX,Epoch 450/1000,MSE 0.00222554/0.001,Gradient 0.00324836/1e-006
TRAINGDX,Epoch 475/1000,MSE 0.0022075/0.001,Gradient 0.00490792/1e-006
TRAINGDX,Epoch 500/1000,MSE 0.00216789/0.001,Gradient 0.00331068/1e-006
TRAINGDX,Epoch 525/1000,MSE 0.00204964/0.001,Gradient 0.00287791/1e-006
TRAINGDX,Epoch 550/1000,MSE 0.00188077/0.001,Gradient 0.0240859/1e-006
TRAINGDX,Epoch 575/1000,MSE 0.00185455/0.001,Gradient 0.00920013/1e-006
TRAINGDX,Epoch 600/1000,MSE 0.0018329/0.001,Gradient 0.00429205/1e-006
TRAINGDX,Epoch 625/1000,MSE 0.00177931/0.001,Gradient 0.00251091/1e-006
TRAINGDX,Epoch 650/1000,MSE 0.00161913/0.001,Gradient 0.00577727/1e-006
TRAINGDX,Epoch 675/1000,MSE 0.00159266/0.001,Gradient 0.00227537/1e-006
TRAINGDX,Epoch 700/1000,MSE 0.00158229/0.001,Gradient 0.00651396/1e-006
TRAINGDX,Epoch 725/1000,MSE 0.00155126/0.001,Gradient 0.00218901/1e-006
TRAINGDX,Epoch 750/1000,MSE 0.00145692/0.001,Gradient 0.00207146/1e-006

TRAINGDX, Epoch 775/1000, MSE 0.00142276/0.001, Gradient 0.0303121/1e-006
TRAINGDX, Epoch 800/1000, MSE 0.0013908/0.001, Gradient 0.0108447/1e-006
TRAINGDX, Epoch 825/1000, MSE 0.00137122/0.001, Gradient 0.00300827/1e-006
TRAINGDX, Epoch 850/1000, MSE 0.00132135/0.001, Gradient 0.00195047/1e-006
TRAINGDX, Epoch 875/1000, MSE 0.00126877/0.001, Gradient 0.0363512/1e-006
TRAINGDX, Epoch 900/1000, MSE 0.00122567/0.001, Gradient 0.00695953/1e-006
TRAINGDX, Epoch 925/1000, MSE 0.00121488/0.001, Gradient 0.00316176/1e-006
TRAINGDX, Epoch 950/1000, MSE 0.00118822/0.001, Gradient 0.00186186/1e-006
TRAINGDX, Epoch 975/1000, MSE 0.00110473/0.001, Gradient 0.0028292/1e-006
TRAINGDX, Epoch 1000/1000, MSE 0.00109302/0.001, Gradient 0.00961032/1e-006
TRAINGDX, Maximum epoch reached, performance goal was not met.
>> net = newelm(minmax(P_train),[28,3],{'tansig','purelin'});figure
>> net.trainParam.epochs = 1200;
>> net = init(net);
net.trainParam.goal = 0.001;
net = train(net, P_train, T_train);
TRAINGDX, Epoch 0/1200, MSE 7.74216/0.001, Gradient 14.1784/1e-006
TRAINGDX, Epoch 25/1200, MSE 0.366244/0.001, Gradient 1.26342/1e-006
TRAINGDX, Epoch 50/1200, MSE 0.0959561/0.001, Gradient 0.230801/1e-006
TRAINGDX, Epoch 75/1200, MSE 0.0472535/0.001, Gradient 0.0964741/1e-006
TRAINGDX, Epoch 100/1200, MSE 0.0196682/0.001, Gradient 0.0269808/1e-006
TRAINGDX, Epoch 125/1200, MSE 0.0104184/0.001, Gradient 0.0126712/1e-006
TRAINGDX, Epoch 150/1200, MSE 0.00918883/0.001, Gradient 0.0797488/1e-006
TRAINGDX, Epoch 175/1200, MSE 0.0087197/0.001, Gradient 0.0328132/1e-006
TRAINGDX, Epoch 200/1200, MSE 0.00803753/0.001, Gradient 0.011194/1e-006
TRAINGDX, Epoch 225/1200, MSE 0.00636098/0.001, Gradient 0.0078738/1e-006
TRAINGDX, Epoch 250/1200, MSE 0.00547915/0.001, Gradient 0.0489685/1e-006
TRAINGDX, Epoch 275/1200, MSE 0.00531498/0.001, Gradient 0.0179602/1e-006
TRAINGDX, Epoch 300/1200, MSE 0.00507298/0.001, Gradient 0.00692165/1e-006
TRAINGDX, Epoch 325/1200, MSE 0.00440671/0.001, Gradient 0.00544859/1e-006
TRAINGDX, Epoch 350/1200, MSE 0.00383612/0.001, Gradient 0.0252189/1e-006
TRAINGDX, Epoch 375/1200, MSE 0.00377202/0.001, Gradient 0.00546898/1e-006
TRAINGDX, Epoch 400/1200, MSE 0.00368033/0.001, Gradient 0.00467601/1e-006
TRAINGDX, Epoch 425/1200, MSE 0.00341023/0.001, Gradient 0.00429056/1e-006
TRAINGDX, Epoch 450/1200, MSE 0.00299532/0.001, Gradient 0.029908/1e-006
TRAINGDX, Epoch 475/1200, MSE 0.00294255/0.001, Gradient 0.00417526/1e-006
TRAINGDX, Epoch 500/1200, MSE 0.00290091/0.001, Gradient 0.00423647/1e-006
TRAINGDX, Epoch 525/1200, MSE 0.00279116/0.001, Gradient 0.00378991/1e-006
TRAINGDX, Epoch 550/1200, MSE 0.00247035/0.001, Gradient 0.00489925/1e-006
TRAINGDX, Epoch 575/1200, MSE 0.00241108/0.001, Gradient 0.0195301/1e-006

TRAINGDX,Epoch 600/1200,MSE 0.00238113/0.001,Gradient 0.0115308/1e-006
TRAINGDX,Epoch 625/1200,MSE 0.00232779/0.001,Gradient 0.00310875/1e-006
TRAINGDX,Epoch 650/1200,MSE 0.00217683/0.001,Gradient 0.00279199/1e-006
TRAINGDX,Epoch 675/1200,MSE 0.00203899/0.001,Gradient 0.0233625/1e-006
TRAINGDX,Epoch 700/1200,MSE 0.00201042/0.001,Gradient 0.00849734/1e-006
TRAINGDX,Epoch 725/1200,MSE 0.00198331/0.001,Gradient 0.00469472/1e-006
TRAINGDX,Epoch 750/1200,MSE 0.00190892/0.001,Gradient 0.00251204/1e-006
TRAINGDX,Epoch 775/1200,MSE 0.00178791/0.001,Gradient 0.0430425/1e-006
TRAINGDX,Epoch 800/1200,MSE 0.00174162/0.001,Gradient 0.0255686/1e-006
TRAINGDX,Epoch 825/1200,MSE 0.00170689/0.001,Gradient 0.00640278/1e-006
TRAINGDX,Epoch 850/1200,MSE 0.00166861/0.001,Gradient 0.00234284/1e-006
TRAINGDX,Epoch 875/1200,MSE 0.00155258/0.001,Gradient 0.00214894/1e-006
TRAINGDX,Epoch 900/1200,MSE 0.00152068/0.001,Gradient 0.0261947/1e-006
TRAINGDX,Epoch 925/1200,MSE 0.00148928/0.001,Gradient 0.00328118/1e-006
TRAINGDX,Epoch 950/1200,MSE 0.00146712/0.001,Gradient 0.0022899/1e-006
TRAINGDX,Epoch 975/1200,MSE 0.00139734/0.001,Gradient 0.00188917/1e-006
TRAINGDX,Epoch 1000/1200,MSE 0.00132651/0.001,Gradient 0.018221/1e-006
TRAINGDX,Epoch 1025/1200,MSE 0.00131109/0.001,Gradient 0.00752258/1e-006
TRAINGDX,Epoch 1050/1200,MSE 0.00129731/0.001,Gradient 0.00337357/1e-006
TRAINGDX,Epoch 1075/1200,MSE 0.00126222/0.001,Gradient 0.0017854/1e-006
TRAINGDX,Epoch 1100/1200,MSE 0.00119709/0.001,Gradient 0.0297145/1e-006
TRAINGDX,Epoch 1125/1200,MSE 0.00117566/0.001,Gradient 0.0182675/1e-006
TRAINGDX,Epoch 1150/1200,MSE 0.00115758/0.001,Gradient 0.0034208/1e-006
TRAINGDX,Epoch 1175/1200,MSE 0.00113796/0.001,Gradient 0.00158855/1e-006
TRAINGDX,Epoch 1200/1200,MSE 0.00107684/0.001,Gradient 0.00151561/1e-006
TRAINGDX,Maximum epoch reached,performance goal was not met.
>> R = sim(net,P_test)
R =
    0.6110   0.3527   0.4597   0.6380
    0.0435   0.1809   0.6471   0.1169
    0.1881   0.0634   0.5913   -0.1348
>> T_test
T_test =
    0.6471   0.5294   0.7059   0.3529
    0.3448   0.3448   0.6897   0
    0.4750   0.0250   0.6500   0.2000
>> net = newelm(minmax(P_train),[28,3],{'tansig','purelin'});figure
net.trainParam.epochs = 1200;
net = init(net);
net.trainParam.goal = 0.001;

net = train(net, P_train, T_train);
TRAINGDX, Epoch 0/1200, MSE 1.58071/0.001, Gradient 6.54572/1e-006
TRAINGDX, Epoch 25/1200, MSE 0.227291/0.001, Gradient 0.64109/1e-006
TRAINGDX, Epoch 50/1200, MSE 0.123486/0.001, Gradient 0.236792/1e-006
TRAINGDX, Epoch 75/1200, MSE 0.047472/0.001, Gradient 0.107988/1e-006
TRAINGDX, Epoch 100/1200, MSE 0.0191948/0.001, Gradient 0.0294844/1e-006
TRAINGDX, Epoch 125/1200, MSE 0.00960655/0.001, Gradient 0.0117752/1e-006
TRAINGDX, Epoch 150/1200, MSE 0.00832078/0.001, Gradient 0.118597/1e-006
TRAINGDX, Epoch 175/1200, MSE 0.00760229/0.001, Gradient 0.0107438/1e-006
TRAINGDX, Epoch 200/1200, MSE 0.00707568/0.001, Gradient 0.00880022/1e-006
TRAINGDX, Epoch 225/1200, MSE 0.00569729/0.001, Gradient 0.00710196/1e-006
TRAINGDX, Epoch 250/1200, MSE 0.00470875/0.001, Gradient 0.00636395/1e-006
TRAINGDX, Epoch 275/1200, MSE 0.0046358/0.001, Gradient 0.0141035/1e-006
TRAINGDX, Epoch 300/1200, MSE 0.00446239/0.001, Gradient 0.00706596/1e-006
TRAINGDX, Epoch 325/1200, MSE 0.0039858/0.001, Gradient 0.00487357/1e-006
TRAINGDX, Epoch 350/1200, MSE 0.00351896/0.001, Gradient 0.0618189/1e-006
TRAINGDX, Epoch 375/1200, MSE 0.00337507/0.001, Gradient 0.0264539/1e-006
TRAINGDX, Epoch 400/1200, MSE 0.00328953/0.001, Gradient 0.0046194/1e-006
TRAINGDX, Epoch 425/1200, MSE 0.00311665/0.001, Gradient 0.0037597/1e-006
TRAINGDX, Epoch 450/1200, MSE 0.00277171/0.001, Gradient 0.0572263/1e-006
TRAINGDX, Epoch 475/1200, MSE 0.00275091/0.001, Gradient 0.0542008/1e-006
TRAINGDX, Epoch 500/1200, MSE 0.00263401/0.001, Gradient 0.013144/1e-006
TRAINGDX, Epoch 525/1200, MSE 0.00259174/0.001, Gradient 0.00465996/1e-006
TRAINGDX, Epoch 550/1200, MSE 0.00248313/0.001, Gradient 0.00285367/1e-006
TRAINGDX, Epoch 575/1200, MSE 0.00231703/0.001, Gradient 0.0435256/1e-006
TRAINGDX, Epoch 600/1200, MSE 0.00225284/0.001, Gradient 0.0186852/1e-006
TRAINGDX, Epoch 625/1200, MSE 0.00222236/0.001, Gradient 0.00513848/1e-006
TRAINGDX, Epoch 650/1200, MSE 0.00217161/0.001, Gradient 0.0024053/1e-006
TRAINGDX, Epoch 675/1200, MSE 0.00202059/0.001, Gradient 0.00214721/1e-006
TRAINGDX, Epoch 700/1200, MSE 0.00206608/0.001, Gradient 0.0536414/1e-006
TRAINGDX, Epoch 725/1200, MSE 0.00195319/0.001, Gradient 0.0034794/1e-006
TRAINGDX, Epoch 750/1200, MSE 0.00193064/0.001, Gradient 0.00277485/1e-006
TRAINGDX, Epoch 775/1200, MSE 0.00186333/0.001, Gradient 0.00199546/1e-006
TRAINGDX, Epoch 800/1200, MSE 0.00177313/0.001, Gradient 0.0290714/1e-006
TRAINGDX, Epoch 825/1200, MSE 0.00174716/0.001, Gradient 0.0172116/1e-006
TRAINGDX, Epoch 850/1200, MSE 0.00172622/0.001, Gradient 0.00556858/1e-006
TRAINGDX, Epoch 875/1200, MSE 0.00169621/0.001, Gradient 0.0019183/1e-006
TRAINGDX, Epoch 900/1200, MSE 0.00160587/0.001, Gradient 0.00231484/1e-006
TRAINGDX, Epoch 925/1200, MSE 0.0016134/0.001, Gradient 0.0287694/1e-006
TRAINGDX, Epoch 950/1200, MSE 0.0015785/0.001, Gradient 0.0054821/1e-006

TRAINGDX,Epoch 975/1200,MSE 0.00156369/0.001,Gradient 0.0025974/1e-006
TRAINGDX,Epoch 1000/1200,MSE 0.00152108/0.001,Gradient 0.00153367/1e-006
TRAINGDX,Epoch 1025/1200,MSE 0.00153407/0.001,Gradient 0.0458771/1e-006
TRAINGDX,Epoch 1050/1200,MSE 0.00146926/0.001,Gradient 0.0199529/1e-006
TRAINGDX,Epoch 1075/1200,MSE 0.00144774/0.001,Gradient 0.00421128/1e-006
TRAINGDX,Epoch 1100/1200,MSE 0.00142684/0.001,Gradient 0.00146216/1e-006
TRAINGDX,Epoch 1125/1200,MSE 0.0013628/0.001,Gradient 0.00267671/1e-006
TRAINGDX,Epoch 1150/1200,MSE 0.00135079/0.001,Gradient 0.0101003/1e-006
TRAINGDX,Epoch 1175/1200,MSE 0.0013436/0.001,Gradient 0.0061836/1e-006
TRAINGDX,Epoch 1200/1200,MSE 0.00133136/0.001,Gradient 0.00135834/1e-006
TRAINGDX,Maximum epoch reached,performance goal was not met.
\>> R = sim(net,P_test)
R =
  0.5466 0.3850 0.5049 0.6587
  0.0571 0.1392 0.6837 0.1018
  0.1854 0.0481 0.7960 0.0757
\>> T_test
T_test =
  0.6471 0.5294 0.7059 0.3529
  0.3448 0.3448 0.6897 0
  0.4750 0.0250 0.6500 0.2000
\>> net = newelm(minmax(P_train),[28,3],{'tansig','purelin'});figure
\>> net.trainParam.epochs = 1200;
\>> net.trainParam.epochs = 1500;
\>> net = init(net);
\>> net.trainParam.goal = 0.001;
\>> net = train(net,P_train,T_train);
TRAINGDX,Epoch 0/1500,MSE 3.17395/0.001,Gradient 7.09216/1e-006
TRAINGDX,Epoch 25/1500,MSE 0.265348/0.001,Gradient 1.12722/1e-006
TRAINGDX,Epoch 50/1500,MSE 0.0777699/0.001,Gradient 0.197767/1e-006
TRAINGDX,Epoch 75/1500,MSE 0.04838/0.001,Gradient 0.0798218/1e-006
TRAINGDX,Epoch 100/1500,MSE 0.0259653/0.001,Gradient 0.0283469/1e-006
TRAINGDX,Epoch 125/1500,MSE 0.0142666/0.001,Gradient 0.1196/1e-006
TRAINGDX,Epoch 150/1500,MSE 0.0136254/0.001,Gradient 0.0526593/1e-006
TRAINGDX,Epoch 175/1500,MSE 0.0129458/0.001,Gradient 0.0133771/1e-006
TRAINGDX,Epoch 200/1500,MSE 0.0113126/0.001,Gradient 0.0119536/1e-006
TRAINGDX,Epoch 225/1500,MSE 0.00800105/0.001,Gradient 0.0540099/1e-006
TRAINGDX,Epoch 250/1500,MSE 0.00792568/0.001,Gradient 0.06132/1e-006
TRAINGDX,Epoch 275/1500,MSE 0.00760282/0.001,Gradient 0.0105417/1e-006
TRAINGDX,Epoch 300/1500,MSE 0.00706473/0.001,Gradient 0.00808004/1e-006

TRAINGDX, Epoch 325/1500, MSE 0.00561168/0.001, Gradient 0.00681098/1e-006
TRAINGDX, Epoch 350/1500, MSE 0.00522824/0.001, Gradient 0.0539679/1e-006
TRAINGDX, Epoch 375/1500, MSE 0.00504621/0.001, Gradient 0.0101719/1e-006
TRAINGDX, Epoch 400/1500, MSE 0.00481219/0.001, Gradient 0.00641952/1e-006
TRAINGDX, Epoch 425/1500, MSE 0.00414745/0.001, Gradient 0.00513443/1e-006
TRAINGDX, Epoch 450/1500, MSE 0.00376034/0.001, Gradient 0.0537883/1e-006
TRAINGDX, Epoch 475/1500, MSE 0.00368369/0.001, Gradient 0.0374853/1e-006
TRAINGDX, Epoch 500/1500, MSE 0.00358536/0.001, Gradient 0.00877226/1e-006
TRAINGDX, Epoch 525/1500, MSE 0.00342846/0.001, Gradient 0.00439036/1e-006
TRAINGDX, Epoch 550/1500, MSE 0.00298689/0.001, Gradient 0.00493458/1e-006
TRAINGDX, Epoch 575/1500, MSE 0.00289899/0.001, Gradient 0.0149934/1e-006
TRAINGDX, Epoch 600/1500, MSE 0.00286546/0.001, Gradient 0.00839696/1e-006
TRAINGDX, Epoch 625/1500, MSE 0.00279151/0.001, Gradient 0.00375986/1e-006
TRAINGDX, Epoch 650/1500, MSE 0.00257309/0.001, Gradient 0.00308828/1e-006
TRAINGDX, Epoch 675/1500, MSE 0.00244079/0.001, Gradient 0.026343/1e-006
TRAINGDX, Epoch 700/1500, MSE 0.0024078/0.001, Gradient 0.0138628/1e-006
TRAINGDX, Epoch 725/1500, MSE 0.00236804/0.001, Gradient 0.00360267/1e-006
TRAINGDX, Epoch 750/1500, MSE 0.00226693/0.001, Gradient 0.00278628/1e-006
TRAINGDX, Epoch 775/1500, MSE 0.00217665/0.001, Gradient 0.0575999/1e-006
TRAINGDX, Epoch 800/1500, MSE 0.0020633/0.001, Gradient 0.00246916/1e-006
TRAINGDX, Epoch 825/1500, MSE 0.00204509/0.001, Gradient 0.00246404/1e-006
TRAINGDX, Epoch 850/1500, MSE 0.00199817/0.001, Gradient 0.00250133/1e-006
TRAINGDX, Epoch 875/1500, MSE 0.00185318/0.001, Gradient 0.00278158/1e-006
TRAINGDX, Epoch 900/1500, MSE 0.00183018/0.001, Gradient 0.0264514/1e-006
TRAINGDX, Epoch 925/1500, MSE 0.00179834/0.001, Gradient 0.0055648/1e-006
TRAINGDX, Epoch 950/1500, MSE 0.00177206/0.001, Gradient 0.00217108/1e-006
TRAINGDX, Epoch 975/1500, MSE 0.00169231/0.001, Gradient 0.00212376/1e-006
TRAINGDX, Epoch 1000/1500, MSE 0.00164968/0.001, Gradient 0.0407534/1e-006
TRAINGDX, Epoch 1025/1500, MSE 0.00159598/0.001, Gradient 0.0130258/1e-006
TRAINGDX, Epoch 1050/1500, MSE 0.00157718/0.001, Gradient 0.00259882/1e-006
TRAINGDX, Epoch 1075/1500, MSE 0.00153857/0.001, Gradient 0.00205978/1e-006
TRAINGDX, Epoch 1100/1500, MSE 0.00143725/0.001, Gradient 0.0193731/1e-006
TRAINGDX, Epoch 1125/1500, MSE 0.00143351/0.001, Gradient 0.0195753/1e-006
TRAINGDX, Epoch 1150/1500, MSE 0.00141367/0.001, Gradient 0.00291779/1e-006
TRAINGDX, Epoch 1175/1500, MSE 0.00139354/0.001, Gradient 0.00188864/1e-006
TRAINGDX, Epoch 1200/1500, MSE 0.00132986/0.001, Gradient 0.00172/1e-006
TRAINGDX, Epoch 1225/1500, MSE 0.00129334/0.001, Gradient 0.0195545/1e-006
TRAINGDX, Epoch 1250/1500, MSE 0.00127741/0.001, Gradient 0.00693691/1e-006
TRAINGDX, Epoch 1275/1500, MSE 0.00126335/0.001, Gradient 0.00201353/1e-006
TRAINGDX, Epoch 1300/1500, MSE 0.00122276/0.001, Gradient 0.0016231/1e-006

TRAINGDX,Epoch 1325/1500,MSE 0.00120938/0.001,Gradient 0.0406619/1e-006
TRAINGDX,Epoch 1350/1500,MSE 0.00116318/0.001,Gradient 0.0171328/1e-006
TRAINGDX,Epoch 1375/1500,MSE 0.00114666/0.001,Gradient 0.00349049/1e-006
TRAINGDX,Epoch 1400/1500,MSE 0.00112488/0.001,Gradient 0.00173454/1e-006
TRAINGDX,Epoch 1425/1500,MSE 0.00105854/0.001,Gradient 0.00862971/1e-006
TRAINGDX,Epoch 1450/1500,MSE 0.00105114/0.001,Gradient 0.00707164/1e-006
TRAINGDX,Epoch 1475/1500,MSE 0.00104482/0.001,Gradient 0.00336775/1e-006
TRAINGDX,Epoch 1500/1500,MSE 0.00103184/0.001,Gradient 0.00142696/1e-006
TRAINGDX,Maximum epoch reached,performance goal was not met.
\>\> R = sim(net,P_test)
R =
  0.5702 0.3838 0.5336 0.6563
  0.1063 0.1786 0.6023 0.1987
  0.1347 0.0735 0.7305 0.1663
\>\> T_test
T_test =
  0.6471 0.5294 0.7059 0.3529
  0.3448 0.3448 0.6897   0
  0.4750 0.0250 0.6500 0.2000

             ……

\>\>
\>\> net = newelm(minmax(P_train),[128,3],{'tansig','purelin'});
\>\> net = newelm(minmax(P_train),[138,3],{'tansig','purelin'});
\>\> net.trainParam.epochs = 1000;
\>\> net = init(net);
\>\> net.trainParam.goal = 0.001;
\>\> net = train(net,P_train,T_train)
TRAINGDX,Epoch 0/1000,MSE 40.0918/0.001,Gradient 942.502/1e-006
TRAINGDX,Epoch 25/1000,MSE 0.924441/0.001,Gradient 28.471/1e-006
TRAINGDX,Epoch 50/1000,MSE 0.603282/0.001,Gradient 8.10891/1e-006
TRAINGDX,Epoch 75/1000,MSE 0.333455/0.001,Gradient 3.86234/1e-006
TRAINGDX,Epoch 100/1000,MSE 0.132641/0.001,Gradient 1.53346/1e-006
TRAINGDX,Epoch 125/1000,MSE 0.0654394/0.001,Gradient 5.31062/1e-006
TRAINGDX,Epoch 150/1000,MSE 0.061843/0.001,Gradient 2.27639/1e-006
TRAINGDX,Epoch 175/1000,MSE 0.056508/0.001,Gradient 0.764342/1e-006
TRAINGDX,Epoch 200/1000,MSE 0.0431054/0.001,Gradient 0.630313/1e-006
TRAINGDX,Epoch 225/1000,MSE 0.0288887/0.001,Gradient 2.95086/1e-006
TRAINGDX,Epoch 250/1000,MSE 0.0277096/0.001,Gradient 1.42753/1e-006
TRAINGDX,Epoch 275/1000,MSE 0.0259357/0.001,Gradient 0.51838/1e-006
TRAINGDX,Epoch 300/1000,MSE 0.0211975/0.001,Gradient 0.388111/1e-006

TRAINGDX,Epoch 325/1000,MSE 0.0146451/0.001,Gradient 1.95098/1e-006
TRAINGDX,Epoch 350/1000,MSE 0.014115/0.001,Gradient 0.529512/1e-006
TRAINGDX,Epoch 375/1000,MSE 0.0134048/0.001,Gradient 0.288395/1e-006
TRAINGDX,Epoch 400/1000,MSE 0.0113587/0.001,Gradient 0.263691/1e-006
TRAINGDX,Epoch 425/1000,MSE 0.00783857/0.001,Gradient 2.11299/1e-006
TRAINGDX,Epoch 450/1000,MSE 0.00748136/0.001,Gradient 0.984191/1e-006
TRAINGDX,Epoch 475/1000,MSE 0.00714961/0.001,Gradient 0.199535/1e-006
TRAINGDX,Epoch 500/1000,MSE 0.00640947/0.001,Gradient 0.182294/1e-006
TRAINGDX,Epoch 525/1000,MSE 0.00473021/0.001,Gradient 1.92396/1e-006
TRAINGDX,Epoch 550/1000,MSE 0.00450191/0.001,Gradient 1.01831/1e-006
TRAINGDX,Epoch 575/1000,MSE 0.00431623/0.001,Gradient 0.141708/1e-006
TRAINGDX,Epoch 600/1000,MSE 0.00401169/0.001,Gradient 0.138537/1e-006
TRAINGDX,Epoch 625/1000,MSE 0.00315093/0.001,Gradient 0.116973/1e-006
TRAINGDX,Epoch 650/1000,MSE 0.00295406/0.001,Gradient 1.79838/1e-006
TRAINGDX,Epoch 675/1000,MSE 0.0026805/0.001,Gradient 0.197177/1e-006
TRAINGDX,Epoch 700/1000,MSE 0.00255193/0.001,Gradient 0.12733/1e-006
TRAINGDX,Epoch 725/1000,MSE 0.00217899/0.001,Gradient 0.092611/1e-006
TRAINGDX,Epoch 750/1000,MSE 0.001839/0.001,Gradient 0.475367/1e-006
TRAINGDX,Epoch 775/1000,MSE 0.00179426/0.001,Gradient 0.0900684/1e-006
TRAINGDX,Epoch 800/1000,MSE 0.00173034/0.001,Gradient 0.0893697/1e-006
TRAINGDX,Epoch 825/1000,MSE 0.00153881/0.001,Gradient 0.0757598/1e-006
TRAINGDX,Epoch 850/1000,MSE 0.00124364/0.001,Gradient 0.594149/1e-006
TRAINGDX,Epoch 875/1000,MSE 0.00121186/0.001,Gradient 0.357479/1e-006
TRAINGDX,Epoch 900/1000,MSE 0.00117144/0.001,Gradient 0.0992788/1e-006
TRAINGDX,Epoch 925/1000,MSE 0.00108073/0.001,Gradient 0.0615724/1e-006
TRAINGDX,Epoch 936/1000,MSE 0.000997154/0.001,Gradient 0.0591782/1e-006
TRAINGDX,Performance goal met.

net =

 Neural Network object:
 architecture:
  numInputs:1
  numLayers:2
  biasConnect:[1; 1]
  inputConnect:[1; 0]
  layerConnect:[1 0; 1 0]
  outputConnect:[0 1]
  targetConnect:[0 1]
  numOutputs:1 （read-only）
  numTargets:1 （read-only）
  numInputDelays:0 （read-only）

numLayerDelays:1 (read-only)
    subobject structures:
                inputs:{1x1 cell} of inputs
                layers:{2x1 cell} of layers
                outputs:{1x2 cell} containing 1 output
                targets:{1x2 cell} containing 1 target
                biases:{2x1 cell} containing 2 biases
           inputWeights:{2x1 cell} containing 1 input weight
           layerWeights:{2x2 cell} containing 2 layer weights
    functions:
            adaptFcn:'tansig'
             initFcn:'initlay'
          performFcn:'mse'
            trainFcn:'traingdx'
    parameters:
           adaptParam:.passes
            initParam:(none)
         performParam:(none)
           trainParam:.epochs,.goal,.lr,.lr_dec,
                     .lr_inc,.max_fail,.max_perf_inc,.mc,
                     .min_grad,.show,.time
    weight and bias values:
                IW:{2x1 cell} containing 1 input weight matrix
                LW:{2x2 cell} containing 2 layer weight matrices
                 b:{2x1cell} containing 2 bias vectors
    other:
            userdata:(user stuff)
>> net = newelm(minmax(P_train),[168,3],{'tansig','purelin'});
>> net = newelm(minmax(P_train),[148,3],{'tansig','purelin'});
>> net.trainParam.epochs = 1000;
>> net = init(net);
>> net.trainParam.goal = 0.001;
>> net = train(net,P_train,T_train)
TRAINGDX,Epoch 0/1000,MSE 33.8993/0.001,Gradient 832.278/1e-006
TRAINGDX,Epoch 25/1000,MSE 1.73307/0.001,Gradient 78.7794/1e-006
TRAINGDX,Epoch 50/1000,MSE 0.947381/0.001,Gradient 15.3393/1e-006
TRAINGDX,Epoch 75/1000,MSE 0.512621/0.001,Gradient 6.6301/1e-006
TRAINGDX,Epoch 100/1000,MSE 0.131443/0.001,Gradient 1.97597/1e-006
TRAINGDX,Epoch 125/1000,MSE 0.0523558/0.001,Gradient 7.09762/1e-006
TRAINGDX,Epoch 150/1000,MSE 0.0481662/0.001,Gradient 2.85873/1e-006

TRAINGDX, Epoch 175/1000, MSE 0.0438429/0.001, Gradient 0.853214/1e-006
TRAINGDX, Epoch 200/1000, MSE 0.0334947/0.001, Gradient 0.629705/1e-006
TRAINGDX, Epoch 225/1000, MSE 0.0185066/0.001, Gradient 3.07121/1e-006
TRAINGDX, Epoch 250/1000, MSE 0.0176838/0.001, Gradient 1.4649/1e-006
TRAINGDX, Epoch 275/1000, MSE 0.0166413/0.001, Gradient 0.592084/1e-006
TRAINGDX, Epoch 300/1000, MSE 0.0140609/0.001, Gradient 0.346996/1e-006
TRAINGDX, Epoch 325/1000, MSE 0.00927658/0.001, Gradient 1.65372/1e-006
TRAINGDX, Epoch 350/1000, MSE 0.00915405/0.001, Gradient 1.84386/1e-006
TRAINGDX, Epoch 375/1000, MSE 0.00865774/0.001, Gradient 0.412376/1e-006
TRAINGDX, Epoch 400/1000, MSE 0.00782496/0.001, Gradient 0.245276/1e-006
TRAINGDX, Epoch 425/1000, MSE 0.00560192/0.001, Gradient 0.199943/1e-006
TRAINGDX, Epoch 450/1000, MSE 0.00514679/0.001, Gradient 1.55071/1e-006
TRAINGDX, Epoch 475/1000, MSE 0.00487541/0.001, Gradient 0.194262/1e-006
TRAINGDX, Epoch 500/1000, MSE 0.00454356/0.001, Gradient 0.173393/1e-006
TRAINGDX, Epoch 525/1000, MSE 0.00358522/0.001, Gradient 0.150632/1e-006
TRAINGDX, Epoch 550/1000, MSE 0.00289831/0.001, Gradient 0.492021/1e-006
TRAINGDX, Epoch 575/1000, MSE 0.00282119/0.001, Gradient 0.305034/1e-006
TRAINGDX, Epoch 600/1000, MSE 0.00264664/0.001, Gradient 0.13095/1e-006
TRAINGDX, Epoch 625/1000, MSE 0.00214586/0.001, Gradient 0.113229/1e-006
TRAINGDX, Epoch 650/1000, MSE 0.00170027/0.001, Gradient 0.493484/1e-006
TRAINGDX, Epoch 675/1000, MSE 0.00164942/0.001, Gradient 0.114404/1e-006
TRAINGDX, Epoch 700/1000, MSE 0.00157043/0.001, Gradient 0.107025/1e-006
TRAINGDX, Epoch 725/1000, MSE 0.00133891/0.001, Gradient 0.0880788/1e-006
TRAINGDX, Epoch 750/1000, MSE 0.00106563/0.001, Gradient 1.06128/1e-006
TRAINGDX, Epoch 756/1000, MSE 0.000995727/0.001, Gradient 0.0789037/1e-006
TRAINGDX, Performance goal met.
net =
    Neural Network object:
    architecture:
        numInputs:1
        numLayers:2
      biasConnect:[1; 1]
     inputConnect:[1; 0]
     layerConnect:[1 0; 1 0]
    outputConnect:[0 1]
    targetConnect:[0 1]
       numOutputs:1 (read-only)
       numTargets:1 (read-only)
    numInputDelays:0 (read-only)
  numLayerDelays:1 (read-only)

subobject structures:
    inputs: {1x1 cell} of inputs
    layers: {2x1 cell} of layers
    outputs: {1x2 cell} containing 1 output
    targets: {1x2 cell} containing 1 target
    biases: {2x1 cell} containing 2 biases
  inputWeights: {2x1 cell} containing 1 input weight
  layerWeights: {2x2 cell} containing 2 layer weights
functions:
    adaptFcn: 'tansig'
    initFcn: 'initlay'
    performFcn: 'mse'
    trainFcn: 'traingdx'
parameters:
    adaptParam: . passes
    initParam: (none)
    performParam: (none)
    trainParam: . epochs, . goal, . lr, . lr_dec,
        . lr_inc, . max_fail, . max_perf_inc, . mc,
  . min_grad, . show, . time
weight and bias values:
    IW: {2x1 cell} containing 1 input weight matrix
    LW: {2x2 cell} containing 2 layer weight matrices
    b: {2x1cell} containing 2 bias vectors
other:
    userdata: (user stuff)

```
>> R = sim(net,P_train);
>> R
R =
  Columns 1 through 9
    4.4325    4.5370    4.3046    4.2088    3.7910    4.0229    3.9265    3.7834
    2.9148
    4.0386    4.8374    3.9989    3.0302    3.0575    3.0042    2.9771    2.9737
    2.0196
    4.4772    4.8327    4.0997    3.9024    3.3424    3.5176    3.2956    3.2431
    2.9157
  Columns 10 through 16
    3.9642    2.8855    3.6488    3.7780    3.7183    3.5733    3.4069
    3.9992    2.0289    2.9517    2.0461    1.9781    1.9593    2.0046
    4.1134    3.3584    3.8967    3.0875    2.9811    3.2212    3.1112
>> T_train
T_train =
```

Columns 1 through 9

    4.4000   4.6000   4.3000   4.2000   3.8000   4.0000   3.9000   3.8000
2.9000
    4.0000   4.9000   4.0000   3.0000   3.0000   3.0000   3.0000   3.0000
2.0000
    4.4500   4.9000   4.1000   3.8500   3.3000   3.5500   3.3000   3.3000
2.9000

Columns 10 through 16

    4.0000   2.9000   3.6000   3.8000   3.7000   3.6000   3.4000
    4.0000   2.0000   3.0000   2.0000   2.0000   2.0000   2.0000
    4.1000   3.3500   3.9000   3.1000   2.9500   3.2500   3.1000

\>\> S = sim(net,P_test);

\>\> S

S =

    3.3762   3.5505   4.6701   4.4254
    4.0283   2.0732   2.1952   1.8287
    4.3220   4.2948   4.0279   4.7861

\>\> T_train

T_train =

Columns 1 through 9

    4.4000   4.6000   4.3000   4.2000   3.8000   4.0000   3.9000   3.8000
2.9000
    4.0000   4.9000   4.0000   3.0000   3.0000   3.0000   3.0000   3.0000
2.0000
    4.4500   4.9000   4.1000   3.8500   3.3000   3.5500   3.3000   3.3000
2.9000

Columns 10 through 16

    4.0000   2.9000   3.6000   3.8000   3.7000   3.6000   3.4000
    4.0000   2.0000   3.0000   2.0000   2.0000   2.0000   2.0000
    4.1000   3.3500   3.9000   3.1000   2.9500   3.2500   3.1000

\>\> T_test

T_test =

    4.0000   3.8000   4.1000   3.5000
    3.0000   3.0000   4.0000   2.0000
    3.8500   2.9500   4.2000   3.3000

\>\> S

S =

    3.3762   3.5505   4.6701   4.4254
    4.0283   2.0732   2.1952   1.8287
    4.3220   4.2948   4.0279   4.7861

\>\>

参 考 文 献

[1] 张宇贤，冠兰. 点击中国汽车业［M］. 北京：中国市场出版社，2004.
[2] 邬思蓓. 2017 年中国汽车销量增长 3%［EB/OL］. （2018 – 01 – 17）. http://auto.163.com/18/0117/01/D8AL5UUN00084IKA.html.
[3] 高凯宾. 北京市汽车维修服务质量的顾客满意度研究［D］. 大连：东北财经大学，2006.
[4] 中国新闻网. 中国公安部：截至 2017 年底全国机动车保有量达 3.10 亿辆［EB/OL］. （2018 – 01 – 15）. http://news.163.com/18/0115/14/D86R6MNE00018AOQ.html.
[5] 郭文豪. 汽车销售顾客满意度评估系统研究［D］. 长春：吉林大学，2008.
[6] 易卫东. 中国轿车市场的顾客满意度研究［D］. 长春：吉林大学，2006.
[7] 张静波. 顾客满意度测评研究及实例分析［D］. 长春：吉林大学，2007.
[8] 苏如华. 服务质量、顾客满意度与顾客忠诚度关系的实证研究［D］. 杭州：浙江工商大学，2007.
[9] 许嘉培. 服务质量对顾客满意度影响的实证研究［D］. 石家庄：河北大学，2016.
[10] 尹静波. 顾客满意度研究及应用［D］. 大连：东北财经大学，2005.
[11] 王海丽. 基于 ACSI 改进模型的顾客满意度研究［D］. 石家庄：河北经贸大学，2015.
[12] 吴哲. 基于层次分析法的汽车行业客户满意度评价研究［D］. 天津：天津大学，2012.
[13] 李支元. 基于多属性决策理论的汽车销售客户满意度评价系统的研究［D］. 南京：南京理工大学，2011.
[14] 刘炜. 精益六西格玛对客户满意度的提升［D］. 上海：华东理工大学，2014.
[15] 刘洋. 顾客满意度测评研究及实例分析［D］. 长春：吉林大学，2007.
[16] 刘洪涛. 一汽大众汽车有限公司品牌售后顾客满意度测评与分析［D］. 长春：吉林大学，2007.
[17] 郭凤华. 房地产顾客满意度的研究［D］. 哈尔滨：哈尔滨理工大学，2007.
[18] 刘研. 企业顾客满意度测评体系研究［D］. 南京：东南大学，2006.
[19] 王文. 一汽—大众奥迪品牌售后服务客户满意度分析［D］. 长春：吉林大学，2007.
[20] 王珺. 服务行业客户满意度测评研究［D］. 北京：北京交通大学，2008.
[21] 麻志军. 顾客满意度测评方法研究［D］. 大连：大连理工大学，2004.
[22] 蒋赟. 4S 汽车营销企业顾客满意度研究［D］. 天津：天津工业大学，2008.
[23] 吕阳伟. 雪铁龙汽车顾客满意度测算及对比分析研究［D］. 武汉：武汉理工大学，2006.
[24] 李文平. 汽车服务顾客满意度测评研究［D］. 哈尔滨：哈尔滨工业大学，2006.
[25] 贺建平. 广州本田售后服务满意度研究［D］. 西安：西安理工大学，2007.
[26] 庞海. ABC 汽车店售后服务满意度研究［D］. 西安：西南财经大学，2014.
[27] 刘芳. H 汽车公司服务质量对顾客满意度影响研究［D］. 天津：天津师范大学，2012.
[28] 彭越. J 汽车公司顾客满意度评价体系构建研究［D］. 南昌：南昌大学，2013.
[29] 杨剑坤. LSH 汽车售后顾客满意度评价与提升策略研究［D］. 北京：中国石油大学，2016.

[30] 张莉. ZD 公司汽车售后服务客户满意度提升研究 [D]. 广州：广东工业大学，2014.
[31] 杨国志. 哈飞汽车顾客满意度测评与提升策略研究 [D]. 长沙：湖南大学，2014.
[32] 马韵涵. 基于服务质量的汽车 4S 店顾客满意度评价研究 [D]. 长春：吉林大学，2014.
[33] 张云鸿. 江淮汽车经销商的顾客满意度提升策略研究 [D]. 昆明：昆明理工大学，2014.
[34] 黄承启. 汽车 4S 店服务客户满意度测评与提升研究 [D]. 宁波：宁波大学，2012.
[35] 王国胜. 汽车 4S 店客户满意度分析及改进策略 [D]. 杭州：浙江工业大学，2013.
[36] 王吉合. 汽车 4S 店客户满意度分析及提高策略研究 [D]. 济南：山东大学，2011.
[37] 李帆. 汽车 4S 企业顾客满意度模型与优化研究 [D]. 西安：长安大学，2013.
[38] 杨敏. 汽车服务企业顾客满意度研究 [D]. 武汉：武汉理工大学，2012.
[39] 张传富. 汽车行业顾客满意度测评研究 [D]. 济南：山东大学，2005.
[40] 刘晓珊. 汽车售后服务行业顾客满意度测评研究 [D]. 天津：天津工业大学，2016.
[41] 王菁杰. 汽车售后市场的满意度影响因素研究 [D]. 上海：东华大学，2013.
[42] 张薇. 汽车维修服务质量对顾客满意度影响的分析 [D]. 成都：西南交通大学，2006.
[43] 鲍慧敏. 汽车销售服务企业顾客满意度测评研究 [D]. 南昌：南昌大学，2010.
[44] 郭文豪. 汽车销售顾客满意度评估系统研究 [D]. 长春：吉林大学，2008.
[45] 王玉. 西安市汽车维修企业顾客满意度测评 [D]. 西安：长安大学，2014.
[46] 王震. 自主品牌汽车顾客满意度研究 [D]. 长春：长春工业大学，2016.
[47] 韩双璐. 东风雪铁龙轿车不同消费群体的满意度研究 [D]. 武汉：武汉理工大学，2007.
[48] 韩艳. 顾客满意度测评及实证研究 [D]. 大连：东北财经大学，2005.
[49] 方琴芬. 顾客满意测评方法研究 [D]. 合肥：合肥工业大学，2006.
[50] 王辉晖. 顾客满意度测评及实证分析 [D]. 武汉：武汉理工大学，2004.
[51] CHURCHILL GILBER A, CAROL SUPERENANT. An investigation into the determinants of consumer satisfaction [J]. Journal of Marketing Research, 1982 (11): 491 - 504.
[52] 严浩仁，贾生华. 试论顾客满意的形成机理模型及其发展 [J]. 经济经纬，2004 (1): 16 - 19.
[53] 董大海，汪克艳. 西方的顾客满意测量模式研究述评 [J]. 科学学与科学技术管理，2004 (1): 16 - 18.
[54] 李梅. 西方顾客满意理论研究的回顾和本土化评价 [J]. 现代科学管理，2007 (2): 19 - 23.
[55] FORNELL C, JOHNSON M D. Differentiation as a basis for explaining customer satisfaction across industries [J]. Journal of Economic Psychology, 1993, 14 (4): 681 - 695.
[56] ANDERSON R E. Consumer dissatisfaction: the effects of disconfinned expectancy on perceived product performance [J]. Journal of Marketing Research, 1993, 10 (1): 38 - 44.
[57] VOSS G B, PARASURAMAN A, GREWAL D. The roles of price, performance, and expectations in determining satisfaction in service exchanges [J]. Journal of Marketing, 1998, 62 (4): 46 - 61.
[58] ZEITHAML V A, PARASURAMAN A, BERRY L L. Problems and strategic in services marketing [J]. Journal of Marketing, 1985, 49 (2): 33 - 46.
[59] 菲利普·科特勒. 营销管理 [M]. 10 版. 北京：中国人民大学出版社，2007.
[60] PARASURAMAN A, ZEITHAML V A, BERRY L L. A conceptual model of service quality and

its implications for future research [J]. Journal of Marketing, 1985, 49 (4): 41-50.
[61] PARASURAMAN A, ZEITHAML V A, BERRY L L. SERVQUAL: a multiple-item scale for measuring consumer perceptions of service quality [J]. Journal of Retailing, 1988, 64 (1): 12-40.
[62] 王自强. 中国文化视野中的消费者满意研究 [D]. 上海: 华东师范大学, 2001.
[63] 杨立岩. 消费者剩余与完全差别定价 [J]. 消费经济, 2003 (3): 49-50.
[64] 李兴旺. 从一个新的视角看企业竞争优势的战略定位——以消费者剩余和企业理论为导向 [J]. 当代财经, 2002 (5): 65-67.
[65] 郭海龙. 基于模糊理论的4S店售后服务满意度测评模型 [J]. 公路与汽运, 2007, 2: 35-38.
[66] 张丽. 高新技术产业投资环境研究——以广东省为例 [D]. 广州: 暨南大学, 2008.
[67] 飞思科技产品研发中心. 神经网络理论与MATLAB7实现 [M]. 北京: 电子工业出版社, 2005.
[68] 郭海龙. 基于神经网络的广东省道路交通事故模型 [J]. 广东工业大学学报, 2008, 5: 57-59.
[69] 哈维·汤普森. 创造顾客价值 [M]. 赵占波, 译. 北京: 华夏出版社, 2003.
[70] BERYR L L, YADAV M S. Capture and communicated value in the pricing of services [J]. Sloan Management Review, 1996, 37 (4): 41-51.
[71] ATHANASSO POULOS A D. Customer satisfaction cues to support market segmentation and explain switching behavior [J]. Journal of Business Research, 2000, 47 (3): 191-207.
[72] 克里斯延·格朗鲁斯. 服务管理与营销——基于顾客关系的管理策略 [M]. 2版. 北京: 电子工业出版社, 2002.
[73] 赵广志. 顾客满意度"CS"——日本企业经营新概念 [J]. 国际市场, 1994 (4): 22.
[74] 黄凯. 运达喜来登大酒店顾客满意度研究 [D]. 长沙: 长沙理工大学, 2008.
[75] 李海军, 毕小平. 基于熵值法的坦克动力舱热工况的综合评价 [J]. 装甲兵工程学院学报, 2004, 18 (1): 59-62.